Herausgegeben von

HEINZ SIELMANN

ANN UND MYRON SUTTON

KNAURS
TIERLEBEN
IM WALD

Mit 330 meist farbigen Fotos und Zeichnungen

DROEMER KNAUR

Seite 1:
Wildschweine (Sus scrofa) sind
altvertraute Bewohner des deutschen
Waldes.
Seite 2/3:
Dieser Urwaldgalago (Galago
demidovii) aus Mittelafrika vertritt jene
Waldtiere, deren Anpassung an ihre
Umwelt so hochspezialisiert ist, daß ihr
Überleben durch jede länger anhaltende
Störung bedroht wird.
Seite 4/5:
Ein südamerikanischer Uakari oder
Rotgesicht-Kurzschwanzaffe (Cacajao
rubicundus) sucht mit einem gewaltigen
Satz den nächsten Baum zu erreichen.
Folgende Seiten:
Arakangas oder Hellrote Aras (Ara
macao) über den Baumkronen des
tropischen Regenwaldes im
Amazonasgebiet. Die oft
atemberaubende Farbenpracht dieser
Vögel belebt das Dunkel der tropischen
Wälder und den Luftraum über ihnen.

1. bis 60. Tausend

Deutsche Ausgabe
© Droemersche Verlagsanstalt Th. Knaur Nachf.
München/Zürich 1979
Übersetzung von Dr. Siegfried Schmitz
Titel der Originalausgabe: Wildlife of the Forests © 1979
Hergestellt nach Plänen der Chanticleer Press, New York
Farbreproduktionen: Angerer und Goeschl, Wien
Umschlaggestaltung: Franz Wöllzenmüller, München
Umschlagfoto: Reinhard/Mauritius
Satz: Appl, Wemding
Gesamtherstellung: Amilcare Pizzi SpA, Mailand
Printed in Italy
ISBN 3-426-26009-3

Inhalt

Der Wald, »Rückgrat« der Landschaft

Für die Existenz des Menschen hat keine Landschaft unserer Erde die gleiche Bedeutung wie der Wald, den man zu Recht das »Rückgrat« der Landschaft nennt.

Der Wald reinigt die von Staub und Abgasen verunreinigte Luft und reichert sie mit Sauerstoff an. So kann ein Hektar Buchenwald jährlich an die 70 t Staub aus der Luft herausfiltern. Und eine einzige Buche mit einem Kronendurchmesser von 15 m produziert pro Stunde ungefähr 1,7 kg Sauerstoff, den täglichen Sauerstoffbedarf von drei Menschen. Waldungen sind also gerade im Bereich der Großstädte und Industriegebiete von unschätzbarem Wert.

Besonders wichtig ist der Wald als Wasserspeicher, wodurch er eine ausreichende Versorgung mit Grundwasser gewährleistet. Auch die Wasserqualität wird durch den Wald entscheidend beeinflußt, denn er säubert das Regenwasser, das immer stärker mit Schadstoffen der Luft belastet wird. Der Waldboden hat gewissermaßen die Funktion einer riesigen Kläranlage, die Wasser von bester Qualität erzeugt.

Eine dritte nicht minder wichtige Leistung des Waldes ist die Erzeugung einer Humusschicht, von der über die Nahrungskette alles Leben auf dem festen Land – Pflanze, Tier und Mensch – abhängig ist. Sie bildet sich aus dem sogenannten Bestandsabfall, aus Laub, Nadeln und Pflanzenresten der Krautschicht sowie aus den toten Lebewesen der verschiedensten Art.

Bis zum Beginn der jüngeren Steinzeit war fast ganz Mitteleuropa von Wald bedeckt. Unsere heutigen Wälder aber unterscheiden sich wesentlich von den Urwäldern der Vorzeit. Der größte Teil Mitteleuropas wies Eichenmischwald auf, der durchsetzt war mit Rotbuchen, Ahornbäumen, Linden und Ulmen, und bei der damaligen geringen Bevölkerungsdichte war er in seinem Bestand nicht bedroht.

Die Vernichtung der Urwälder begann in den Mittelmeerländern. Man brauchte Bauholz vor allem für den Schiffsbau, für die immer größer werdenden Flotten. Weiteren Schaden brachte die Weidewirtschaft, denn vor allem die Ziegen lebten von den nachwachsenden Trieben. In der Türkei weiden heute noch an die zwölf Millionen Ziegen und ebenso viele Schafe selbst in den letzten noch verbliebenen Wäldern.

Ähnliche Holzmassen wie der Schiffsbau vernichtete die Herstellung von Holzkohle für die Essen der Schmiede. Doch auch die zunehmende Landwirtschaft und Viehzucht wirkten sich verheerend auf die ursprünglichen Wälder aus, da die Bauern die Tiere ausschließlich in den Waldungen weiden ließen. Mit Beginn der Stallfütterung begann die für den Wald besonders schädliche »Streunutzung«, bei der herabgefallenes Laub und Nadeln dem Waldboden entzogen wurden, um sie als Einstreu für die Ställe zu verwenden.

Die schädlichen Auswirkungen der Entwaldung zeigen sich eindrucksvoll in den Mittelmeerländern, wo die einst von malerischen Wäldern bedeckten Gebirgszüge heute verkarstet sind und einen trostlosen Anblick bieten.

Den deutschen Wäldern wäre wohl in der Neuzeit ein ähnliches Geschick beschieden gewesen wie den Waldungen in den Mittelmeerländern, wenn nicht rechtzeitig der Heizwert der Kohle entdeckt worden wäre. In der Zeit von 1750 bis 1850 hat die junge deutsche Forstwirtschaft und Forstwissenschaft den bis damals vernichteten Wald wiederaufgebaut, aber er hatte wenig Ähnlichkeit mit den Urwäldern. Er wurde zum Wirtschaftsgut, eine rationelle Bewirtschaftung machte den Wald zum Forst.

Die Erkenntnis, daß Nadelholz auf gleicher Fläche und in der gleichen Zeit mehr Holz liefert als die Laubbäume, und das Bemühen, möglichst hohe Erträge zu erzielen, führten zur Schaffung des schnellwüchsigen Nadelwaldes. In der Bundesrepublik Deutschland sind heute etwa 30% der gesamten Landfläche wieder von Wald bedeckt. Davon entfallen nur noch ein Drittel auf Laub- und zwei Drittel auf Nadelwälder. Die Bevorzugung dieser Baumplantagen zeigte aber bald Auswirkungen, die erkennen ließen, daß die Natur falsch behandelt worden war. Es kam zum Beispiel zur Entartung der Böden, Veränderung des Wasserhaushalts, zu Pilzkrankheiten, Massenvermehrung von Schadinsekten, Sturmschäden und Waldbränden. In den Alpen verursacht die Monokultur aus Fichten Rutschungen und Erosionen.

In Mitteleuropa sind nur wenige Reste des ursprünglichen Urwalds erhalten geblieben, so im Bayerischen Wald, im Bereich der Alpen, in der Tschechoslowakei und in den Karpaten. Vernichtete Urwälder können vom Menschen niemals neu geschaffen werden. Denn die Natur hat dieses grandiose Ökosystem in zehntausendjähriger Entwicklung entstehen lassen.

Was wir aber erreichen können und womit in Staats- und Privatforsten tatkräftig begonnen wurde, ist die Wiederherstellung naturnaher Mischwälder. Heute wissen wir, daß die ökologisch richtig angelegten und gepflegten Mischbestände nicht nur der Verschönerung der Landschaft dienen und das Auge des Menschen erfreuen, sondern auf die Dauer auch besseren Holzertrag liefern. Das unterstreicht den Hinweis von Konrad Lorenz, daß Ökologie auch die bestmögliche Ökonomie ist.

Darüber hinaus hat der lichte Mischwald für den Menschen durch weit größere Artenfülle von Tieren und Pflanzen einen höheren Erholungswert als dunkle Fichtenwälder, auf deren Boden kaum ein Strauch oder eine Pflanze gedeihen kann. Der Wald ist heute zu einem kostbaren Allgemeingut für den Menschen geworden, und jeder hat die Pflicht, ihn zu hegen und zu pflegen, nicht zuletzt die zahllosen Menschen, die in ihm Erholung und Entspannung suchen.

Dieser neue, in besonders schöner Weise illustrierte Band von »Knaurs Tierleben« will uns mit den Wäldern unserer Erde vertraut machen und einen Beitrag zum Verständnis und zum Schutz dieser »grünen Lungen« leisten.

Heinz Sielmann

Fülle des Lebens

Seitdem die ersten Bäume vor mehr als 400 Jahrmillionen das Festland eroberten, haben sich die Wälder unseres Planeten immer wieder verändert. Doch boten sie von Anfang an Schutz – gegen Wind, Regen, Sonne und Hitze. Sie lieferten Nahrung. Sie fingen die Niederschläge auf und speicherten Süßwasser. Deshalb zogen sie andere Pflanzen und die ersten Tiere an, die sich auf dem festen Land entwikkelten und in den entstehenden Wäldern eine gewisse Sicherheit vor Feinden fanden. Im weiteren Verlauf der Evolution besiedelten neue Tierarten den Waldboden, die Baumstämme, die Blätter und Zweige. Sie bauten ihre Nester, pflanzten sich fort und veränderten sich im Gang der Jahrtausende. Schon in einer frühen Epoche der Erdgeschichte muß der Wald von Lebewesen gewimmelt haben. Wir haben erst wenige Jahrhunderte Zeit gehabt, Gesetze und Formen der Veränderungen, die sich über viele Millionen Jahre hinzogen, wissenschaftlich zu erforschen.

Die Wälder gehören zu den erfolgreichsten natürlichen Lebensgemeinschaften, was sich allein daraus ergibt, daß sie seit einem frühen Stadium der Evolution bis heute überdauert haben. Keine Vegetationsform ist so weit verbreitet und so mannigfaltig – und keine ist auch so schnell im Schwinden begriffen. Nur noch wenige Waldlandschaften haben ihre Urtümlichkeit, ihre ursprüngliche Fauna und Flora bis heute bewahrt, und selbst die natürlichen Lebensvorgänge und -zusammenhänge, die den Wald zu dem gemacht haben, was er vor dem Auftreten des Menschen war, sind vielfach gestört. Das ist der Grund, warum wir bei unserer Untersuchung der großen Waldgebiete der Erde so häufig Nationalparks und ähnliche Reservate heranziehen. Denn vor allem in diesen Schutzgebieten können wir die Natur noch in einem natürlichen Zustand erleben. Es sind freilich nicht nur Schutzgebiete für die Bäume, sondern für alle Lebensformen, die hier ihre Heimat haben.

Die frühen Wälder

Die Botaniker nehmen an, daß die ersten Bäume nicht einmal 1 m maßen und einen winzigen Stamm und noch keine echten Blätter hatten, daß sie aber bereits ansatzweise eine Holzstruktur aufwiesen, die dem Wind Widerstand leistete und dem Sonnenlicht entgegenstrebte. Wann und wo diese ersten Bäume wuchsen, ist ungeklärt. Doch schon in der Devonzeit vor etwa 350 Millionen Jahren hatten sich riesige Wälder gebildet, freilich keine Wälder im heutigen Sinne, sondern Ansammlungen farnartiger Bäume, die man als *Eospermatopteris*, »Samenfarne der Frühzeit«, bezeichnet. In den Catskill-Bergen im amerikanischen Bundesstaat New York hat man die Überreste eines großen Waldes aus dem oberen Devon entdeckt, der aus Farnbäumen mit einem Stammdurchmesser bis zu 1 m und Höhen bis zu

Die fernen Vorfahren dieser Riesenfarne im australischen Bundesstaat Victoria bildeten vor Hunderten von Jahrmillionen die ersten Wälder unserer Erde.

Folgende Seite: Koniferenwälder, von den strauchwüchsigen polaren Fichten bis zu den Riesenformen der Kiefern und Mammutbäume, haben die mannigfaltigsten Klimazonen und Lebensräume erobert. Diese Aufnahme aus der nordamerikanischen Sierra Nevada zeigt einen Rest jener Wälder, die vor Jahrtausenden die Kontinente bedeckten.

Nächstfolgende Seiten: Laubwälder, in die oft Nadelhölzer eingesprengt sind, gedeihen überall dort, wo es zumindest in einer Jahreszeit warm und feucht ist. In dieser romantischen Waldschlucht in New Hampshire (USA) künden die Verfärbung der Blätter und der Laubfall das Ende des Sommers und die bevorstehende Winterruhe an.

12 m bestand. Versteinerte Pflanzen des Unter- und Oberdevons sind uns aus weitverstreuten Fundorten der gesamten Nordhalbkugel bekannt. Frühe Gefäßpflanzen wie *Germanophyton psygmophylloides* aus dem deutschen Unterdevon und *Psygmophyllum gilkineti* aus dem belgischen Mitteldevon lassen den Schluß zu, daß das Pflanzenleben der Erde früher entstanden ist, als man bisher vermutete. Es gibt gewisse Anhaltspunkte dafür, daß Gefäßpflanzen – also mit einem besonderen Wasserleitungssystem ausgestattete Pflanzen – bereits im Kambrium und vielleicht sogar im späten Präkambrium existierten. Auf jeden Fall wird durch devonische Ablagerungen in Norwegen, Spitzbergen, Südafrika, England, Irland, Deutschland, Belgien und andernorts bewiesen, daß sich schon sehr früh in der Erdgeschichte eine reiche und vielgestaltige Pflanzenwelt entfaltet hatte.

Eine andere großwüchsige Pflanzengattung der Devonzeit war *Callixylon*, eine frühe Verwandte der modernen Koniferen, die nachweislich einen Durchmesser von fast 2 m erreichte. Vertreter dieser Gattung waren zwischen dem Gebiet der heutigen Arbuckle-Berge in Oklahoma und dem Donezbecken in der Sowjetunion weit verbreitet. Die *Callixylon*-Bäume gelten als Vorfahren der allgemein bekannten riesigen Schuppenbäume *(Lepidodendron)* der Karbonzeit, die mit einer Höhe von rund 30 m etwa hundertmal so groß waren wie ihre unscheinbaren rezenten Verwandten, die Bärlappgewächse. Ein weiterer Baumtyp des Karbons, der Riesenschachtelhalm *(Calamites)*, hat bis heute in Gestalt des kleinwüchsigen Schachtelhalms oder Katzenwedels *(Equisetum)* überdauert.

Die Wälder des Erdaltertums waren erfüllt vom Gesumm zahlreicher und mannigfaltiger Insekten, von denen manche eine Flügelspannweite von 70 cm hatten. Diese urtümlichen Insekten sind allerdings kaum vergleichbar mit unseren hochentwickelten modernen Fluginsekten, denn sie besaßen starre Flügel, die nicht zusammengeklappt werden konnten. Die ältesten Insekten waren sogar ungeflügelt. Doch sie füllten ihre ökologische Nische offensichtlich sehr erfolgreich aus; sie schienen sich an das Waldleben hervorragend angepaßt zu haben, denn die Hälfte der uns bekannten paläozoischen Insekten verfügten über stechende oder saugende Mundwerkzeuge, die zur Aufnahme von Pflanzensäften dienten. Allerdings waren diese Insekten eine leichte Beute für die größeren Libellen.

Heute stellen die Insekten mehr als 70 Prozent der wissenschaftlich beschriebenen Tierarten, die sich auf über eine Million belaufen. Zu den häufigsten Formen (fast 4000 Arten) gehören die Springschwänze, winzige Urinsekten, die heute die humusreichen Waldböden besiedeln. Mancherorts sind sie so zahlreich vertreten, daß auf einen Kubikdezimeter Erdreich 2000 Exemplare entfallen – ein Festschmaus für Spinnen, Tausendfüßer und Bodenkäfer.

Im Paläozoikum vor etwa 425 bis 280 Millionen Jahren entstanden und verschwanden viele Wälder, deren verrottende Bestandteile sich unter Druck in riesige Kohleschichten verwandelten. Nach und nach wurden die primitiven Pflanzen der altertümlichen Wälder – die Sporenträger – von einer neuen Gruppe erfolgreicherer Pflanzen verdrängt, die sich durch eine neuartige Form der Fortpflanzung auszeichnete. Vor rund 200 Jahrmillionen, zu Beginn des Zeitalters der Dinosaurier, begannen samentragende Farnpalmen und Koniferen die Sporenpflanzen zu ersetzen. Als die ersten warmblütigen Säugetiere auf der Erde erschienen, übernahmen die Koniferen die Herrschaft, die sie über Millionen von Jahren hinweg behielten. Doch allmählich mußten sie einem anderen Baumtyp weichen, den breitblättrigen, blütentragenden Laubbäumen, die erstmals im Zeitalter der Reptilien auftraten und sich vor 60 Jahrmillionen als großräumige Ökosysteme über die ganze Erde ausgebreitet hatten.

Seit jeher waren die Bäume und Wälder von Tieren bevölkert. Zu den kleinen insektenfressenden Säugern des Paläozäns, das vor 60 Jahrmillionen begann, zählten primitive Igel, spitzmausartige Tiere und Vorläufer der heutigen Beutelratten. Im Eozän, das etwa 20 Millionen Jahre dauerte, entwickelten sich verschiedene faultierähnliche Arten *(Metacheiromys)*, deren Nachfahren in Südamerika als Gürteltiere, Ameisenbären und Faultiere bis heute überlebt haben. Dann erschienen die Vorläufer der Katzen, Eichhörnchen, Biber, Tapire, Nashörner und anderer Waldbewohner, so daß gegen Ende des Oligozäns, vor ungefähr 25 Millionen Jahren, die Tierwelt ihre heutige Gestalt anzunehmen begann.

Wälder von heute: Formen und Typen

Die modernen Waldlandschaften verdanken ihre Entstehung nicht dem Zufall, sondern verschiedenen natürlichen und vielleicht auch einigen unnatürlichen Faktoren. Die Luftbewegungen in der Erdatmosphäre können darüber entscheiden, wo Wälder gedeihen und wo nicht; in bestimmten Breiten sinkt trockene Luft aus höheren Regionen ab und schafft Bedingungen, unter denen sich nur eine Wüstenvegetation zu halten vermag. Die Topographie, also die Geländeform der Erdoberfläche, und die Intensität der Sonneneinstrahlung haben gleichfalls großen Einfluß auf den Charakter und die Verteilung der Wälder. Das gleiche gilt für die Bodenbeschaffenheit, den Wassergehalt des Bodens und andere Faktoren. Wenn sich diese Bedingungen verändern, verändern sich auch die Waldlandschaften.

Wälder können nicht vor einem verheerenden Sturm fliehen oder während einer Dürrezeit zu einer Wasserstelle wandern. Deshalb muß jeder Baum an die Witterungsextreme seiner jeweiligen Umwelt angepaßt sein. Manche Bäume sind beispielsweise nahezu »feuerfest« geworden, unter anderem bestimmte Kiefern, deren Rinde zwar von einem dahinrasenden Feuer versengt wird, die aber im übrigen kaum Schaden leiden. Andere Baumarten, vor allem die Koniferen, sind ausgesprochen kälteunempfindlich, obgleich es viele Gebiete auf der Erde gibt, die selbst für Koniferen zu kalt sind. Alle Bäume brauchen zum Leben Wasser, doch die Blätter mancher Wüstenbäume haben sich durch stark verminderte Wasserabgabe so sehr an ihre Umwelt angepaßt, daß selbst in ariden Zonen Wälder sehr gut gedeihen können.

Das Ergebnis solcher Anpassungsprozesse ist eine erstaunliche Vielfalt von Wald-Ökosystemen. Im hohen Norden wächst im erdumspannenden Waldgürtel der Taiga kaum etwas anderes als kleinwüchsige Fichten und Birken. Die Taigatiere sind indes keineswegs kleinwüchsig; die zahlreich vertretenen Elche und Bären finden hier ausreichend Äsung und Beute.

Die Waldgürtel ändern ihr Aussehen, je wärmer es wird. Dichte Bestände aus Fichten, Tannen, Kiefern und anderen großen Nadelbäumen überziehen die nördliche und südliche Hemisphäre bis etwa zum 30. Breitengrad. In diesen Nadelwäldern herrschen Schwarzbären sowie Hirsche vor, und Pelztiere und Vögel, etwa Rauhfußhühner, leben hier in großer Zahl.

Wenn man von der Taiga aus nach Süden reist, künden die immer häufiger werdenden Espenbestände, die sich unter die Nadelhölzer mischen, die ausgedehnte Laubwaldregion an, die sich bis zu den Subtropen hinzieht. Diese Waldlandschaft, die von Eichen, Ahornen, Erlen und anderen laubabwerfenden Bäumen geprägt wird, ist erfüllt vom Gezwitscher der Singvögel und vom lebhaften Treiben der Wildschweine, Hirsche und Raubtiere.

Selbstverständlich wird diese Aufeinanderfolge von Waldgürteln zwischen Arktis und Tropen gelegentlich unterbrochen durch Gebirgszüge, doch auch die Bergwälder gliedern sich in verschiedene Zonen, von den Nadelholzbeständen der Hochlagen bis hinab zu den Laubwäldern, welche die unteren Hänge bedecken.

Die eingangs erwähnte Luftbewegung wirkt sich nachhaltig auf das Klima aus, denn die Luft bringt oder entzieht der Erde Feuchtigkeit. Das vielleicht beste Beispiel dafür sind die Monsunwälder in Asien, wo im Sommer Regen und Nebel landeinwärts ziehen und die Vegetation von den Salbaumbeständen des Tieflands bis hinauf zu den Nadelwäldern des Himalajas gründlich durchfeuchten. Tiger, Nashörner, Affen und sogar die in großen Höhen lebenden Yaks fühlen sich offensichtlich wohl in diesem ständigen Wechsel zwischen sehr feuchter und sehr trockener Luft.

In manchen gemäßigten Wäldern an der nordamerikanischen Küste erreichen die Niederschläge, die sich gleichmäßig über das ganze Jahr verteilen, eine Durchschnittshöhe von fast 400 cm. Die Wüstenregionen bekommen natürlich sehr viel weniger Feuchtigkeit ab, doch trotz der Trockenheit entfaltet sich hier eine ebenso anpassungsfähige wie üppige Vegetation. Riesenkakteen, bis 20 m hoch und 9000 kg schwer, können eine Bestandsdichte von 150 pro Hektar haben. In diesen stachligen Gehölzen tummeln sich Baumwachteln, Pekaris und allerlei Reptilien, zum Beispiel Klapperschlangen.

Die feuchtwarmen äquatorialen Regenwälder mit ihren lianenbekränzten Bäumen, die sich so dicht wie möglich aneinanderdrängen, gelten als typisch für die tropische Waldlandschaft, sind aber nicht so häufig und ausgedehnt, wie man vermuten möchte. Afrika und Asien haben vergleichsweise wenige Wälder dieser Art aufzuweisen; das größte zusammenhängende Regenwaldgebiet stellt der südamerikanische Amazonas-Urwald dar. In Afrika sind die Meerkatzen charakteristische Bewohner des Tropenwaldes, in Asien die Gibbons. Daneben findet sich hier natürlich eine Unzahl anderer Baumtiere. Diese Wälder sind auch die Heimat versteckt lebender Antilopen und scheuer Faultiere. Und niemand vermag zu sagen, wie viele Milliarden das Heer der Insekten und der übrigen Wirbellosen zählt, etwa der Termiten und Treiberameisen.

Die Berge, die aus diesen regenfeuchten Niederungen aufsteigen, sind von dichten, nebelverhangenen Wäldern bedeckt, in denen Eichen und Orchideen, Frösche und Kröten und kostbare Vögel wie etwa der mittelamerikanische Quetzal leben.

Doch im übrigen besteht die tropische Landschaft weitgehend aus trockenem Gelände, das gleichwohl voller Leben ist. Im weiten afrikanischen Buschwald, zwischen *Brachystegia*- und *Julbernadia*-Bäumen, streifen die Rappenantilopen umher. Dornbuschwälder erstrecken sich im südlichen Afrika, Riesenfarnwälder in Australien und Sumpfwälder in fast allen Erdteilen.

Wir sehen, daß sich in jedem Landstrich, jedem Regengebiet, jeder Küstenregion, jedem Bergland und in allen geographischen Breiten die unterschiedlichsten Wald-Ökosysteme ausgebildet haben. Die ungewöhnliche Vielfalt der Pflanzen und Tiere macht die niemals endende Faszination des Waldes aus. Kein Mensch hat sich jemals mehr als einen Bruchteil der Erkenntnisse zu eigen machen können, die aus diesen Systemen abzuleiten sind. Und es wird noch Jahrzehnte dauern, bis sämtliche Bewohner des Waldes bekannt und ihre Lebensabläufe und ökologischen Wechselbeziehungen im einzelnen erforscht sind.

Allerdings sind wir bereits heute in der Lage, genügend Aspekte der Tierwelt des Waldes zu erfassen, um die Gesetze der Natur zu verstehen, denen diese »Fülle des Lebens« ihre Entstehung verdankt.

Folgende Seite: Heftige Regenfälle und nebelfeuchte Luft lassen im gemäßigten Regenwald einen reich abgestuften Pflanzenwuchs entstehen. Eines der besten Beispiele für diese Vegetationsform ist die »Mooshalle« im Hoh-River-Regenwald des Olympic National Park im amerikanischen Bundesstaat Washington.

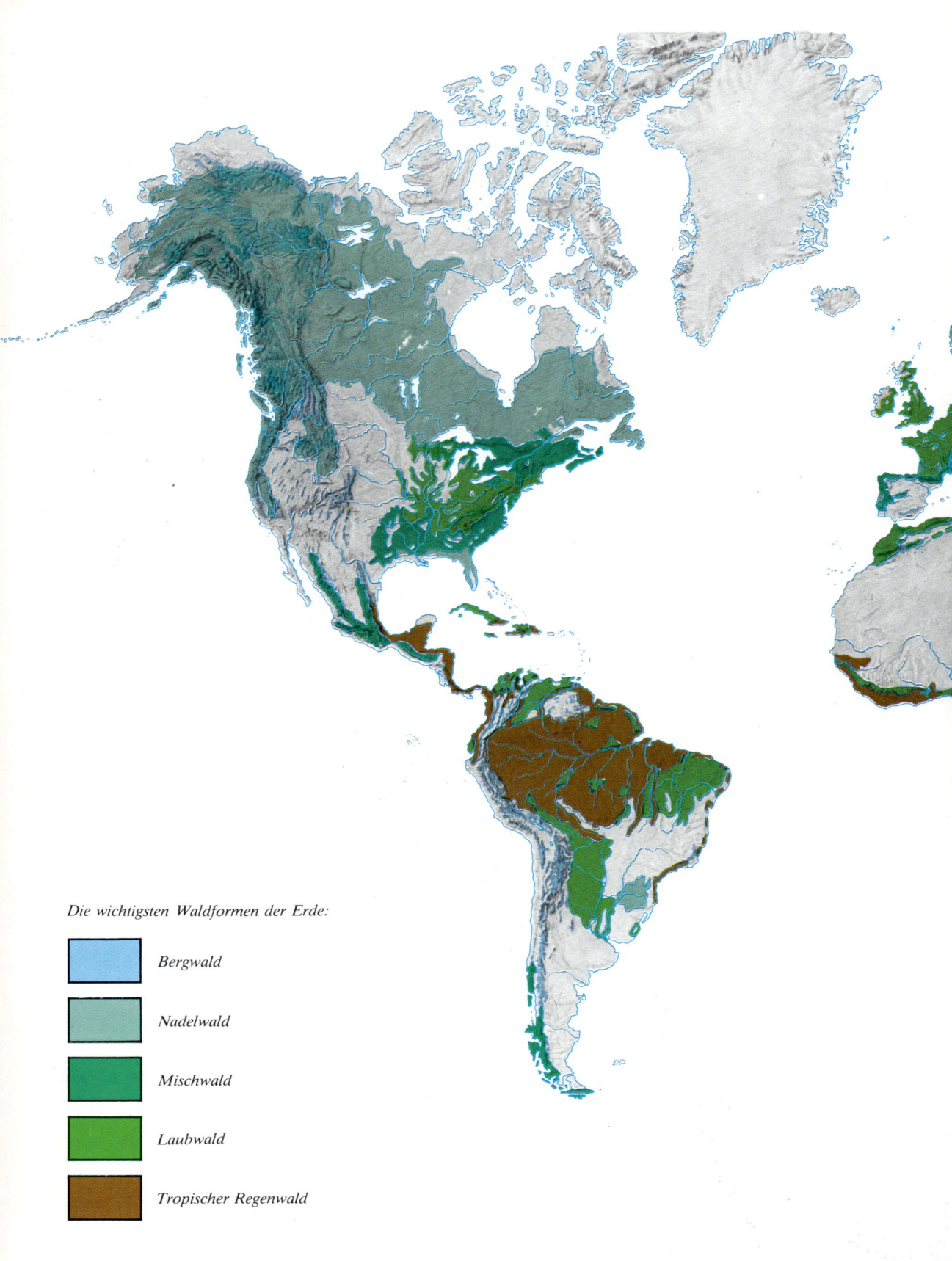

Die wichtigsten Waldformen der Erde:

Bergwald

Nadelwald

Mischwald

Laubwald

Tropischer Regenwald

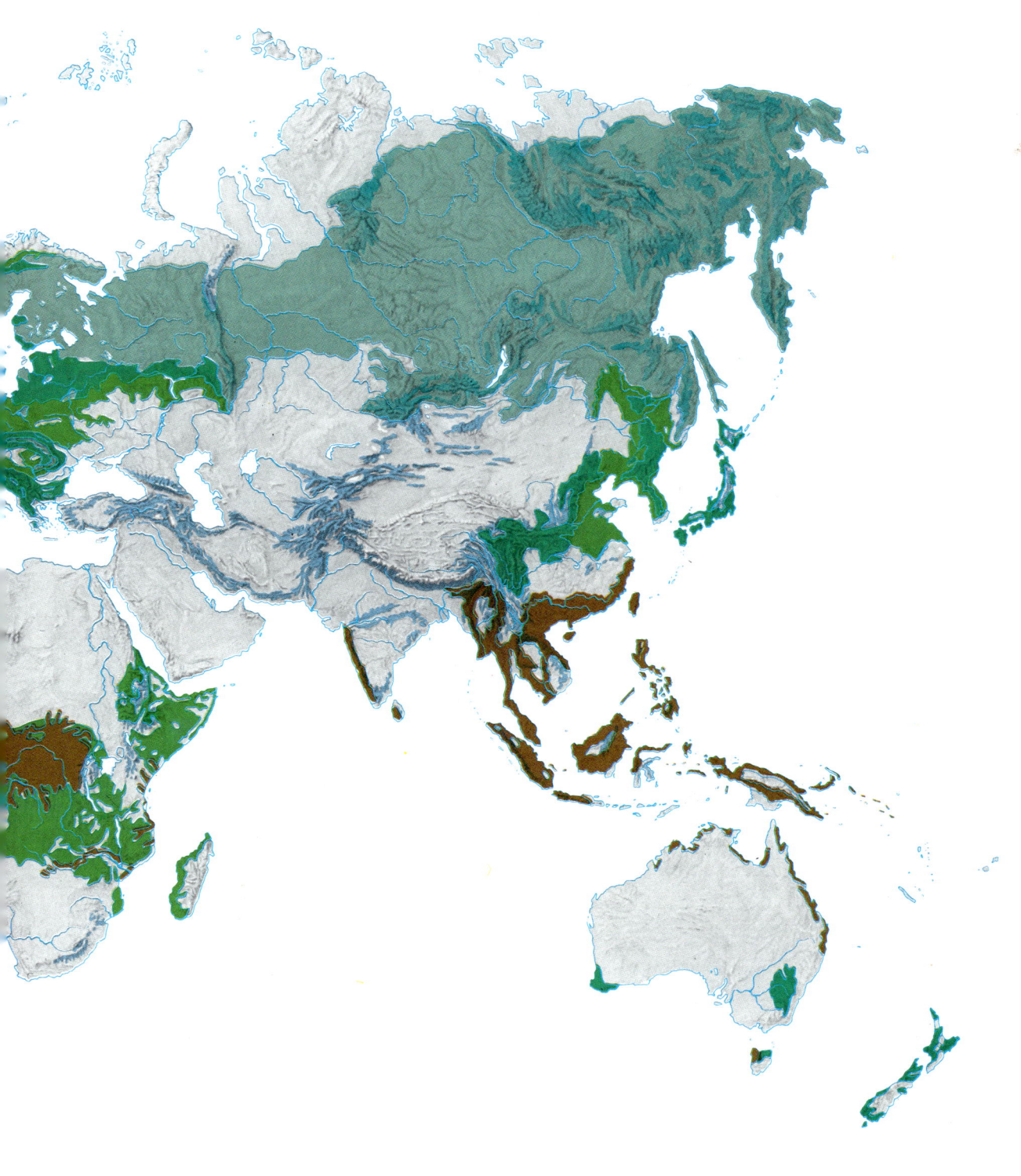

Baum und Wald

Ein Baum ist, auch wenn man es ihm nicht sogleich ansieht, ein dynamischer Organismus. In seinem Inneren, dem bloßen Auge unsichtbar und nur unter dem Mikroskop zu erkennen, wandern ständig Flüssigkeiten auf und ab, die ihn am Leben erhalten und sein Wachstum und seine Fruchtbarkeit über viele Jahre hinweg sicherstellen.

Die Wurzeln eines Baumes dringen in den Boden ein, gehen in die Tiefe oder wachsen in die Breite oder auch in beide Richtungen, je nach den Bedingungen über und unter der Erde. Wenn der Boden wenig Wasser enthält, müssen sich die Wurzeln entweder tief hinabsenken, um genügend Feuchtigkeit zu finden, oder sich dicht unter der Oberfläche ausbreiten, um das Regenwasser abzufangen, bevor es versickert. Bäume an wasserreichen Standorten, zum Beispiel in Flußbetten, haben im allgemeinen ein flaches, ausgedehntes Wurzelwerk.

Das Wurzelsystem ist ein Gewirr von Haupt-, Seiten- und Nebenwurzeln. Bei einer großen Eiche können diese Wurzelstränge, die sich drehend und windend nach allen Seiten ausgreifen, eine Gesamtlänge von mehreren Hundert Kilometern haben. Wurzelhaare umklammern die Steine und Körnchen des Erdreichs und verstärken so die Verankerung des Baumes, damit ihm kein Sturm etwas anhaben kann. Die Wurzelzellen absorbieren Wasser und sind so gestaltet, daß das Wasser von einer Zelle zur anderen wandert.

Wenn der Boden bei warmem Wetter ausreichend erwärmt ist, vollzieht sich das Wachstum sehr schnell; die Zellen teilen sich, die Wurzel wird länger und verteilt sich, die ersten Blätter werden vorgeformt, der zarte Stamm beginnt sich zu bilden, der Baum wird kräftiger und höher. Manche baumartigen Blütenstengel, etwa der Wüstenagave, deren Stamm so dick wie ein Menschenarm ist, können in drei Tagen 1 m hoch wachsen, und bestimmte Tropengewächse in Gebieten mit starken Regenfällen wachsen sogar noch schneller.

Anatomie eines Baumes

Die »Wasserleitung« im Inneren eines Baumes grenzt ans Wunderbare, denn sie vermag Wasser über 100 m hoch in die Wipfel der höchsten Bäume und in die ausladenden Äste sowie in Tausende von Blättern zu befördern und transportiert andererseits Flüssigkeiten zurück zum Stamm und zu den Wurzeln. Doch dabei ist keine Zauberei im Spiel; das Ganze ist ein Mechanismus, der in den Jahrmillionen der biologischen Evolution erprobt und vervollkommnet wurde.

Das Wasser mit den in ihm gelösten Nährsalzen steigt zu den Blättern hinauf, in denen mit Hilfe der Sonnenenergie Zucker und Eiweiß aufgebaut werden, die, wieder zurückgeleitet, dem Stamm und den Wurzeln als Nahrung dienen. Dieser Wassertransport wird vorwiegend im Stamm abgewickelt, bei den meisten Bäumen nur nahe der Außenseite des Stammes. Dort erfüllt eine dünne Schicht aus leben-

Diese mächtige Eiche entfaltet unter der schützenden Rinde eine gewaltige Produktivität. Zugleich bietet ein solcher Baum Unterschlupf und Nistgelegenheit für Vögel, eine Heimstatt für Insekten und Nahrung für alle möglichen Tiere.

Vorhergehende Seiten: Diese Bromelie, die epiphytisch auf einem Baumast im nordperuanischen Tropenwald wächst, sammelt und speichert Feuchtigkeit in dem von ihren Blättern gebildeten Trichter und wird damit zu einer Heimstatt für winzige wasserbewohnende Tiere.

Die australische Zungenorchis (Cryptostyles) wird durch eine männliche Wespe bestäubt (Lissopimpla sp.), oben, welche die einer weiblichen Wespe ähnelnde Blüte zu begatten versucht.

den Zellen, das sogenannte *Kambium*, mehrere Funktionen gleichzeitig: Die Innenseite dieser Kambiumschicht, also die dem Stammzentrum zugewandte Seite, besteht aus einem Röhrensystem, das man als Xylem (»Holzteil«) bezeichnet und in dem das Wasser aufsteigt. An der Außenseite des Kambiums, dicht unter der Rinde, sitzt ein zweites Röhrensystem, das Phloëm (»Siebteil«), in dem nährstoffreiche Flüssigkeiten nach unten abgeleitet werden.

Das Kambium ist eine aus teilungsfähigen Zellen bestehende Gewebeschicht, die innen Splintholz und außen Rinde erzeugt. Im Frühjahr, wenn in der Regel reichlich Wasser vorhanden ist, bringt das Kambium zahllose fasrige Pflanzenzellen hervor, die sich zu hellem Holz verhärten. In den übrigen Jahreszeiten, in denen meist weniger Wasser zur Verfügung steht, werden die Fasern kompakter und ergeben schließlich eine feste Schicht aus dunklerem Holz (Kernholz). Dieses Dickenwachstum verläuft in zylindrischer Form und überzieht den ganzen Stamm von unten bis oben in mehr oder weniger gleichmäßigen Lagen. Wenn wir den Querschnitt eines Stammes betrachten, erscheinen diese zylindrischen Schichten als Ringe, die normalerweise heller oder dunkler gefärbt sind und jeweils das Wachstum eines Jahres darstellen.

Dendrologen – so nennt man die »Baumwissenschaftler« – können mit Hilfe dieser Jahresringe buchstäblich in die Vergangenheit blicken. Sie sehen sofort, ob ein Baum in einem bestimmten Jahr viel Wasser abbekommen und infolgedessen reichlich Splintholz angesetzt hat oder ob das Wasserangebot spärlich war, so daß sich nur schmale dunkle Ringe gebildet haben. Daraus lassen sich wiederum recht zuverlässige Rückschlüsse auf das Klima früher Zeiten ziehen. Da sich Jahresringe auch in fossilen Stämmen erhalten haben, konnten die Wissenschaftler auf der Grundlage dieses Systems sogar die Klimaverhältnisse längst vergangener Zeiten erschließen.

Es liegt auf der Hand, daß ein Baum innen stets feucht sein muß, wenn er wachsen und gedeihen soll. Entzieht man den Wurzeln das Wasser, stirbt der Baum ab. Wenn man rings um den Stamm die Rinde tief einschneidet und somit die Xylem- und Phloëmröhren unterbricht, in denen die lebensnotwendigen Flüssigkeiten befördert werden, muß der Baum ebenfalls sterben. Manche Tiere, zum Beispiel Stachelschweine, schnüren auf diese Weise Baumstämme ab, weil sie eine Vorliebe für die süßen Säfte und das »Fleisch« der Kambiumschicht haben; das bedeutet den Tod für den betreffenden Baum, aber nur selten, wenn überhaupt jemals, für so viele Bäume, daß ein ganzer Wald ernstlich Schaden leidet. Die Biber hingegen fällen Bäume durch ringförmiges Benagen und können den gesamten Bestand eines Uferwaldes zerstören.

Eine lang anhaltende Trockenperiode kann den Tod der Bäume herbeiführen, weil der Boden nicht genügend Wasser zur Versorgung der Blätter enthält. Die Xylem- und Phloëmgefäße trocknen aus. Die Photosynthese, also die Produktion von Kohlehydraten in den Blättern, hört auf. Die Blätter verwelken, färben sich braun und fallen ab. Die Wurzeln verdorren. Der Baum stirbt, verrottet, wird zur Heimstatt für Insekten und Säugetiere, die sich in seinem hohlen Stamm einnisten, und zerfällt schließlich zu einem nährstoffreichen »Staub«, der den Boden anreichert. Wenn dann wieder Regen fällt, entstehen neue Keimlinge aus den Samen, die vielleicht jahrelang im Boden geruht haben.

Diese Samen entstehen aus Blüten – und jede Baumart bringt als Samenpflanze Blüten einer bestimmten Form und Farbe hervor, die der Fortpflanzung dienen.

Um im Interesse der Arterhaltung die Samen möglichst weit zu verstreuen, haben die Bäume verschiedene Methoden entwickelt. Geflü-

In den Wäldern wimmelt es von
Lebewesen, die auf mannigfache Weise
Pollen von einer Blüte zur anderen
befördern. Dadurch gewährleisten sie die
Vermehrung der Pflanzen und zugleich
den Erhalt ihrer Nahrungslieferanten.
Mit vorgestrecktem Schnabel saugt ein
Rubinkehlkolibri (Archilochus colubris)
in Virginia, USA, Nektar aus der Blüte
einer Klettertrompete (Campsis
radicans), oben. Diese peruanische Biene
(Englossa sp.), links, kann mit ihrer
langen Zunge Nektar aus tiefen
Blütenkelchen saugen.

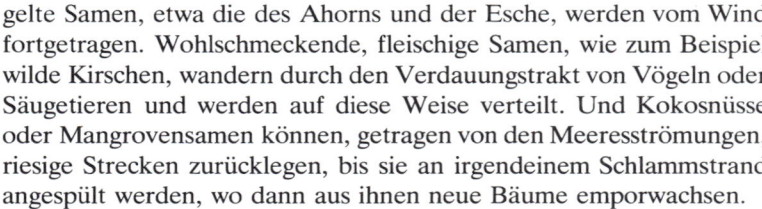

gelte Samen, etwa die des Ahorns und der Esche, werden vom Wind
fortgetragen. Wohlschmeckende, fleischige Samen, wie zum Beispiel
wilde Kirschen, wandern durch den Verdauungstrakt von Vögeln oder
Säugetieren und werden auf diese Weise verteilt. Und Kokosnüsse
oder Mangrovensamen können, getragen von den Meeresströmungen,
riesige Strecken zurücklegen, bis sie an irgendeinem Schlammstrand
angespült werden, wo dann aus ihnen neue Bäume emporwachsen.

Die Lebensgemeinschaft des Waldes

Der Wald mit seiner lebenden und abgestorbenen Vegetation ist ein
großes Nahrungsreservoir, das Tiere aller Art anlockt. In den Baumkronen gehen Singvögel auf Insektenjagd. Bienen und andere Insekten holen Nektar aus den Blüten. Auf und unter dem Boden durchwühlen Amphibien und Scharen von wirbellosen Tieren die vermodernden Abfallstoffe nach Nahrung. Die Lebensgemeinschaft des
Waldes verteilt sich offensichtlich auf verschiedene Stufen, deren Bewohner nicht austauschbar sind. Manche Vögel und Ameisen sind

Die Blattschneiderameisen der Gattung
Atta legen Pilzgärten an. Jede Art züchtet
einen bestimmten Pilz, auf den die
jeweilige Kolonie angewiesen ist.
Arbeiterinnen schneiden Blattstücke aus
(vorhergehende Seite) und tragen sie ins
Nest (links und oben). Soldaten
bewachen den Nesteingang (unten). Im
Inneren werden die Blattstücke zu einem
»Kompost« zerkaut, der als Nährboden
für die unterirdischen Pilzkulturen dient.

zwar in allen Stufen vom Waldboden bis zu den Wipfeln anzutreffen, aber im allgemeinen beschränken sich Tiere auf eine bestimmte ökologische Nische: Wir werden Regenwürmer nicht in den Baumkronen finden und Honigbienen nicht zwischen den Wurzeln.

Diese Schichtung läßt sich am besten in üppigen Laub- und Tropenwäldern beobachten, doch erkennbar ist sie in nahezu allen Waldlandschaften. Die unterste Stufe, der von Wurzeln durchzogene Boden, ist ein Paradies für Wirbellose und grabende Säugetiere. Die Bakterien und Kleinlebewesen, die in der Erde leben, sind entscheidend wichtig für die Fruchtbarkeit des Waldbodens. Sie arbeiten ihn um, mischen und belüften ihn. Sie verzehren die abgestorbene Vegetation und beschleunigen den Verrottungsprozeß. Insekten und Tausendfüßer ernähren sich von den Pflanzenrückständen, die von den Bakterien bereits teilweise zersetzt worden sind, und geben sie in zerkleinerter Form wieder von sich. Daraufhin werden die Humuspartikel von noch kleineren Tieren abgebaut und aufbereitet, damit einzellige Pflanzen und Tiere sie weiterverwerten können. In all diesen Lebensvorgängen besteht ein ausgewogenes, aber ziemlich labiles Gleichgewicht, das durch den Menschen, der die »Schädlinge« in Gärten, Wiesen, Feldern und Wäldern mit chemischen Mitteln bekämpft, empfindlich gestört werden kann.

Wir machen uns über diese Kleinlebewelt meist nur dann Gedanken, wenn wir ein Glühwürmchen in der Dämmerung aufleuchten sehen oder wenn winzige Gnitzen (Ceratopogonidae) über unsere nackten Körperpartien herfallen. Doch der Boden beherbergt noch vieles andere Getier: Springschwänze, Milben, Hundertfüßer, Spinnen, Käfer, Wanzen, Würmer und unzählige Larven. Eine der interessantesten Larven lebt vier Jahre und länger in und von verrottendem Holz alter Eichen und verwandelt sich dann in einen dunkelbraunen wehrhaften Hirschkäfer (Lucanus cervus) mit stark vergrößerten, geweihartigen Oberkiefern. Die ausgewachsenen Käfer leben nur ein paar Wochen lang, in denen sie sich von Pflanzensäften und Nektar ernähren und einen Geschlechtspartner suchen. Sie können bis zu 8 cm lang werden und machen einen so furchterregenden Eindruck, daß ihnen die Menschen geheime Kräfte zuschrieben. In Frankreich und Rumänien glaubte man zum Beispiel, ein am Hut getragener Hirschkäfer könne das Böse abwehren. Heute stehen die selten gewordenen Käfer in Mitteleuropa unter Naturschutz.

Das »Dach« des unterirdischen Lebensraums bildet der Waldboden, der von ganz anderen Tierformen besiedelt wird. Zu den bekanntesten Waldbodenbewohnern zählen die Huftiere, vor allem das Rotwild. Die Hirsche halten sich zwar gerne am Waldrand auf, aber um Schutz vor Feinden und schlechtem Wetter zu finden, flüchten sie ins Waldesinnere. Ihre düstere graubraune Fellfarbe ist eine gute Tarnung, außer vor dem Hintergrund einer verschneiten Landschaft. Der Wald bietet ihnen zudem Nahrung in Notzeiten; wenn die nahrhaften Gräser und Kräuter unter tiefem Schnee begraben liegen, können die Tiere oft nur dadurch dem Hungertod entgehen, daß sie die Nadeln und sogar die Rinde von den Bäumen abäsen – obgleich letztere mehr Füll- als Nährstoffe enthält. Auf jeden Fall ist der Hirsch an das Leben auf dem Waldboden hervorragend angepaßt: ein Tier, das es nicht nötig hat, auf die Bäume zu klettern. Das gleiche gilt für die Nager, Hasen, Wildschweine und Bodenvögel, die ihren Lebensunterhalt mit Gräsern, Samen und niedrigen Kräutern bestreiten. Und natürlich auch für die unvermeidlichen räuberisch lebenden Tiere, etwa Schlangen und Füchse.

Der Waldboden ist vielfach mit Strauch- oder Buschwerk überzogen. Da die Sträucher Früchte hervorbringen, werden sie von Fruchtfressern wie Bären oder Vögeln aufgesucht. Scheue Tiere verstecken sich

Die meisten kleinen Waldbewohner bekommt der Mensch nur selten zu Gesicht, weil sie sich im Holz, im Boden oder im Dunkel der Nacht verbergen. Das gilt jedoch nicht für diese südostasiatischen Leuchtkäfer. Wenn sich die Männchen versammeln und gemeinsam ihr Licht leuchten lassen, ist das Schauspiel im Wald weit zu sehen, vor allem für die weiblichen Tiere, die von ihm angelockt werden sollen. Oben sieht man ein malaysisches Leuchtkäfermännchen (Pteroptyx malaccae) in voller Aktion. Auf der folgenden Seite ragt ein von Leuchtkäfern illuminierter Sonneratienbaum (Sonneratia cascolaris) Malaysias in das Dunkel der Nacht.

einen wesentlichen Bestandteil des Lebensraums Wald darstellt. Sie ist die Quelle des Regens oder Nebels und die Heimat der kreisenden Vögel und der fliegenden Insekten – sogar der Spinnen, die sich an ihren Fäden vom Wind durch die Lüfte tragen lassen. Dieser Wind bewahrt überdies das oberste Stockwerk des Waldes vor allzu großer Feuchtigkeit oder sorgt zumindest für eine bessere Luftzirkulation. Unten auf dem Waldboden, der dem Wind viel weniger ausgesetzt ist, lassen die Nässe und das vom Blätterdach herabtropfende Wasser vielfach eine pflanzliche und tierische Lebensgemeinschaft entstehen, die diesem Feuchtbiotop angepaßt ist. Der Wind ist auch noch insofern ein wichtiger Faktor, als er die Pollen durch die Luft befördert und geflügelte Samen weit verstreut; dadurch trägt er wesentlich zur ständigen Ausbreitung und Erneuerung der gesamten Waldlandschaft bei.

Adler und andere Greife sind typische Bewohner des offenen Raumes, der sich oberhalb des Waldes erstreckt. Ein solcher Greifvogel kreist und schwebt unablässig in den aufsteigenden Luftströmungen, bis er im günstigen Augenblick die Schwingen anlegt und in einem lautlosen, unglaublich schnellen Sturzflug auf irgendein Nagetier oder Reptil herabstößt. Mit den Fängen packt er sein Opfer und trägt es zum Horst oder auch nur zum nächstbesten Baumstumpf oder abgestorbenen Ast. Dort preßt er die Beute gegen die Unterlage und reißt mit seinem kräftigen Schnabel große Fleischstücke aus ihr heraus. Ähnlich verfahren die aasfressenden Vögel, etwa die Geier, die sich auf tote Tiere oder die Überreste einer Raubtiermahlzeit stürzen.

Lichtungen und Waldränder

Viele Waldlandschaften sind durchsetzt von lichten Stellen, von denen manche durch Zufall entstanden sind. Orkane und Wirbelstürme können beispielsweise über weite Strecken den Baumbestand und die in ihm lebenden Tiere vernichten, wenn sie über ein Waldgebiet hinwegrasen. Lichtungen bleiben auch dort zurück, wo der Mensch Waldstücke gerodet hat, um Weide- und Ackerland zu gewinnen. Doch solche Kahlflächen, ob sie nun auf natürliche oder künstliche Weise entstanden sind, behalten nicht sehr lange ihren wiesenähnlichen Charakter. Da hier das Sonnenlicht ungehindert einfallen kann, entwickeln sich bald Kräuter, Gräser, Sträucher und neue Bäume. Dieses Wachstum entfaltet sich in einem Prozeß, den man als Sukzession bezeichnet: Eine Pflanzenart oder -gruppe folgt auf die andere, sowie sich die Umweltbedingungen ändern, wobei die zartere und weniger anpassungsfähige Vegetation nach und nach durch zähere und dauerhaftere Formen ersetzt wird. Die hochragenden Bäume, die schließlich das Feld behaupten, nehmen den meisten kleineren Pflanzen das Sonnenlicht weg. Damit erreicht die Pflanzengesellschaft des Waldes ihren Höhepunkt, einen Zustand des stabilen, sich selbst erhaltenden Wachstums. Im allgemeinen erleben wir indes eher die verschiedenen Entwicklungsstadien der Sukzession als den Endzustand, denn Bäume brauchen zuweilen Hunderte von Jahren bis zum Abschluß ihres Höhenwachstums.

Der Waldrand ist für viele Lebensformen eine wichtige Übergangszone, und es besteht hier ein regelmäßiger »Pendelverkehr«, wie wir es bereits von den Hirschen kennen, die auf den Wiesen äsen und im Wald Schutz suchen. Ähnlich verhält es sich bei den Rauhfußhühnern, die das ganze Jahr über eine abwechslungsreiche Nahrung und sichere Versteckplätze brauchen. Waldbewohnende Bären suchen häufig auf Wiesen und in Flußtälern nach Wurzeln und anderer Pflanzenkost. Vielfach sind Wald und Wiese durch eine scharfe Grenzlinie getrennt,

gern in diesem Unterwuchs, der ihnen einen gewissen Schutz vor Greifvögeln und Eulen gewährt.

Die nächsthöhere Etage des Waldes setzt sich aus kleinwüchsigen Bäumen zusammen, etwa genügsamen Ahorn- und Buchenarten, die im Schatten gedeihen und nicht mit anderen Bäumen um Sonnenlicht und offenen Himmel zu wetteifern brauchen. In Regenwäldern ist diese mittlere Stufe, die vom hohen, schweren Baldachin der Baumkronen überwölbt wird, besonders stark ausgeprägt. Farne, Moose und Flechten bedecken in einer dichten Schicht die Stämme und Äste, ebenso Epiphyten oder Luftpflanzen, die auf den Bäumen wachsen, aber die notwendige Feuchtigkeit und Nahrung der Luft und den Niederschlägen entnehmen.

Die Tiere, die diesen mittleren Lebensraum bewohnen, sind zumeist sehr beweglich und gewandt: Sie jagen ihre Beute sowohl auf dem Boden als auch in höheren Lagen, da sie geschickte Kletterer sind. Das trifft beispielsweise auf bestimmte Katzenarten wie Leoparden und Ozelots zu, die zum Teil vom Baum aus jagen, indem sie aus dem Geäst auf ihre Beutetiere herabspringen. Manche Katzen zerren sogar ihre Opfer hinterher auf einen Baum, um dort ihre Mahlzeit zu halten. Die amerikanische Margay- oder Zwergtigerkatze *(Onicifelis tigrinus)* und der asiatische Nebelparder *(Neofelis nebulosa)* sind typische Bewohner der mittleren Waldetage.

Für kletterfähige, aber ziemlich schwergewichtige Tiere sind die starken Äste der niedrigen Bäume ein idealer Aufenthalt. Zu dieser Gruppe zählen einige Bärenarten, desgleichen die größeren Baumleguane. Die leichteren Katzen, etwa die Ozelots und Margays, steigen indes höher hinauf und stellen sogar den Vögeln nach.

Die Stufe der kleineren Bäume geht über in die der hohen Bäume, die ihre Äste und Zweige ausbreiten und ineinanderschieben in dem Bestreben, ihre Laubkronen dem Sonnenlicht entgegenzurecken. Sie kämpfen gewissermaßen miteinander um den freien Raum, denn je mehr Sonnenlicht sie abbekommen, desto mehr Nährstoffe können sie erzeugen und desto kräftiger ist ihr Wachstum. Einzelne Bäume sind sogar imstande, ihre Wipfel über das geschlossene höchste Blätterdach zu erheben. Die Früchte, die in dieser oberen Etage reifen, befriedigen vollauf den Nahrungs- und Feuchtigkeitsbedarf bestimmter Tiere, die deshalb nur sehr selten auf den Waldboden herabkommen.

Besonders charakteristisch für das Tierleben in der obersten Stufe des Waldes sind die Affen, zumal die nervösen, wehrlosen und flinken Arten, die in den allerhöchsten Ästen und Zweigen hausen. Dort finden sie Zuflucht vor den großen Raubkatzen, die meist zu schwer und ungeschickt sind, um solche Höhen zu erklettern. Durch ihren Aufenthalt in den luftigen Höhen sind die Affen auch vor bodenlebenden Feinden sicher, denn sie brauchen zum Trinken nicht einmal eine Wasserstelle aufzusuchen. Sie können allerdings nur überleben, wenn der Wald dicht genug ist und das ineinander verflochtene Geäst ihnen ununterbrochene Spring- und Kletterwege bietet, die ihnen das Auffinden saftiger Früchte ermöglichen.

Durch die Anpassung an die obere Etage des Waldes beschränkt sich der Lebensraum dieser Tiere auf einen mehr oder weniger horizontalen Bereich. Natürlich lauern auch hier Gefahren, wenn sich zum Beispiel ein Affe unvorsichtigerweise exponiert und einen Greifvogel anlockt oder wenn er durch ein Mißgeschick abstürzt und dabei einem Beutegreifer der unteren Stufen, etwa einem Jaguar, begegnet. Neben den Affen bevölkern auch noch viele andere Tiere die höchste Waldstufe: Vögel, Reptilien, Faultiere, Ameisenbären, Flughörnchen, Tag- und Nachtfalter und sonstige Insekten.

Obwohl in der Literatur nur selten davon die Rede ist, sollten wir noch eine weitere Höhenstufe mit einbeziehen, die »Himmelsschicht«, die

Stufen des Lebens im Wald: Keine ökologische Nische ist im Verlauf der Entwicklungsgeschichte der Wälder unbesetzt geblieben. Geflügelte Tiere haben sich insbesondere an den Luftraum und an die obere Baumstufe angepaßt und ernähren sich von Früchten, Nektar, Blättern oder anderen Organismen des Laubdaches. Ein typisches Beispiel ist der Arakanga oder Hellrote Ara (Ara macao) aus Venezuela (vorhergehende Seite oben).

Schmetterlinge halten sich oft weiter unten auf, im Strauchwerk oder auf Baumstümpfen, so wie diese kopulierenden Vogelfalter (Ornithoptera priamus euphorion) in Nord-Queensland in Australien (diese Seite oben). Reptilien wie der hervorragend getarnte Blattschwanzgecko (Phyllurus platurus) bewohnen ebenfalls das mittlere Stockwerk (vorhergehende Seite Mitte). Auf dem Waldboden sind bodenlebende Vögel, Reptilien und Insekten sowie Kleinsäuger wie dieser Gartenschläfer (Eliomys sp.) zu finden (vorhergehende Seite unten).

was auf die unterschiedliche Bodenbeschaffenheit und Bewässerung oder den heftigen Wettbewerb zwischen den verschiedenen Pflanzen zurückzuführen ist. Der Waldrand kann aber auch eine breite Mischzone sein, in der Wiesen und Bäume nebeneinander existieren. Doch wie breit oder schmal der Waldrandstreifen auch sein mag, er beherbergt durchweg sowohl Pflanzen- als auch Tierarten, die beiden Vegetationstypen zugehören. Andere haben sich an das Leben in solchen Übergangsgebieten angepaßt. Der »Randeffekt« bewirkt bei den Organismen eine erstaunliche Arten- und Individuenzahl, die größer ist als im Waldesinneren oder inmitten einer ausgedehnten Wiesenlandschaft.

Gegensätze

Manche Baumarten, zum Beispiel Espen, Birken, Kiefern und Mangroven, bilden im allgemeinen geschlossene Bestände. In anderen Waldgebieten sind zahlreiche Arten auf Tausenden von Quadratkilometern gründlich durchmischt, etwa in Brasilien. Manche Wälder sind schütter und trocken; die Wälder der nordamerikanischen Goldkiefer (Pinus ponderosa) gleichen eher einer offenen Parklandschaft. Auch die Buche bildet lichte Wälder aus, denn in dem ausgedehnten Wurzelgeflecht und dem sauren Boden an der Basis dieses Baumes können nur wenige andere Pflanzen gedeihen.

Für die Wälder der gemäßigten Breiten ist bezeichnend, daß in ihnen einige wenige Baumarten vorherrschen und das Bild bestimmen; andere Arten innerhalb dieser Pflanzengesellschaft kommen nur in begrenzter Zahl vor. Wir sprechen deshalb von »Eichenwäldern« oder »Kiefernwäldern«. Einzelne Baumarten erlangen also eine »ökologische Dominanz« – ein Phänomen, das in den tropischen Regenwäldern selten ist.

Manche Wälder sind extrem dicht und artenreich. Wir haben uns einmal bei brasilianischen Fachleuten erkundigt, wie viele Arten in ihren Wäldern vertreten seien; die Antwort war ein hilfloses Achselzucken. Der Amazonaswald ist so unermeßlich, so mannigfaltig und so wenig erforscht, daß niemand eine solche Frage beantworten kann. Immerhin, ein Waldexperte schätzte die Zahl der Baumarten, die auf einem Hektar des Tijuca-Nationalparks im Norden von Rio de Janeiro wachsen, auf annähernd 500!

Manche Arten sind selten geworden, beispielsweise die Zedern des Libanon oder die Araukarien und bestimmte Quebrachos im südlichen Südamerika. Andere Bäume, wie die nordamerikanischen Kamelienbäume (Gordonia alatamaha), sind in der freien Natur ausgestorben. Wieder andere Bäume bleiben sehr klein, so etwa in den hochgelegenen Regenwäldern von El Yunque in Puerto Rico. Der kleinste Baum der Erde ist wahrscheinlich eine unscheinbare zwergwüchsige Konifere, die auf exponierten Felsbändern nur 5 cm hoch wird. Als höchster Baum gilt der australische Rieseneukalyptus, der bis zu 150 m mißt.

Der mächtigste lebende Organismus ist allerdings der »General-Sherman-Baum«, ein Riesenmammutbaum (Sequoiadendron giganteum) in Kalifornien; er hat eine Höhe von 83 m, einen Stammdurchmesser von 11 m an der Basis, einen Stammumfang von 31 m, ein Gewicht von 635 t und ein Volumen von 1416 m³. Das Alter dieses Giganten wird auf 3–4000 Jahre geschätzt. Es gibt, um die Aufzählung der Gegensätze fortzusetzen, bestimmte Bäume, die im Süßwasser leben, und andere, die im Salzwasser gedeihen, und es gibt Waldgebiete, die von Tieren nur spärlich besiedelt sind, während andere eine große Bestandsdichte aufzuweisen haben.

Folgende Seite: Steppen- oder Senegal-Galagos (Galago senegalensis), die im Englischen als Buschbabys bezeichnet werden, lugen aus einer Baumhöhle im afrikanischen Wald hervor. Die sehr spezialisierte Anpassung dieser possierlichen Halbaffen an ihren Lebensraum ist erst teilweise erforscht.

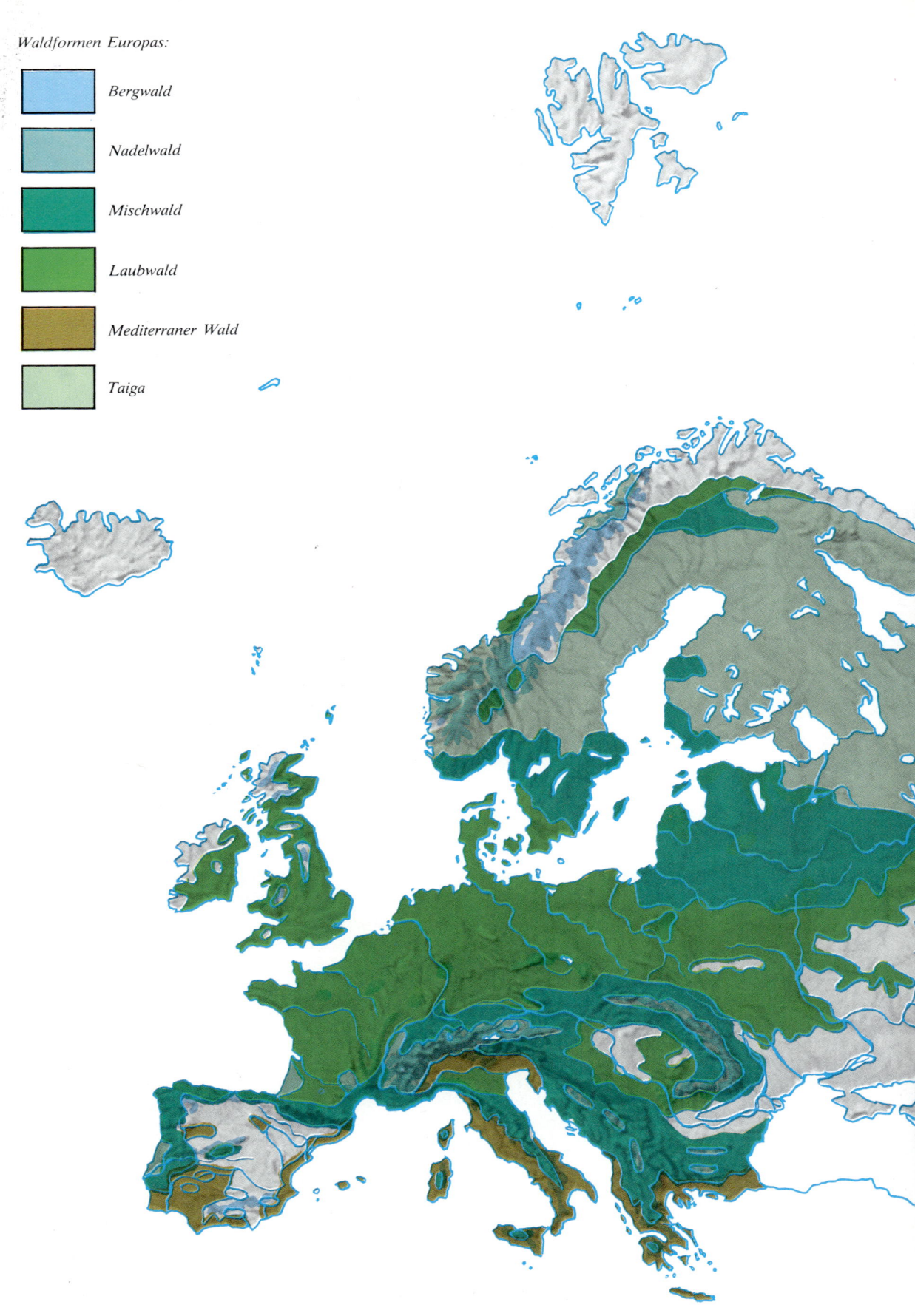

Waldformen Europas:

- Bergwald
- Nadelwald
- Mischwald
- Laubwald
- Mediterraner Wald
- Taiga

Die Wälder Europas

Stattliches Rotwild auf einer Lichtung, Eulen, die auf weichen Schwingen lautlos zwischen Bäumen dahingleiten, Herden mächtiger Wisente – diese und andere bemerkenswerte Tiere bevölkern bis heute die vielgestaltigen Waldlandschaften Europas.

Ein Blick auf die Landkarte zeigt uns, daß der europäische Kontinent von deutlich abgesetzten Waldgürteln überzogen ist. Südlich der arktischen Kältewüsten und der spärlichen Vegetation der Tundra, in Rußland und Skandinavien, fristen die zähen Nadelbäume der Taiga ihr Leben. Diese genügsame, an Eis, Schnee und Wind hervorragend angepaßte Vegetation wird beherrscht von hochwüchsigen Fichten- und Tannenarten. Etwas weiter südlich, wo die Lebensbedingungen weniger hart sind, werden die Koniferenbestände dichter und bilden den dicken Mantel des borealen Nadelwaldes, der sich über Nordeuropa ausbreitet. In der anschließenden wärmeren Klimazone treten die Nadelbäume zurück oder werden ganz und gar von Laubwäldern verdrängt. Im südlichsten Europa, an den Küsten des Mittelmeeres, nimmt die Landschaft einen fast wüstenartigen Charakter an, und die Bäume, die hier wachsen, müssen oft lange Wochen oder Monate mit geringen Niederschlägen überstehen. Wie man sieht, wird die Gliederung der europäischen Waldlandschaften weitgehend von der geographischen Breite bestimmt.

Der Überlebenskampf des europäischen Waldes

Daß die Wälder die Gefährdung während der europäischen Vorzeit überdauert haben, ist erstaunlich. Umwelteinflüsse gab es nämlich schon, bevor die Menschen in nennenswerter Zahl den Kontinent bevölkerten. Die Wälder Europas waren jahrtausendelang tiefgreifenden Umwälzungen ausgesetzt. Keiner der drei großen Vegetationsgürtel – die Taiga im Norden, die mittlere Laubwaldregion und die mediterrane Strauchlandschaft – kam ungeschoren davon. Die beiden nördlichsten wurden sogar völlig verwüstet.

Die europäischen Wälder haben in der Vergangenheit viel stärkere Unbilden durchstehen müssen als die Wälder anderer Erdteile. Daran sind vor allem die topographischen Gegebenheiten schuld, die den Pflanzen das Überleben unmöglich machten, als sich die eiszeitlichen Kontinentalgletscher nach Süden vorschoben. Während in Nordamerika die Gebirgsketten im allgemeinen in Nord-Süd-Richtung verlaufen und es somit den Pflanzen und Tieren erlaubten, vor dem vordringenden Eis nach Süden auszuweichen, sind die europäischen Gebirge von den Pyrenäen bis zum Kaukasus in Ost-West-Richtung angeordnet, wodurch der »Fluchtweg« in den eisfreien Süden blockiert wurde. Das ist der Grund, warum in der Eiszeit so viele Wälder untergingen. Schlimmer noch: Wenn es einer Pflanzen- oder Tierart gelungen war, diese Gebirgsschranken zu überqueren, und sie wärmere Regionen zu

erreichen suchte, stieß sie schon bald auf das unüberwindliche Hindernis des Mittelmeeres.

Bis zur Eiszeit wies die Vegetation im gemäßigten Nordamerika, Europa und Asien auffallende Ähnlichkeiten auf (die sich zum Teil bis heute erhalten haben). Doch nachdem die Eismassen abgeschmolzen waren, hatten in Europa nur noch rund 35 Baumarten überlebt, wohingegen beispielsweise die Vegetation Chinas nahezu intakt geblieben war. Ihre Rettung verdanken diese wenigen Arten unter anderem dem noch immer nicht völlig geklärten Unstand, daß bestimmte Regionen, etwa die Pieniny-Berge der Hohen Tatra in Polen und der Tschechoslowakei und die sogenannte Driftless Area im Zentrum der USA, zwar vom Eis umgeben, aber nicht bedeckt waren. Das gleiche gilt für die etwas südlicher gelegenen Great Smoky Mountains, wo die Bäume der gemäßigten Breiten Zuflucht vor der Vereisung fanden und ihre Entwicklung ungestört fortsetzen konnten. In Europa waren die Bedingungen nicht ganz so günstig.

Vögel der Nacht: die Eulen

Seit uralten Zeiten gelten die Eulen als Symbole der Weisheit – vielleicht wegen ihrer würdevollen Erscheinung –, aber zugleich betrachtete man sie auch als Unglücksvögel wegen ihrer nächtlichen Lebensweise, ihrer unheimlichen Rufe und ihres geräuschlosen Fluges.

Von den 13 europäischen Eulenarten kommen einige nur in den weiten Nadelwäldern der Taiga vor, doch mehrere sind auch in Mischwäldern heimisch. Eulen sind Raubvögel, unterscheiden sich aber von den eigentlichen Raub- oder Greifvögeln unter anderem dadurch, daß sie fast ausschließlich im Dunkeln jagen. Daß sie so tüchtige Jäger sind, verdanken sie verschiedenen Körperanpassungen. Wie die meisten nachtaktiven Tiere haben sie sehr große Augen, doch noch wichtiger für das Aufspüren der Beute bei Nacht ist ihr Gehörsinn, der so hoch entwickelt ist, daß manche Arten selbst in völliger Finsternis ihr Ziel nicht verfehlen. Das Hör- und Sehvermögen wird weiter gesteigert durch die eigentümliche abgeflachte Gesichtsform der Eulen, die vermutlich dazu dient, Sinneswahrnehmungen wie in einem Hohlspiegel zu sammeln.

Die meisten Eulen verfügen überdies über kräftige, befiederte Läufe, scharfe Krallen und einen starken, gekrümmten Schnabel. Wenn die Eule einen Feind bedroht oder angreift, stellt sie die Flügel vom Körper ab und sträubt das Gefieder, so daß sie sehr viel größer wirkt, als sie tatsächlich ist. Auch die Ohren, die normalerweise nur kleine Federbüschel sind, werden aufgerichtet, um die Drohgebärde zu verstärken.

Das Eulengelege umfaßt, je nach Art, nur ein einziges oder ein Dutzend Eier; bei den Bewohnern warmer Regionen ist die Eizahl gering, während sie bei den arktischen Arten am größten ist. Vermutlich um die Überlebenschancen der Nachkommen zu erhöhen, legen die Eulenmütter ihre Eier in gewissen Abständen ab und beginnen bereits mit dem Brüten, sobald das erste Ei im Nest liegt, so daß die Nestlinge unterschiedlich alt sind. Diese »Stottergeburt« hat den Vorteil, daß nicht so viele Schnäbel gleichzeitig gestopft werden müssen, sie bedingt allerdings auch, daß in Notzeiten die zuletzt geschlüpften Jungen verhungern.

Eine andere und noch erstaunlichere Überlebenstechnik besteht darin, daß manche Eulen, wie zum Beispiel die Sperbereule *(Surnia ulula)* und die Schnee-Eule *(Nyctea scandiaca)*, in einem guten Jahr ein großes Gelege haben, aber in einem mageren Jahr nur wenige oder überhaupt keine Eier legen.

43

Von den in Europa lebenden Eulenarten ist der Sperlingskauz *(Glaucidium passerinum)* die kleinste und der Uhu *(Bubo bubo)* die größte. Obwohl der Sperlingskauz nicht viel größer wird als ein Spatz, jagt er mit Vorliebe andere Vögel, und zwar sowohl am Tage wie in der Nacht. Man erkennt ihn an seinen ruckartigen Schwanzbewegungen. Im Gegensatz zu ihm ist der 70 cm lange Uhu ein Riese. Er bevorzugt dichte Wälder und felsige Schluchten und ist ein kraftvoller Jäger, der Beutetiere bis zur Größe eines Auerhahns überwältigen kann. Ein Uhu soll sogar einmal ein 30 Pfund schweres Reh geschlagen haben. Im allgemeinen jedoch ernähren sich die Uhus von kleinen Wirbeltieren, von Mäusen, Eichhörnchen, Hasen und Vögeln. Ihr Bestand ist durch Überjagen und Eierdiebstahl stark zurückgegangen. In Deutschland stehen die wenigen überlebenden Brutpaare unter strengem Schutz.

Klima und Wald

Auch heute noch müssen die Pflanzen und Tiere Europas mit oftmals unberechenbaren Klimabedingungen fertig werden. Grabende Tiere, die zumeist einen Winterschlaf halten, können der schlimmsten Winterkälte entgehen, indem sie sich unter Schnee und Eis in den Boden zurückziehen, wo die Temperaturen nur selten unter den Gefrierpunkt sinken. Doch andere Lebewesen, Tiere wie Pflanzen, sind den Elementen schutzlos ausgeliefert. Sie müssen heftige Stürme, gewaltige Schnee- oder Regenmassen, schwere Hagelschauer oder auch lange Trockenperioden über sich ergehen lassen. Ein besonders tückischer Wind ist der Föhn. Er entsteht, wenn Luftmassen an den Südhängen eines Gebirges, zumal der Alpen, emporsteigen, sich abkühlen, ihre Feuchtigkeit in Form von Regen oder Schnee abgeben, über die Gipfel hinwegstreichen und als Fallwind an den Nordhängen absinken, wo sie sich durch Kompression erwärmen und einen jähen Temperaturanstieg bewirken. Dieser Föhnwind, der sich unabhängig von der Sonneneinstrahlung aufwärmt, kann so trocken werden, daß er den betroffenen Landstrich völlig ausdörrt. Hält er lange genug an, kann sich das trockene Holz durch den kleinsten Funken entzünden. Auf der anderen Seite wirkt er sich auch wohltätig aus. Er vertreibt die Winterkälte, bringt den Schnee zum Schmelzen und verwandelt das Land in eine Frühlingslandschaft. Gleichwohl zählt der Föhn zu jenen unberechenbaren Umwelteinflüssen, an die sich Pflanzen und Tiere anpassen müssen, wenn sie überleben wollen.
Betrachtet man die Risiken des europäischen Klimas, so kann man feststellen, daß es nicht immer kälter werden muß, je weiter man nach Norden kommt. In der norwegischen Stadt Bergen und im südfranzösischen Lyon sind die mittleren Januartemperaturen ungefähr gleich. Und am sonnigen Mittelmeer kann es so kalt werden, daß Wasser im Freien gefriert. Wir sollten nur von der einigermaßen gesicherten Erkenntnis ausgehen, daß es um so kälter wird, je weiter wir uns vom Einflußbereich der ozeanischen Luftmassen entfernen. Von daher erklärt es sich, daß es im nordöstlichen Europa, etwa im Gebiet nördlich von Moskau, am kältesten ist.
In Europa begünstigen die geographischen Verhältnisse ostwestliche Luftbewegungen, da die Gebirgszüge in dieser Richtung verlaufen. Luftbewegungen von Norden nach Süden sind dagegen stark behindert. Die Gebirgsketten, die sich in einer fast ununterbrochenen Linie von den Pyrenäen bis zum Kaukasus erstrecken, verlangsamen oder verteilen die nach Norden gerichteten tropischen Luftmassen und die südwärts ziehende Polarluft. Das ist einer der Gründe, warum im Süden der Berge gewöhnlich ein so mildes und nördlich der Berge ein

mäßigwarmes oder kühles Klima herrscht. Darin liegt zum Teil auch eine Erklärung für die Entstehung des Föhns und ähnlicher Fallwinde. Das Ganze wird noch komplizierter, wenn man berücksichtigt, daß große Hoch- und Tiefdrucksysteme, die allesamt außerhalb Europas liegen, entscheidenden Einfluß darauf haben, wie das Wetter in den einzelnen Monaten und in den verschiedenen Regionen wird. Die feuchtesten Gebiete finden sich in den Hochlagen und in mehreren Küstenbereichen, die trockensten in der Arktis, in Südrußland und in bestimmten Gegenden Spaniens. Vereinfachend kann man die europäischen Klimaverhältnisse wie folgt zusammenfassen: In Westeuropa, einschließlich der Britischen Inseln, herrscht ein maritimes oder Seeklima vor; das südliche Mitteleuropa ist eine Übergangszone von See- und Landklima; im europäischen Teil der Sowjetunion und im nördlichen Skandinavien ist das Kontinental- oder Landklima bestimmend; und der Mittelmeerraum ist subtropisch.

Die Wälder sind ein getreues Spiegelbild dieser unterschiedlichen Klimaverhältnisse, auch wenn uns ein Blick auf die Landkarte verrät, daß der Mensch die Verteilung der Waldlandschaften weit stärker beeinflußt hat als alle natürlichen Faktoren zusammengenommen. Von dem großen Mischwaldgürtel, der einst Mitteleuropa von England bis zum Ural bedeckte, sind nur noch unverbundene Flecken übriggeblieben. Die meisten mediterranen Wälder sind bereits vor langer Zeit abgeholzt worden. Die einzigen größeren Primär- oder Urwälder, die es noch gibt, liegen in unwirtlichen Regionen, die der Mensch als lebensfeindlich empfindet: die borealen Nadelwälder im hohen Norden Skandinaviens und Rußlands. Im kalten nördlichen Klima gedeihen die widerstandsfähigen Fichtenarten, desgleichen leben hier kälteunempfindliche Säugetiere, wie Bären und Rentiere. Wo relativ milde Meeresluft in östlicher Richtung landeinwärts zieht, überwiegen die Laubwälder, in die allerdings Kiefern und Fichten eingesprengt sind; nur in höheren Lagen finden wir ausgedehnte Nadelholzwälder vor. Laubbäume können die extreme Kälte des hohen Nordens ebensowenig überstehen wie die extreme Trockenheit im tiefen Süden. Somit sind Buchen, Ulmen, Ahorne und Eichen typisch für den mittleren Teil Westeuropas. Hirsche und Füchse ziehen in diesen Waldgebieten umher, auch in dichtbesiedelten Landstrichen, denn sie haben sich an die Nähe des Menschen gewöhnt. Das gleiche gilt auch für Dachse und Wildschweine.

Rings um das Mittelmeer ist das Klima durchweg trocken – bekömmlich für den Menschen, doch nicht unbedingt für die Pflanzen. Die mediterranen Pflanzen benötigen zahlreiche Anpassungsformen, um dort leben zu können, wo die Laubbäume nördlicherer Breiten nicht mehr zu existieren vermögen. Immergrüne Hartlaubgewächse bilden dichte Buschwälder, die man in Italien als Macchie und in Frankreich als Maquis bezeichnet. Sie besitzen kleine, lederartige, zuweilen nadelförmige Blätter, die häufig von einer Wachsschicht überzogen sind. Dadurch schützen sie sich vor Wasserverlust. Wenn im Frühling Regen fällt, treiben diese Pflanzen üppige Blüten, doch im Sommer, nachdem das Fortpflanzungsgeschäft erledigt ist, trocknen sie stark aus.

Waldbrände, wie etwa in einem portugiesischen Kiefernwald (oben) oder einem englischen Forst (unten), sowie Stürme, Felsrutsche, Lawinen und andere Naturkatastrophen verändern die Waldlandschaften überall auf der Erde. Durch Holzeinschlag und Brandrodungen nimmt der Gesamtbestand jedes Jahr weiter ab.

Dem Norden entgegen

Wenn wir von den Britischen Inseln aus nach Osten reisen, empfängt uns ein breiter, unregelmäßiger Laubwaldgürtel, der sich von Frankreich aus über Dänemark, Südschweden und Norwegen bis Rußland erstreckt. Es ist größtenteils eine freundliche Landschaft, die ihr mildes Klima vor allem dem wärmenden Einfluß des Meeres verdankt. Im

Die 290 000 Käferarten (Coleoptera), die es auf der Welt gibt, weisen eine erstaunliche Vielfalt der Formen und Farben auf. Das vordere Flügelpaar ist bei den Käfern zu hornigen Flügeldecken umgebildet, die nicht mehr zum Fliegen verwendet werden. Nahezu alle Baumarten und Baumteile sind von Käfern besiedelt; Borkenkäfer (Scolytidae = Ipidae) bohren Gänge in die Kambiumschicht der Bäume, während die Larven der Hirschkäfer (Lucanidae) in morschem Holz leben. In ihrem nur wenige Wochen währenden Erwachsenendasein tragen die Männchen unserer heimischen Hirschkäfer (Lucanus cervus), oben, mit ihren riesigen Oberkieferzangen heftige Rivalenkämpfe aus. Ein Nashornkäferpaar (Oryctes nasicornis), rechts, in einem deutschen Wald. Beide Geschlechter tragen ein Horn, doch das des Männchens rechts ist größer.

Osten dieser maritimen Umwelt beginnt die kältere kontinentale Klimazone, in der Laubbäume nicht mehr recht gedeihen. Das wichtigste Waldgebiet Europas ist zwar lebenskräftig und anpassungsfähig genug, um den natürlichen Unbilden des Wetters zu trotzen, aber sehr anfällig für die Übergriffe des Menschen.

Zu den häufigsten Baumarten dieser Zone, vor allem auf guten Böden, zählen die Stiel- oder Sommereiche *(Quercus robur)* und die Stein- oder Wintereiche *(Qu. petraea)*. Auf kalkhaltigeren Böden wachsen die Waldbuche *(Fagus silvatica)* sowie die Gemeine Esche *(Fraxinus excelsior);* diese beiden Baumtypen vertragen auch kühlere Temperaturen und sind deshalb in nördlicheren Regionen und höheren Berglagen anzutreffen. Noch nördlicher und höher gedeihen die genügsamen Birken. Innerhalb dieses ausgedehnten Lebensraums finden wir weniger häufige Baumarten an bevorzugten Standorten, etwa Erlen, Pappeln und Weiden in Wassernähe, Ahorn auf gut bewässerten und Ulmen auf kräftigen, nährstoffreichen Böden.

Im östlichen und nördlichen Rußland, wo der Einfluß des Seeklimas nachläßt, werden die Laubbäume zunehmend von Nadelhölzern durchsetzt. Die Taiga erstreckt sich ungefähr bis zum Breitengrad von Leningrad, und nach Süden dehnt sich eine Mischwaldzone aus. In der Gegend von Moskau herrscht oft sehr strenge Kälte; Schnee bedeckt die Landschaft von Ende November bis Mitte April, und selbst im Juli können die Temperaturen noch fast bis zum Gefrierpunkt absinken. Weiter südlich ist das Klima milder und ausgeglichener. Der wolkenverhangene Himmel und das regnerische Wetter sagen den Baumarten zu, die in diesen temperierten Wäldern heimisch sind, vorwiegend Mischwäldern aus Fichten und Eichen.

In bestimmten Gegenden sind auch Haselnußbäume *(Corylus avellana)* und Hainbuchen *(Carpinus betulus)* eingesprengt, doch bildet diese Mischwaldregion die südliche Grenze der Fichte und die nördliche Grenze der Eiche. Obwohl die Eiche zu dominieren scheint, entdeckt man hier noch manche anderen vertrauten Baumarten, zum Beispiel Espe, Kiefer, Linde, Ulme und Ahorn. In entlegeneren Revieren kann man mit etwas Glück Elche, Bären, Wölfe und Rehe beobachten. Daneben leben hier viele kleinere Säuger, etwa Füchse, Luchse und Hermeline. Zu den typischen Waldvögeln gehören der Grünspecht *(Picus viridis),* der Trauerschnäpper *(Muscicapa hypoleuca),* die Lasurmeise *(Parus cyanus)* und der Wendehals *(Jynx torquilla).*

Der von Eichen beherrschte europäische Mischwaldgürtel endet im Osten am Ural, aber nach einer Unterbrechung von fast 7000 km, im sibirischen Amurbecken an der chinesischen Grenze, tauchen die Eichen und Haselnüsse wieder auf; allerdings handelt es sich dabei um andere Arten.

Die Wälder der Britischen Inseln

Die Waldlandschaften Europas sind ungemein kontrastreich, doch der vielleicht stärkste Gegensatz besteht zwischen der trockenen Strauchvegetation des Mittelmeerraumes und den feuchten, sattgrünen Wäldern der Britischen Inseln, die wegen ihrer nördlichen Lage unter anderen natürlichen Bedingungen entstanden sind.

Zu den wiederholten Veränderungen, denen ganz Nordeuropa unterworfen war, gehören die periodischen Verheerungen der Landschaft durch die eiszeitlichen Gletschermassen. In den wärmeren Zwischeneiszeiten erholten sich die Wälder jedesmal mit erstaunlicher Kraft. Auch als die letzte Vereisung vor ungefähr 11 000 Jahren zurückging, kehrten die verschiedenen Baumarten zurück und bedeckten sehr schnell wieder das eisfrei gewordene Land. Doch etwa 5000 Jahre später wurden die Britischen Inseln vom übrigen Europa abgetrennt, und nur jene Bäume konnten dort überleben, die schon vorher die Inseln erreicht hatten. Die ursprünglichen Wälder von Wales setzten sich aus Erlen, Birken und Kiefern zusammen, die um 3000 v. Chr. weite Strecken der Küste bedeckten. Aber dann wurde das Klima kühler und feuchter, und die Küstenwälder verschwanden. Einer Klimaverschlechterung fielen in vorgeschichtlicher Zeit auch die höhergelegenen britischen Wälder zum Opfer, und vor rund 1000 Jahren wurden zur Gewinnung von Ackerland die üppigen Tieflandwälder in den Tälern und an den Flußläufen gerodet.

Auf dem europäischen Festland sind die verbliebenen Laubwälder von zahllosen Vogelarten bewohnt, von denen viele im Kronendach nisten. Auf den Britischen Inseln hingegen sind die Vögel eher im Gesträuch und im Gebüsch zu Hause als auf den Bäumen, vielleicht weil die ersten Gefiederten, die sich nach dem Abschmelzen des Inlandeises hier einfanden – das ist ja, erdgeschichtlich gesehen, noch gar nicht so lange her –, die niedrigen, kümmerlichen Wälder besiedelten und sich bis heute noch nicht an die höheren kronenbildenden Bäume gewöhnt haben. Zudem haben die Angelsachsen und Normannen, die sich in England niederließen, nach und nach die Urwälder zerstört, die sich auf dem eiszerfurchten Land entfaltet hatten. Zur Zeit der Tudors im 16. Jahrhundert war von der ursprünglichen Waldlandschaft kaum mehr übriggeblieben als die königlichen Forste und der Waldbesitz des Adels. Während der intensiven Wiederaufforstung vom 17. bis zum 20. Jahrhundert wurden Tausende von Hektar Land vor allem mit ausländischen Baumarten bepflanzt, mit Fichten, Lärchen und Douglastannen.

Dies wird wahrscheinlich Auswirkungen auf die Lebensgewohnheiten der Vögel haben; der Fichtenkreuzschnabel (Loxia curvirostra), der sich fast ausschließlich von den Samen ernährt, die er aus den Koniferenzapfen herausklaubt, nistet schon in immer größerer Zahl in den Nadelholzforsten Südenglands. Andere Vogelbestände werden sich gleichfalls umstellen, wenn die »Waldplantagen« heranwachsen und die ursprünglichen Wälder ersetzen. Gegenwärtig herrschen Laubbäume in der südlichen Hälfte Englands vor, während Nadelholz Teile von Schottland, Wales und Nordengland bedeckt. Der einzige Nadelbaum, der in England in Primärwaldungen wächst, ist die Eibe (Taxus baccata). Die kontinentaleuropäische Buche kam ziemlich spät nach England, etwa 2000 v. Chr., doch sie ist zum Charakterbaum der Kalkfelsenlandschaft im Süden geworden.

Die britischen Eichengehölze beherbergen wie die Wälder des Festlands Rotkehlchen (Erithacus rubecula), Buchfinken (Fringilla coelebs), Fitislaubsänger (Phylloscopus trochilus), Stare (Sturnus vulgaris), Zaunkönige (Troglodytes troglodytes) und Amseln (Turdus merula). Sehr häufig hüllen feuchte Nebel und Nieselregen die englischen Wälder ein; sie durchnässen die Farne und Moose, sammeln sich als Tropfen auf den Flechten, die sich an die Stämme anklammern, und weichen die vermodernden Baumstümpfe ein. Doch der Regen vermag schwerlich die Sangeslust der Misteldrossel (Turdus viscivorus) zu dämpfen, die auch im tropfnassen Geäst ihr Lied erschallen läßt.

Nur das allerschlechteste Wetter – und vielleicht nicht einmal dies – kann die Vögel davon abhalten, eifrig Zweige und Faserstoffe für ihr Nest zusammenzutragen. Manche Arten kommen freilich auch ohne Nest aus, und andere beziehen Höhlen in den Baumstämmen, die ihnen zumindest Schutz vor Sturm und Regen bieten. Ein besonders kunstvolles Freinest bauen die Schwanzmeisen (Aegithalos caudatus); Männchen und Weibchen arbeiten oft zwei oder drei Wochen lang gemeinsam daran und verwenden dabei Federn, Moos und alle mögli-

Alle Waldvögel der Welt zeigen eine Vorliebe für bestimmte Nahrungsstoffe und Nistplätze. Der Schottische Fichtenkreuzschnabel (Loxia curvirostra scotica) bevorzugt Nadelwälder und Kiefernsamen, die er mit Hilfe seines kräftigen gekreuzten Schnabels aus den Zapfen herausbricht.

Die Misteldrossel (Turdus viscivorus), oben, baut ihr Nest meist höher in den Bäumen als andere Drosselarten. Das Weibchen bebrütet das aus 3–5 Eiern bestehende Gelege etwa zwei Wochen lang. Anschließend werden die Jungen von beiden Eltern geatzt. Der häufigste Sommergast unter den Grasmücken in Nordeuropa ist der Fitis (Phylloscopus trochilus), Mitte, der Wald- und Strauchlandschaften bewohnt. Die Grasmücken benötigen vor allem Insekten, Maden und Würmer, wie sie bei uns nur im Sommer reichlich vorhanden sind, um sich selbst und ihre Jungen zu ernähren. Ein recht häufiger, aber nur selten beobachteter Vogel Nordeuropas ist die Waldschnepfe (Scolopax rusticola), unten. Dank ihrem Tarnkleid, das die Farbe welken Laubes hat, ist sie auf dem Waldboden, wo sie sich vorwiegend aufhält und brütet, nur sehr schwer zu erkennen.

Folgende Seiten: Der Sperber (Accipiter nisus) streicht im Tiefflug über Hecken und an Waldrändern entlang, um plötzlich auf einen kleinen Vogel oder Säuger herabzustoßen. Während das hier abgebildete Weibchen den Horst hütet, trägt das Männchen Atzung heran.

chen anderen Baustoffe. In manchen Gegenden ist das aus Nordamerika eingeführte Grauhörnchen *(Sciurus carolinensis)* zu einer regelrechten Plage geworden, denn es schält die Rinde von jungen Bäumen ab und stört als Nesträuber auch sonst das Gleichgewicht der Natur. Doch im allgemeinen geht es in den englischen Wäldern recht friedlich zu. Oft führen die Waldwege zu einem verträumten Teich, auf dem Stockenten *(Anas platyrhynchos)* dahingleiten oder ein Bläßhuhn *(Fulica atra)* hin und wieder seinen scharfen Ruf ausstößt.

Die Regenschauer, die oft tagelang anhalten, werden zwar vom Menschen als lästig empfunden, lassen aber allenthalben Bäche und Rinnsale entstehen und fördern das Wachstum der Pflanzen, etwa des weißblühenden Buschwindröschens *(Anemone nemorosa)*, des Roten Fingerhuts *(Digitalis purpurea)* oder der Gelben Narzisse *(Narcissus pseudonarcissus)*, die im Gebüsch und in lichten Laubwäldern häufig ist und deren Blütenpracht zu den auffälligsten Erscheinungen des englischen Frühlings gehört.

Wehrhaftes Rotwild

Eines der größten und wehrhaftesten Tiere der europäischen Wälder ist der Rot- oder Edelhirsch *(Cervus elaphus)*, der sein mächtiges Geweih als Waffe ebenso geschickt einzusetzen weiß wie der ihm sehr ähnliche Wapiti Nordamerikas. Ein solches Geweih schmückt allerdings nur die ausgewachsenen »Hirsche« (so nennt man die männlichen Tiere), nicht aber die »Tiere« (Weibchen), und es braucht mehrere Jahre, bis es seine volle Ausdehnung und Schönheit erreicht. Die jungen Hirsche tragen zunächst nur ein Paar unscheinbarer Spieße, doch von Jahr zu Jahr nimmt die Kopfzier an Größe, Gewicht und Zahl der »Enden« zu. Das Geweih wird jeweils zum Winterende, im Februar oder März, abgeworfen, aber bereits einige Monate später ist das neue und größere Geweih voll entwickelt. Es ist anfangs von einer kräftig durchbluteten Haut, dem sogenannten Bast, überzogen, die nach und nach eintrocknet und schließlich an freistehenden jungen Bäumen »gefegt« wird.

Das Geweih der Hirsche spielt während der Brunftzeit eine wichtige Rolle. Die Hirschbrunft fällt in den Herbst; sie beginnt in der Regel Ende September und kann mehrere Wochen andauern. In den Nächten hallt der Wald wider vom Röhren der erregten Hirsche, die in dieser Zeit mit ihren Rivalen heftige Kämpfe austragen, bei denen es um die Gunst der weiblichen Rudelmitglieder geht. Laut krachend prallen die Geweihe aufeinander, die nicht selten ernsthafte Verletzungen verursachen. Zuweilen verhaken sie sich auch so fest, daß die beiden Kämpen sich nicht mehr voneinander lösen können und nach einiger Zeit elend zugrunde gehen müssen.

Nach einer Tragzeit von etwa acht Monaten setzt die Hirschkuh ein Kälbchen, in seltenen Fällen auch zwei. Trotz dieser geringen Vermehrungsrate zählen die Rothirsche zu den häufigsten Wildtieren in unseren Wäldern. Viele Reviere sind sogar so dicht besetzt, daß der Pflanzenbewuchs darunter erheblich leidet. Nicht nur durch das Fegen des Geweihs, sondern auch durch das Verbeißen junger Triebe und das Abschälen der Baumrinde, die den Tieren als Notnahrung dient, entstehen oft beträchtliche Waldschäden. In manchen schneereichen Gegenden finden die großen Rudel im Winter nicht mehr genug Äsung und müssen an bestimmten Stellen zusätzlich mit Heu, Eicheln und ähnlichem gefüttert werden. Neuerdings fordern viele Fachleute, die überhandnehmenden Rotwildbestände durch Abschuß stärker zu lichten, was auf die Dauer sowohl der Gesunderhaltung des Wildes als auch dem Schutz der Waldlandschaft zugute käme.

Nur in der Brunftzeit erhebt der
Rothirsch (Cervus elaphus) seine
Stimme. Sein durchdringendes »Röhren«
ist im Wald sehr weit zu hören. Brünftige
Hirsche entwickeln eine heftige Aktivität;
sie kämpfen mit ihren Nebenbuhlern um
die Gunst der weiblichen Tiere, treiben
ihren Harem zusammen, wälzen sich im
Schlamm und bespringen wiederholt ihre
Partnerinnen.

Rothirsche forkeln einander auf einer Lichtung (oben). Der rechte Hirsch ist mit getrocknetem Schlamm bedeckt, der nach der Suhle im Fell hängengeblieben ist. Rechts treibt ein Rothirsch ein Tier. Er muß ständig darauf gefaßt sein, von anderen Hirschen herausgefordert zu werden.

Land der Fichten und Tannen – der Schwarzwald

Zwischen der Schweizer Grenze im Süden und dem Kraichgau im Norden umschließt der zunächst nach Westen und dann nordwärts fließende Rhein eine ausgedehnte Mittelgebirgslandschaft, die an einzelnen Stellen fast 1500 m aufragt und noch immer über weite Strecken von dunklen Wäldern bedeckt ist: der Schwarzwald. Dieses Mosaik aus Nadelwaldbeständen, Laubwaldeinsprengseln, reizvollen Seen, Felshängen, Wasserfällen und Siedlungen hat in der Längsrichtung eine Ausdehnung von fast 120 km. Dichter haben den Schwarzwald mit den Wogen eines aufgewühlten dunklen Ozeans verglichen. Auf seinen Höhen beginnt die Donau ihre 2850 km weite Reise zum fernen Schwarzen Meer. An einem klaren Tag kann man von hier aus im Süden die Gipfel der Schweizer Alpen sehen.
In den verhältnismäßig unberührten Bergwäldern des Schwarzwalds begegnet man, wenn man sehr viel Glück hat, der Wildkatze *(Felis silvestris),* die sich tagsüber versteckt hält und bei Nacht kleine Säugetiere und Vögel jagt. Beim Baum- oder Edelmarder *(Martes martes)* ist es ähnlich: Er ist meist nachtaktiv und stellt als ausgezeichneter

Das weitverbreitete Rehwild (Capreolus capreolus) – die Aufnahme stammt aus einem deutschen Wald – ist die einzige Hirschart mit verzögerter Implantation: Das befruchtete Ei ruht vor der Einnistung etwa vier Monate lang in der Gebärmutter. Wenn die Zeit der Geburt naht, treibt die Rehmutter ihr vorjähriges Kitz vorübergehend fort und zieht sich ins Waldesdickicht zurück, wo sie ein oder seltener zwei Kitze setzt. Rechts ein eintägiges Rehkitz.

Kletterer und Springer viel den flinken Eichhörnchen nach. Häufiger bekommt man den fast krähengroßen Schwarzspecht *(Dryocopus martius)* zu Gesicht, der auf der Suche nach Insekten gern verrottende Baumstämme aufhackt.

Ein seltenes Schauspiel von urtümlicher Schönheit ist das Balzritual, das die hier früher in lichten Waldungen heimischen Birkhähne *(Lyrurus tetrix)* aufführen. Heute trifft man sie nur noch in den Wäldern der Alpen und des Alpenvorlandes an. Zeitig im Frühjahr versammeln sich die Hähne schon vor dem Morgengrauen auf ihrem Turnierplatz und beginnen ihren Wettstreit. Mit waagerecht gehaltenem Körper, schleifenden Flügeln, aufgefächertem Schwanz und laut kollernd umkreisen sie einander bis nach Sonnenaufgang. Am Abend wird der Balztanz oft wiederholt.

Im übrigen sind im Schwarzwald Rehe, Hirsche, Füchse, Eulen und viele andere Wildtiere zu Hause – ein Zeichen dafür, daß sich diese abwechslungsreiche Landschaft noch einen Teil ihrer Ursprünglichkeit bewahrt hat.

Das Reh, ein Meister in der Kunst des Überlebens

Weil in Europa ein so großer Teil des ursprünglichen Laubwaldes gerodet und der verbleibende Rest durch menschliche Eingriffe immer wieder verändert worden ist, lassen sich die naturgegebene Artenzusammensetzung und die ökologischen Zusammenhänge kaum noch sicher feststellen. Die Buche ist vielerorts zur dominierenden Baumart geworden und bildet nahezu reine Bestände in Deutschland und der Tschechoslowakei.

Über weite Strecken bestehen jedoch die Wälder des europäischen Tieflands und der Mittelgebirge aus einem Gemisch von Stieleichen und verschiedenen Birkenarten mit größeren Einsprengseln von Nadelhölzern, meist Kiefern oder Föhren *(Pinus silvestris)*, Fichten *(Picea abies)* und Europäischen Lärchen *(Larix decidua)*.

Zu den häufigsten und bekanntesten Bewohnern der gemischten Wald- und Wiesenlandschaft Europas zählt das zierliche Reh *(Capreolus capreolus)*, das bis zu 30 kg schwer wird. Es war ursprünglich ein reines Waldtier, doch infolge der starken Rodungen mußte es sich an veränderte Lebensräume – Waldrand und offenes Feld – anpassen. Klugerweise haben die Rehe auch ihre Nahrungsaufnahme auf die Tageszeiten verlegt, in denen Wälder und Felder menschenleer sind, nämlich auf die frühen Morgenstunden und manchmal auch auf die Mittagszeit. Die anderen Tiere, die denselben Lebensraum bewohnen wie das Reh, also Hirsche, Bären, Wölfe und Luchse, haben sich nicht so erfolgreich umstellen können. Sie überließen buchstäblich das Feld den Rehen, deren Bestände dermaßen zunahmen, daß heute allein in der Bundesrepublik rund 500 000 Stück pro Jahr erlegt werden.

Diese große Zahl verblüfft angesichts der Tatsache, daß die Rehe in ihrem Fortpflanzungsverhalten nicht so freizügig sind wie das Rotwild. Der Rehbock paart sich im Jahr nur mit einigen wenigen Ricken, die er gegen alle Rivalen beherzt verteidigt. Außerdem ruht das befruchtete Ei nach der Paarung, die im Juli oder August stattfindet, mehr als vier Monate im Uterus, bevor es sich weiterzuentwickeln beginnt, so daß die Kitze zum günstigsten Zeitpunkt, im Frühjahr, das Licht der Welt erblicken.

Dieses Verhalten ist offensichtlich so gut auf die Umwelt abgestimmt, daß ein dichter Rehwildbestand gesichert ist. Das Verbreitungsgebiet der Rehe erstreckt sich über fast ganz Europa und weite Teile Asiens und umfaßt eine Vielzahl von Lebensräumen, vom Wald bis zum Akkerland.

Ein Leben auf den Bäumen: das Eichhörnchen

Ein anderes Meisterstück der ökologischen Anpassung ist die Lebensweise des Eichhörnchens *(Sciurus vulgaris)*. Der Waldwanderer hört zwar das fröhliche Keckern der Tiere und sieht sie behende auf den Baumstämmen umherflitzen oder tollkühn von Ast zu Ast springen, aber er macht sich nur selten klar, wie sehr sie auf die Bäume angewiesen sind – und umgekehrt.

Praktisch alles, was ein Eichhörnchen frißt, stammt aus seinem luftigen Revier: Schößlinge, Knospen, Blüten, Früchte, Nüsse, Baumsäfte und Samen, zumal die Samen der Tannen und Fichten. Wir können leicht feststellen, wo die Tiere ihre Mahlzeiten halten, denn Eichhörnchen sind alles andere als ordentlich und verstreuen ihre Essensabfälle wahllos auf die Erde.

Die unternehmungslustigen Tiere entdecken in ihrem unmittelbaren Lebensraum auch noch anderes Futter, etwa Pilze, Schnecken, Insekten, Ameisenpuppen und sogar Vogeleier und -junge. Aber nicht nur die Nahrungsaufnahme, auch die Fortpflanzung spielt sich fast ausschließlich auf den Bäumen ab. Eichhörnchen bauen im Geäst aus Zweigen, Blättern und Moos ein Kugelnest, das als Kobel bezeichnet wird und einen Durchmesser von 50 cm haben kann. Hier werden die nackten und blinden Jungen – in der Regel etwa fünf – geboren und aufgezogen, und hier finden die Tiere Schutz vor schlechtem Wetter und vor der Winterkälte. Daneben legen die fleißigen Eichhörnchen meist noch einige schlichtere Ausweich- oder Spielnester an, in denen sie gelegentlich schlafen oder Zuflucht suchen. Manchmal richten sie sich auch in verlassenen Vogelnestern ein.

Diese rege Bautätigkeit verrät zweifellos eine gewisse Intelligenz, die die Eichhörnchen im Sinne der Arterhaltung entwickeln mußten, um Mardern, Habichten und anderen Feinden zu entgehen. Doch wird dieses Verhalten dadurch erleichtert, daß die erforderlichen Baumaterialien so reichlich vorhanden sind. Alles Lebensnotwendige finden die Tiere in ihrem Baumrevier, bis auf Trinkwasser. Deshalb siedeln sie sich mit Vorliebe in der Nähe von Bächen an; wenn diese Tränke im Winter zugefroren ist, stillen sie ihren Durst mit Schnee. Die Ernährung ist in den Wintermonaten kein Problem, sofern das Eichhörnchen inzwischen nicht »vergessen« hat, an welchen Stellen es während des Sommers seine Vorräte an Nüssen und Samen versteckt hatte.

Solche vergessenen Wintervorräte stellen gleichsam ein Gegengeschenk an die Natur dar. Auf diese Weise »pflanzen« die Eichhörnchen unabsichtlich neue Bäume und tragen zur Ausbreitung und Erneuerung des Waldes bei, was wiederum der Landschaft und anderen Waldtieren zugute kommt und der Erosion des Bodens vorbeugt. Das Zusammenspiel von Geben und Nehmen im Eichhörnchendasein ist nur einer von zahllosen Lebenszyklen, die alle zusammen das komplexe Ökosystem des Waldes ausmachen.

Unser Eichhörnchen bewohnt Wald- und Parklandschaften von West- und Südeuropa bis Skandinavien und Sibirien, doch die Gattung *Sciurus* umfaßt noch etwa 55 weitere Arten, die in anderen Weltteilen zu Hause sind. Die Eichhörnchenverwandtschaft bildet eine Tiergruppe, die sich besonders erfolgreich und harmonisch an das Baumleben angepaßt hat.

Der Igel

Der Igel *(Erinaceus europaeus),* als Vertilger lästiger Insekten, Schnecken und Würmer allgemein geschätzt, ist eines der bekanntesten und beliebtesten Tiere Europas. Im Volksglauben hat er seit

Zu den bekanntesten europäischen Wildtieren gehört das Eichhörnchen (Sciurus vulgaris). Die Bäume des Waldes bieten diesen Tieren, die mit ihren kräftig bekrallten Vorder- und Hinterfüßen sehr flink und gewandt sind, Unterschlupf, Nahrung und Fluchtwege, auf denen sie sich vor ihren Feinden retten können. In einem dichten Waldbestand schlafen Eichhörnchenjunge in ihrem Kobel (oben) und sucht ein ausgewachsenes Tier Schutz in einem Baumstumpf (folgende Seite).

Das Verbreitungsgebiet der Igel
(Erinaceus europaeus), oben, erstreckt
sich über ganz Europa und nach Asien
hinein. Die 8000 spitzen Stacheln werden
abgeworfen und wieder erneuert. Igel
verzehren solche Mengen von
wirbellosen Schädlingen, daß man sie zur
Bekämpfung von Schadinsekten in
landwirtschaftlich genutzten Gebieten
ausgesetzt hat. Das Anfeuchten der
Stacheln mit dem weißlichen zähen
Speichel dient der Entleerung der
Mundhöhle (rechts).

jeher eine große Rolle gespielt, vor allem wegen seines eigenartigen Stachelkleids. Es besteht aus rund 8 000 Stacheln, die dicht nebeneinander auf dem Rücken angeordnet sind. Wenn sich der Körper zu einer Kugel zusammenrollt, richten sich die nadelspitzen Stacheln auf – einer der wirksamsten Verteidigungsmechanismen im Tierreich. Der Igel steckt dann förmlich in einem Stachelsack; auch Kopf und Beine werden durch spezielle Muskeln eingezogen.

Man hat dem Igel immer wieder nachgesagt, er könne am Boden liegende Äpfel mit seinen Stacheln aufspießen, indem er sich über sie rollt, und sie als Nahrungsvorrat wegschleppen. Solche Geschichten sind, so hübsch sie auch ausgedacht sein mögen, reine Fabeln. Fest steht nur, daß der Igel sehr gern an Fallobst nascht. Beim Aufspüren der Nahrung verläßt er sich vor allem auf seinen Geruchssinn. Deshalb wandert er ständig schnüffelnd umher, und wenn ihm seine Nase meldet, daß etwas Eßbares in der Nähe ist, wird das Schnüffeln zu einem lauten Schnauben. Für abergläubische Menschen waren diese Laute ein Beweis für die Anwesenheit böser Geister.

Bisweilen kann man beobachten, daß ein Igel die Spitzen seiner Flankenstacheln mit Speichel befeuchtet. Wissenschaftler haben herausgefunden, daß dieses Verhalten durch Bekauen fremder Gegenstände ausgelöst wird, deren Geruch durch den Speichel an das zwischen Mund- und Nasenhöhle sitzende Jakobsonsche Organ herangebracht und dort geprüft wird. Um danach die Mundhöhle für neue Aufgaben wieder freizubekommen, wird der sehr zähe Speichel an den Flankenstacheln abgestreift. Ein Abstreifen an anderen Gegenständen würde sofort wieder anderes Material in den Mund bringen. Die Schutzvorrichtung des Stachelkleides und die Fähigkeit zur Anpassung an die unterschiedlichsten Lebensräume sind auch die Erklärung dafür, daß die Igel, eine sehr altertümliche Säugetierfamilie, in so großer Zahl überlebt haben und so weit verbreitet sind. Obwohl der einzelne Igel sein angestammtes Territorium kaum verläßt und nur einige Hundert Meter weit umherschweift, erstreckt sich das Vorkommensgebiet der 20 Igelarten von den Britischen Inseln über ganz Europa und Rußland bis Korea und Ostchina und umfaßt außerdem Süd-, Vorder-, Kleinasien und Afrika. Sogar in Neuseeland ist der Igel eingebürgert worden.

Der Bienenstaat

Wie die Igel genießen auch die Bienen *(Apis mellifica)* hohes Ansehen bei den Menschen, denn kaum ein anderes Insekt ist für den Wald von größerem Nutzen und keines erzeugt in solchen Mengen ein hochwertiges Nahrungsmittel – den Honig. Bienen sind lebenswichtig für den Fortbestand bestimmter Pflanzenarten; indem sie nektarsuchend von Blüte zu Blüte fliegen, übertragen sie die Pollen und schaffen somit überall, wo sich die Blüten auf Bienenbestäubung eingestellt haben, die Voraussetzung für die Vermehrung der betreffenden Pflanzen.

Das Faszinierendste an den Bienen ist jedoch ihr kompliziertes Verhalten, das wir dank den Forschungen hervorragender Gelehrter wie Karl von Frisch besser zu verstehen gelernt haben. Es ist erwiesen, daß Bienen seit Jahrmillionen in großen Verbänden zusammenleben und zusammenarbeiten und sich dadurch zu ungewöhnlich hochstehenden sozialen Insekten entwickelt haben. Jedes Bienenvolk ist im Grunde eine vieltausendköpfige Familie und besteht aus einer Königin, die sehr viel größer ist als ihre »Untertanen« und an einem Tag ungefähr 1500 Eier legen kann, aus den plumpen männlichen Bienen oder Drohnen, deren einzige Lebensaufgabe die Begattung der Königin ist, sowie aus dem Heer der Arbeiterinnen, verkümmerten Weibchen, zu

1 △

2 △

3 △

4 △

Pilze sind primitive Pflanzen, die überall im Wald vorkommen, auf lebenden oder abgestorbenen Bäumen, zwischen Wurzeln, an Stämmen, Blättern, Früchten und Samen. Viele Waldtiere ernähren sich von ihnen: Eichhörnchen speichern zuweilen Pilze in Baumhöhlen, die ihnen in getrockneter Form als Winternahrung dienen.
1. Hallimasch (Armillariella mellea)
2. Schopftintling (Coprinus comatus)
3. Fliegenpilz (Amantia muscaria)
4. Flaschenbovist (Lycoperdum perlatum)

Das für den Menschen nützlichste Insekt ist die Honigbiene (Apis mellifica), die den nahrhaften Honig erzeugt und die Bestäubung vieler Blütenpflanzen besorgt. Der Bienenschwarm oben hat mit der Königin den Stock verlassen und sich an einem Ast gesammelt.
Wenn eine Sammlerbiene in den Stock zurückkehrt (unten), überläßt sie ihren Nektar anderen Bienen, die ihn mit ihren klebrigen Zungen hin und her bewegen, damit das Wasser verdunstet und der Zuckergehalt sich konzentriert.

deren Aufgaben das Einsammeln von Blütenstaub, die Herstellung von Wachs und die Brutfürsorge gehören.

Wildlebende Bienen legen ihr aus Waben bestehendes Nest meist in hohlen Bäumen, in Höhlen oder unter einem schützenden Felsvorsprung an. Da die Blumen und Bäume, deren Blüten den Bienen die Nahrung liefern, zu unterschiedlichen Zeiten und in verschiedenen Richtungen und Entfernungen blühen, sollte man meinen, die Tiere würden viel Zeit mit der Suche nach geeigneten Futterquellen verschwenden. Doch dem ist nicht so. Denn die Bienen verfügen über hochentwickelte Verständigungsmittel, über eine »Sprache«, mit deren Hilfe eine heimkehrende »Kundschafterin« ihren Stockgenossen den Standort einer ergiebigen Nahrungsquelle genau beschreiben kann. Das geschieht in Form von Tanzbewegungen. »Die Entdeckerin der Futterquelle«, so heißt es bei Karl von Frisch, »läuft die Waben hinauf, sitzt ein Weilchen still, gibt die süße Beute an die Kameraden ab, und dann beginnt ein Schauspiel, so reizvoll anzusehen, daß man verzagt vor der Aufgabe, es in dürren Worten zu schildern. Sie vollführt einen Rundtanz auf der Wabe, indem sie mit raschen, trippelnden Schritten im Kreis herumläuft, einmal rechts herum, einmal links herum in raschem Wechsel.«

Der einfache »Rundtanz« zeigt eine Nahrungsquelle an, die höchstens 100 m entfernt ist. Daneben kennen die Bienen auch noch einen komplizierteren »Schwänzeltanz«, der für größere Entfernungen bestimmt ist und als ein Kreis mit einem wellenförmigen Durchmesser dargestellt wird. Die Richtung wird durch die Abweichung des Durchmessers (»Schwänzelstrecke«) von der Senkrechten angegeben. Der dadurch gebildete Winkel entspricht dem Winkel zwischen dem Sonnenstand und der einzuschlagenden Flugbahn. Dabei überträgt die Biene nicht nur den Winkel selbst bis auf wenige Grade genau, sondern auch die horizontale Ebene (in der Natur) in die vertikale (auf die aufrecht stehende Wabe). Und die Zahl der Schwänzelbewegungen auf dem Durchmesser und die Geschwindigkeit, mit der sie ausgeführt werden, verraten den anderen Bienen ziemlich exakt die Entfernung und Ergiebigkeit der Nahrungsquelle.

Damit sind nur ein paar Grundregeln der Bienensprache angedeutet, die in Wirklichkeit noch viel mannigfaltiger und staunenswerter ist.

Leben im Boden

Kaum weniger staunenswert sind die Lebensvorgänge, die sich, unseren Augen meist verborgen, in und auf dem Waldboden abspielen. Die Aktivität der dort lebenden kleinen Pflanzen und Tiere, zumal der mikroskopisch kleinen, hat wesentliche Auswirkungen auf den gesamten Wald, vor allem durch die Anreicherung und Durchlüftung des Bodens, aus dem Bäume, Sträucher und Kräuter hervorwachsen.

Der Zerfall der abgestorbenen und absterbenden Überreste der grünen Pflanzen wird durch die Tätigkeit der verschiedensten Organismen bewirkt, unter anderem durch die zahllosen bodenlebenden Einzeller oder Protozoen. Dieser Vorgang, also die Zerlegung der pflanzlichen und tierischen Substanzen in ihre Bestandteile, setzt bereits ein, bevor die Bäume oder ihre Äste, Zweige und Blätter zu Boden fallen. Die Mineralien, die aus dem organischen Material, das sich auf dem Waldboden ansammelt, und aus den verrottenden Baumstämmen und -stümpfen hervorgehen, werden als Nährstoffe von den Wurzeln aufgenommen. Das Baumwachstum ist somit abhängig von einer »gesunden« Verrottung.

In nördlichen oder hochgelegenen Waldlandschaften wird dieser Prozeß durch die niedrigen Temperaturen zwar verlangsamt, aber nicht unterbrochen. In milderen Klimazonen, wo die Wälder eher durch Regen als durch Schnee durchfeuchtet werden, beschleunigt sich die Verrottung und verteilen sich die Nährstoffe schneller und gründlicher im Boden. Pilze greifen die leicht abbaubaren Zuckerbestandteile der Blätter an. Bakterien spalten die Zellulose. Bodentiere bereiten die vielerlei Abfälle mit chemischen oder mechanischen Mitteln wieder auf.

An der Wiederaufbereitung der Zerfallsstoffe haben die Regenwürmer einen wichtigen Anteil. In den Wäldern der nördlichen gemäßigten Zone arbeitet unser heimischer Regenwurm *(Lumbricus terrestris)* den Boden auf mechanische Weise um, indem er sich durch das Erdreich frißt. Die Zahl der übrigen Bodentiere, die ähnlich vorgehen, ist gewaltig. Nach den mikroskopisch kleinen Protozoen sind die Fadenwürmer oder Nematoden die häufigsten Bodenorganismen. Ein Kubikzentimeter Erdreich kann 1000 bis 10000 von ihnen enthalten. Größere Lebewesen, zum Beispiel Schnecken, Milben und Springschwänze *(Collembola)* – bei den letzteren handelt es sich um weitverbreitete und in großer Zahl vorkommende Urinsekten –, tragen gleichfalls zur Anreicherung des Waldbodens mit Mineralstoffen bei. Man schätzt, daß alle Bodenorganismen, einschließlich der unterirdisch lebenden Wirbeltiere wie Maulwurf, Spitz- und Wühlmaus, etwa 40% der Abfälle verarbeiten, die sich alljährlich auf dem Waldboden ansammeln.

Die Wälder an der Donau

Hinter Wien fließt die Donau noch etwa 220 km nach Osten, bevor sie sich in einer scharfen Kehre nach Süden in Richtung Budapest wendet. In diesem Donauknie liegt der eigenartige Piliswald, eine vergleichsweise unberührte Laubholzregion, die vom ungarischen Staat verwaltet wird. Der Wald erstreckt sich ungefähr 70 km am Westufer des Flusses und ist zwischen 10 und 30 km breit. Der Untergrund besteht aus Dolomit, Kalkfels und Vulkangestein, und diese unterschiedliche Bodenbeschaffenheit hat eine abwechslungsreiche Waldlandschaft entstehen lassen.

Charakteristisch für die Flora sind die Flaumeiche *(Quercus pubescens)*, die Zerreiche *(Qu. cerris)* und die Hain- oder Weißbuche *(Carpinus betulus)*. Der Wald zieht sich über niedrige Berge hin und hinab in die Täler, wo man Eschen, Ahornbäume und Ulmen antrifft. Die Wasserläufe sind von Erlen gesäumt. Besonders eindrucksvoll sind die Buchen, die ihre Kronen ineinanderschieben und deren blaugraue Stämme wie mächtige Säulen im dämmerigen Licht emporragen. Und im Schloßpark des Dorfes Visegrád stößt man auf einen kleinen Bestand spätblühender Kastanien.

Der Piliswald beherbergt nahezu alle Vogelarten, die für Ungarn typisch sind, unter anderem Greifvögel wie die Lannerfalken *(Falco biarmicus)*, Wanderfalken *(F. peregrinus)*, Rotmilane *(Milvus milvus)* und Kaiseradler *(Aquila heliaca)*. Neben Tausenden von Wirbellosenarten kommen hier zahlreiche Waldsäugetiere vor, zum Beispiel Wiesel, Eichhörnchen, Hermeline, Dachse, Füchse und Wildkatzen. Als Großsäuger sind die Rothirsche, Mufflons *(Ovis musimon)* und die Wildschweine *(Sus scrofa)* zu nennen.

Die Wildschweine konnten sich in Ungarn besser entfalten als im übrigen Europa, weil ein Teil des Landes mehr als 200 Jahre lang unter der Herrschaft der Türken stand, die wegen der muslimischen Speisevorschriften kein Schweinefleisch anrührten. Die Türken verboten auch die Jagd auf Wildschweine mit irgendwelchen Waffen, selbst mit Messern und Speeren. Bis zum Zweiten Weltkrieg waren die Be-

Folgende Seiten: Wildschweinbachen (Sus scrofa) mit ihren Frischlingen in lichtem Gehölz. Wildschweine sind vermehrungsfreudig und können im Jahr zwei Würfe haben, die jeweils ein Dutzend Junge umfassen. Die Lebenserwartung beträgt 15–20 Jahre. Schwarzwild wird in Europa seit jeher gejagt, nicht nur wegen des begehrten Fleisches, sondern auch wegen der von ihm angerichteten Flurschäden.

stände sehr groß. Doch nach dem Krieg wurden die riesigen Landgüter aufgeteilt, wertvolle Waldgebiete abgeholzt und Hirsche und Wildschweine abgeschlachtet. 1946 waren nur noch knapp 100 Wildschweine übriggeblieben. Zu diesem kritischen Zeitpunkt erließ die Regierung ein allgemeines Jagdverbot und begann damit, bestimmte Landschaften wie den Piliswald in Wild- und Vogelschutzgebiete umzuwandeln. Heute leben die weitaus meisten Wildschweine in den ungarischen Schutzgebieten.

Wildschweine wirken zwar ziemlich ungeschlacht, sind aber sehr trittsicher und schnell und schwimmen ausgezeichnet. Mit ihnen ist nicht zu spaßen: Die Keiler besitzen kräftig ausgebildete vorstehende Eckzähne, zwei im Ober- und zwei im Unterkiefer; die unteren werden Hauer genannt. Im allgemeinen greifen die Tiere nicht von sich aus an, doch wenn sie belästigt werden, können sie sich wütend zur Wehr setzen und eine gefährliche Situation heraufbeschwören, vor allem, wenn sie sich zu einer großen Gruppe oder Rotte zusammengeschlossen haben. Wildschweine sind von Natur aus sehr gesellig und am aktivsten in den Abend- und den frühen Morgenstunden. Wenn sie hingebungsvoll den Boden nach Wurzeln, Nüssen, Pflanzenstengeln, Insektenlarven und Aas durchwühlen, scheinen sie die Welt ringsum völlig zu vergessen. Trotz dieser bescheidenen Kost können sie ein Gewicht von 200 kg erreichen. In Kulturlandschaften richten Wildschweine oft großen Schaden an, aber in ausgedehnten Waldungen erweisen sie sich als recht nützlich, weil sie massenhaft die Engerlinge von Schadinsekten vertilgen und den Boden durchpflügen und auflokkern.

Zwischen der Stadt Szekszard und der jugoslawischen Grenze, auf einer Strecke von 80 km, tritt die Donau im Frühling oft über die Ufer und überschwemmt große Teile einer dichtbestandenen Waldlandschaft. In diesem Überschwemmungswald bilden sich zahlreiche kleine Sumpfseen und Tümpel, die den Sommer über bestehenbleiben. Infolge der feuchtwarmen Mittelmeerluft, die diese Gegend bestreicht, entsteht ein umgrenztes Kleinklima, das eine üppige Vegetation hervorbringt, den sogenannten »ungarischen Dschungel«.

Die Krokusteppiche der Karpaten

Zu den eindrucksvollsten Wäldern Osteuropas gehören die der Karpaten, die sich in einem weiten, 1300 km langen Bogen von der tschechisch-polnischen Grenze über den Westzipfel Rußlands und durch ganz Rumänien erstrecken. Dieser Gebirgszug ist ungefähr so lang wie die Alpen, aber längst nicht so hoch; er erhebt sich nirgendwo über die 3000-m-Grenze und ist deshalb dichter von Wäldern und Wiesen überzogen.

Im Gebiet der Hohen Tatra, das teilweise unter Naturschutz steht, begegnen wir einer abgestuften montanen Vegetation: Tannen und Buchen, durchsetzt von Kiefern, Lärchen und Bergahorn, bis zu einer Höhe von 1250 m; Fichtenwald bis 1550 m; strauchwüchsige Latschen oder Bergkiefern bis 2000 m. Rotwild, Rehe und Wildschweine bewohnen diese Wälder, daneben noch viele andere Säugetierarten; man schätzt, daß hier noch 30 Wölfe, 230 Bären, 30 Luchse und 100 Wildkatzen leben, um nur die wichtigsten Arten zu nennen. Hinzu kommen noch zahlreiche Hermeline, Wiesel, Dachse, Füchse, Marder einige Fischotter.

Besonderer Beliebtheit bei Zoologen und Jägern erfreut sich der Luchs *(Lynx lynx)*, eine heimliche, 1,20 m lange Katze, die jede geeignete Beute beschleicht und reißt, von der Maus bis zum Hirsch. Ist die Beute zu groß und stark, muß sich der Luchs allerdings mit jungen,

alten oder kranken Tieren begnügen. In der Auseinandersetzung mit Wölfen zieht er nicht selten den kürzeren. Der Luchs zeigt ein ausgeprägtes Territorialverhalten; er ist bestrebt, sein Revier von Eindringlingen freizuhalten, und die Kater liefern sich in der Ranzzeit zu Beginn des Frühlings heftige Kämpfe.

Die Luft ist zuweilen erfüllt von den monotonen Rufen der Zwergohreule oder vom wohllautenden Gesang des Zwergschnäppers *(Muscicapa parva)*. Von überwältigender Schönheit sind die dichten Blütenteppiche des Frühlingskrokus *(Crocus albiflorus)*, die man hier vorfindet. Auch andere Karpatenregionen, beispielsweise die Pieniny-Berge der Hohen Tatra und die Bucegi in den Südkarpaten, umschließen ungewöhnliche Pflanzen- und Tierbestände, unter anderem ein Gebiet, in dem 1800 Tag- und Nachtfalterarten nachgewiesen worden sind.

Der anpassungsfähige Fuchs

In fast allen Biotopen, welche die Wälder Europas, ja der Welt zu bieten haben, auf den Bergen und im Flachland, in heißen und kalten, feuchten und trockenen, wilden und dichtbesiedelten Landschaften zwischen Arktis und Tropen ist die weitverzweigte Sippschaft der Füchse in zahlreichen Arten und Unterarten vertreten. Auch unser allbekannter heimischer Rotfuchs *(Vulpes vulpes)* ist nicht nur in Europa zu Hause, sondern auch in Asien, Nordafrika und Nordamerika.

Die Frage, ob die weite Verbreitung und die Lebenstüchtigkeit der Füchse ihrer sprichwörtlichen Schläue und Gerissenheit zuzuschreiben sind, können wir den Verhaltensforschern überlassen. Tatsache ist jedenfalls, daß sich der Fuchs in erstaunlichem Maße selbst an jene Lebensräume angepaßt hat, die vom Menschen völlig umgestaltet worden sind. Das hat dazu geführt, daß er besonders stark bejagt wird. Schuld ist die Tollwut. Es braucht nur ein Tollwutfall vorzukommen oder ein Tollwutverdacht aufzutauchen, und schon wird jeder Fuchs, ob tollwütig oder nicht, blindlings abgeschossen – in Deutschland allein fast 200000 jährlich und in anderen Ländern wird ihm nicht minder eifrig nachgestellt.

Solche Anfeindungen, mögen sie berechtigt sein oder nicht, haben die Füchse bisher allerdings noch immer überlebt, doch vielleicht sind auch ihre Tage gezählt. Durch intensive Bejagung und durch die Zerstörung ihrer Baue sind die Tiere in manchen Gegenden bereits ausgerottet und in anderen stark dezimiert worden. Ihre natürlichen Feinde, beispielsweise die Seeadler *(Haliaeëtus albicilla),* sind zwar zurückgegangen, aber das fällt kaum ins Gewicht angesichts der vom Menschen vorgenommenen Vernichtung.

Dementsprechend hat der Fuchs sich von natürlichen auf »unnatürliche« Lebensräume umstellen müssen, sofern ihm nicht Nationalparks oder Reservate Schutz bieten. In solchen naturbelassenen Refugien können wir einen Eindruck von der bewundernswerten Anpassungsfähigkeit dieser Tiere gewinnen. Zunächst fressen sie nahezu alles. Die Hauptnahrung besteht aus Mäusen und anderen Kleinsäugern, und wenn diese reichlich vorhanden sind, bleibt der Fuchs gern innerhalb der Grenzen seines heimischen Territoriums, das nur einige wenige Quadratkilometer umfaßt. Auch Beeren werden verspeist, desgleichen Fische, Insekten und Aas, doch wenn der Fuchs ausgehungert ist und sich eine günstige Gelegenheit ergibt, macht er auch Jagd auf größere Beute: Frischlinge, Rehkitze, Hasen, Fasanen, Rauhfußhühner, Hausgeflügel usw.

Der Fuchs gräbt sich einen Erdbau, falls er nicht einen passenden

In vielen Nahrungsketten bilden die zahlreichen Vertreter der Mäuseverwandtschaft eine der untersten Stufen, denn sie sind die Hauptnahrung für manche Vögel, Reptilien und Säugetiere der Waldlebensgemeinschaft. Wenn die Mäuse selten werden, gehen auch die Bestände der Tiere zurück, die von ihnen leben.

Vorhergehende Seite: Die Haselmaus *(Muscardinus avellanarius),* oben, ist in busch- und waldreichen Gebieten Europas, Kleinasiens und Rußlands beheimatet. Die Waldmaus *(Apodemus sylvaticus),* Mitte, lebt vor allem in Laubgehölzen und Dickichten und geht abends auf die Suche nach Samen, Beeren und Insekten. Eine Rötelmaus *(Clethrionomys glareolus),* unten, in einem österreichischen Wald. Diese kleinen Nager sind bei Tag und Nacht und in allen Jahreszeiten munter.

Ein Siebenschläfer *(Glis glis),* oben, mit einem Jungen. Dieses Tier hält einen Winterschlaf von sechs bis sieben Monaten und zehrt dabei von seinem angefressenen Fett.

Der europäische Rotfuchs (Vulpes vulpes), rechts, ist ein Allesfresser, der sich zwar hauptsächlich von Nagetieren wie Mäusen und Kaninchen ernährt, aber auch allerlei Früchte, Vogeleier, Insekten und Kräuter zu sich nimmt. Jungfüchse (oben) werden mit etwa drei Monaten selbständig; dann verlassen sie den elterlichen Bau und suchen sich ein eigenes Jagdrevier.

Dachsbau findet, den er sofort beziehen und in dem er sich mitsamt seiner Familie einrichten kann – mehr oder weniger in Harmonie mit den ursprünglichen Bewohnern. Alte Fuchsbaue bestehen aus einem Wohnkessel sowie mehreren Kammern und Röhren und haben mehr als ein Dutzend Eingänge. Gelegentlich bieten sie auch anderen Tieren wie Wildkatzen, Kaninchen und kleinen Eulen einen willkommenen Unterschlupf.

In der Taiga

Die bei weitem größte zusammenhängende Waldlandschaft der Sowjetunion ist die Taiga, die sich infolge ihrer nördlichen Lage ausschließlich aus Nadelhölzern zusammensetzt. Die Mischwälder und bewaldeten Steppengebiete sind im europäischen Rußland dagegen verhältnismäßig klein.

Die russische Taiga ist keineswegs nur »das Land der kleinen Stöcke«, wie dieser Name angeblich zu übersetzen wäre. Über weite Strecken haben wir es hier vielmehr mit einer ganz normalen Waldlandschaft zu tun. Fichten und Lärchen sind die vorherrschenden Baumarten, doch daneben wachsen noch weitere Koniferen wie Kiefern und Tannen. Wegen des extremen Klimas sind die Bäume der nördlichen Taiga, wie nicht anders zu erwarten, zwergwüchsig und verkrüppelt, oder sie bilden gleichsam Waldfinger, die sich in die verhältnismäßig geschützten Tundratäler erstrecken.

Die Fichte fühlt sich in dieser kalten Region wohl, solange sie einen kräftigen Untergrund und genügend Feuchtigkeit vorfindet. Ihre Wurzeln breiten sich seitlich weit aus, so daß der Baum selbst dort gedeihen kann, wo der Boden oberflächlich gefroren ist. Im Gegensatz zu den lichtbedürftigen Kiefern vertragen die Fichten auch mäßigen Schatten. Der Waldboden unter den Taigafichten ist oft von einem üppigen Unterwuchs bedeckt, dessen Beschaffenheit weitgehend davon abhängt, ob der Boden gut durchfeuchtet ist oder ob sich das Wasser in ihm staut.

Wenn Fichten vom Sturm gefällt oder ganze Bestände durch die nicht seltenen Waldbrände vernichtet werden, entstehen lichte Kahlflächen, auf denen die natürliche Sukzession der Pflanzen von neuem beginnt. Das ist der Grund, warum die Taiga vielfach von Laubbäumen wie Birken und Espen durchsetzt ist; diese Arten besiedeln gewöhnlich als erste die Windbrüche und Brandflächen. Und wo die Taiga von Flüssen durchzogen ist, die für eine reichliche Wasserzufuhr sorgen, mischen sich »exotische« Bäume und Sträucher unter die Fichten: Hier trifft man auf Erlen, Wacholder, Weiden, Geißblatt, Weinrosen und Johannisbeeren.

Bei der Vielzahl der Lebensräume und dem reichen Nahrungsangebot ist es nicht verwunderlich, daß die Taiga von Tieren wimmelt – oder wimmelte. Hier lebten einst Bären, Rentiere, Rehe und Luchse in großer Zahl, doch viele Tierarten sind vom Menschen stark dezimiert oder fast ausgerottet worden und beschränken sich heute vorwiegend auf entlegene Rückzugs- und Schutzgebiete. Burunduks oder Streifenhörnchen *(Eutamias sibiricus)* und Flughörnchen *(Pteromys volans)*, Vielfraße *(Gulo gulo)* und Zobel *(Martes zibellina)* sind typische Säugetiere der Taiga.

Verschiedene Vogelarten, etwa das Haselhuhn *(Tetrastes bonasia)* und das Moorschneehuhn *(Lagopus lagopus),* brüten hier. Sie haben sich an das Nahrungsangebot und allgemein an die Umweltbedingungen der Taiga so gut angepaßt, daß sie in ihrer Heimat auch überwintern. Im östlichen Sibirien gibt es mehr als vierzig Arten solcher Jahresvögel.

Der Balztanz des Auerhahns

Eine der interessantesten Vogelarten der europäischen Nadel- und Mischwälder ist das Auerhuhn *(Tetrao urogallus),* das größte Rauhfußhuhn überhaupt. Das Männchen, der Auerhahn, ist kräftig gebaut und mißt fast 1 m; das unscheinbare Weibchen bleibt erheblich kleiner. Der Auerhahn trägt ein düster schiefergraues Federkleid, ist aber an seiner Größe, an den roten »Rosen« über den Augen und an dem kleinen Federbart leicht zu erkennen. Allerdings bekommt man den scheuen und versteckt lebenden Vogel in freier Wildbahn nur selten zu Gesicht. Seine Nahrung bilden Fichten- und Kiefernnadeln und Knospen, außerdem frische Triebe und Beeren.

Ein höchst faszinierendes Schauspiel ist die Balz des Auerhahns. Er führt sie am Ende des Winters oder sehr zeitig im Frühjahr vor, oft gemeinsam mit anderen Hähnen und auf einem festen Balzplatz. Unmittelbar vor dem Morgengrauen verfällt der balzende Vogel auf einem Ast oder auf dem Boden in eine Art Trance und läßt dabei eine rhythmische Folge von schnalzenden, »knappenden« Tönen hören, die mit dem »Hauptschlag« abgeschlossen wird, der einem dumpfen Pfropfenknall ähnelt. Dann folgt ein gutturales, seufzendes »Wetzen«. Der verliebte Hahn tanzt langsam hin und her, reckt den Kopf steil himmelwärts, läßt die Flügel hängen und stellt den Schwanz wie einen Fächer auf. Mit diesem Imponiergehabe will er die männlichen Rivalen und die Hennen gleichermaßen beeindrucken. Nach dem Ritual findet die Paarung statt.

In Deutschland ist das Auerwild, das neuerdings eine ganzjährige Schonzeit genießt, also nicht mehr bejagt werden darf, inzwischen sehr selten geworden. Es kommt bei uns nur noch in abgelegenen Waldgebieten der Alpen und der Mittelgebirge vor, während es in Skandinavien und in der sibirischen Taiga stellenweise noch recht häufig ist.

Der mächtige Wisent

Nachdem im 17. Jahrhundert der Auerochse oder Ur endgültig ausgerottet wurde, ist inzwischen auch das zweite große Wildrind der europäischen Wälder, der Wisent *(Bos bonasus),* in freier Wildbahn ausgestorben. Diese Tierart, die früher in ganz Eurasien vom Atlantik bis zum Pazifik verbreitet war, fand schließlich eine letzte Zuflucht in den Wäldern von Bialowieza an der polnisch-russischen Grenze. Und dort wurde der letzte wildlebende Wisent am 9. Februar 1921 von einem Wilderer abgeschossen.

Glücklicherweise lebten noch 56 Tiere in zoologischen Gärten und privaten Wildgehegen, und mit diesen Überlebenden unternahm man den fast aussichtslos erscheinenden Versuch, die Wisente wieder in der freien Natur einzubürgern. Der Wisent, der nach Ansicht mancher Wissenschaftler von dem einst in Indien beheimateten *Bison sivalensis* abstammt, ist aus vielen eiszeitlichen Höhlenmalereien bekannt. Einige Herden wanderten offenbar vor Jahrtausenden von Asien über die damals noch bestehende nordpazifische Landbrücke nach Nordamerika, wo sie sich zum Bison *(Bison bison)* weiterentwickelten.

Der Wisent, der einmal eine so bedeutende Rolle in der Natur gespielt hatte und als das mächtigste und imposanteste Wildtier Europas gilt, durfte nicht untergehen. Mit der Gründung der »Internationalen Gesellschaft zur Erhaltung des Wisents« im Jahre 1923 begann die planmäßige Zucht der Tiere in Polen, Deutschland, der Sowjetunion und andernorts, so daß 1956 eine kleine Herde im polnischen Bialowieza-Nationalpark wieder ausgesetzt werden konnte. Der Versuch gelang. Heute gibt es bereits weltweit wieder über 1000 Tiere.

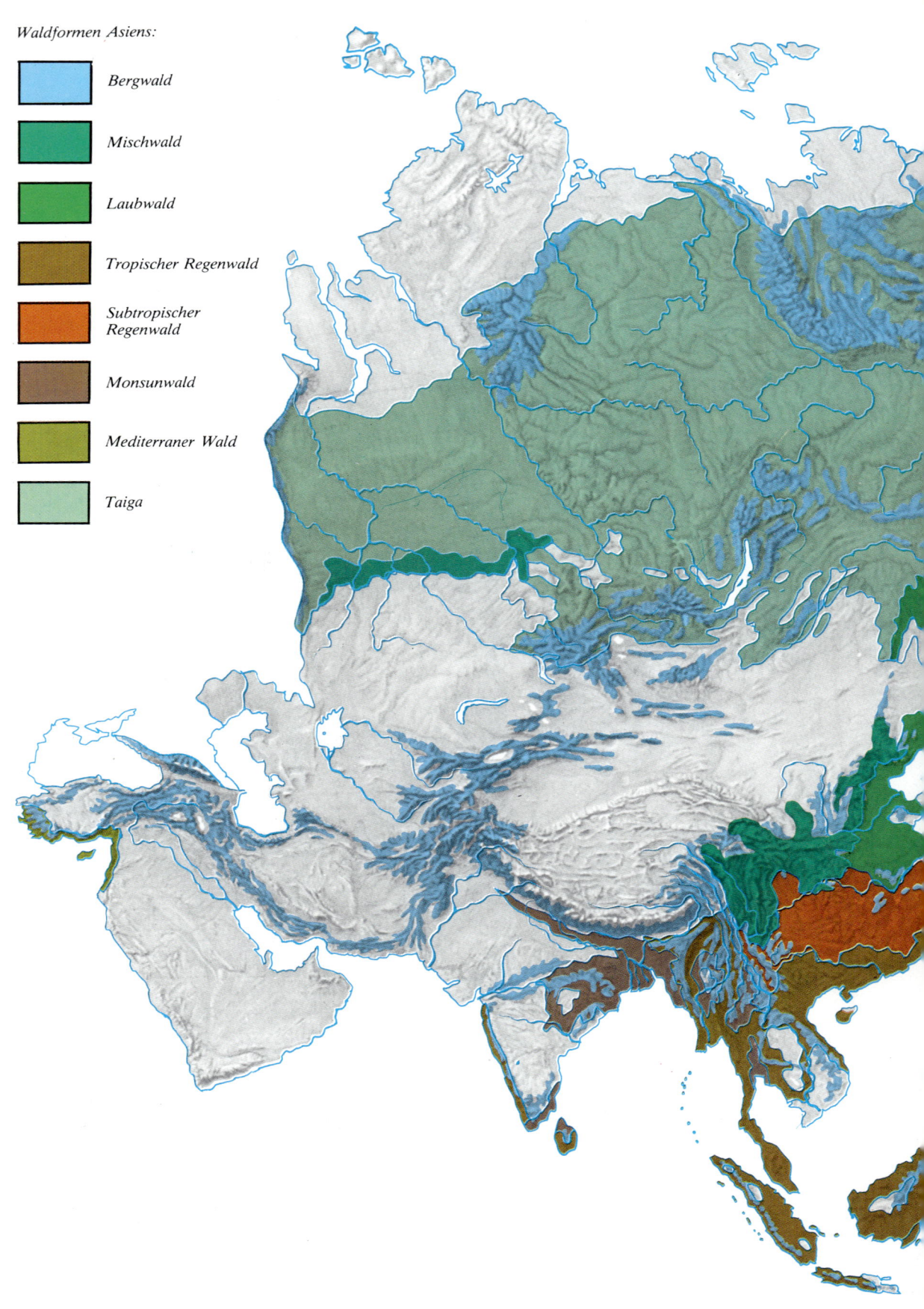

Waldformen Asiens:

Bergwald

Mischwald

Laubwald

Tropischer Regenwald

Subtropischer
Regenwald

Monsunwald

Mediterraner Wald

Taiga

Asien – zwischen Tropen und Tundra

Die asiatischen Waldlandschaften, die sich von den Tropen bis hinauf zur Tundra erstrecken, umfassen die ausgedehntesten Vegetationszonen der Erde. Von besonderem Interesse sind für uns die unermeßlichen Regenwälder, die sich vor allem in Burma, Thailand, Malaysia und auf den Inseln der Philippinen und Indonesiens ausbreiten und die an Umfang nur den Regenwäldern Südamerikas nachstehen. Daneben finden wir weit auseinanderliegende Nadel- und Laubwaldgebiete in Ostchina, Japan, Korea sowie in der UdSSR. Im Norden bedecken die Koniferen der Taiga eine riesige Fläche zwischen dem Ural und dem Pazifischen Ozean. Diese reichen Waldvorkommen lassen beinahe die Tatsache vergessen, daß ein großer Teil Zentralasiens unbewaldet ist und aus Wüsten, Steppen und gewaltigen Gebirgsketten besteht.

Leben auf dem indischen Subkontinent

Unsere Reise durch die asiatischen Wälder begann in einer der eindrucksvollsten Naturlandschaften, die sich auf dem indischen Subkontinent erhalten haben – im Chitwan-Nationalpark im Süden Nepals. In Meghauli verließen wir unsere Maschine, stiegen auf Reitelefanten um und machten uns auf den Weg zum Fluß Rapti. Wir brauchten nur eine Viertelstunde, um den Fluß zu erreichen und zu überqueren, und schon waren wir im Nationalpark. Alsbald umfingen uns die Restbestände eines subtropischen Monsunwaldes, der sich einst Tausende von Kilometern weit nach Osten und Westen erstreckte. Fern im Norden erhoben sich, kaum erkennbar, die weißen Gipfel der Himalajaberge. Hier im nepalesischen Tiefland, nur etwa 100 m über dem Meer, bekamen wir einen Vorgeschmack von der Üppigkeit und Feuchtigkeit der asiatischen Tropenwälder im Osten und Süden.
Chitwan wurde 1962 als ein Reservat für die mächtigen Indischen Panzernashörner *(Rhinoceros unicornis)* eingerichtet und neun Jahre später in den ersten Nationalpark Nepals umgewandelt. In dem fast 100 km² großen Park hat sich ein Teil der ausgedehnten Salbaumbestände *(Shorea robusta)* im ursprünglichen Zustand erhalten. Wir haben es hier nicht mit einem tropischen Regenwald zu tun, denn die Bäume sind nicht immergrün, sondern laubabwerfend; in der Trockenzeit verlieren sie ihre Blätter. Außerdem ist der Wald lichter und das Blätterdach weniger dicht als in einem echten tropischen Regenwald. Dieser Monsunwald, dessen Niederschläge sich fast ausschließlich auf die Monsunzeit konzentrieren, wird von Juni bis September immer wieder von Regenstürmen heimgesucht. In dieser Zeit explodiert die Vegetation förmlich. Allein im Juli fallen fast 70 cm Regen; die jährliche Niederschlagsmenge beläuft sich auf insgesamt 216 cm.
Vom schwankenden Rücken der Elefanten aus, die in diesen Wäldern ein natürliches Fortbewegungsmittel darstellen, erblickten wir ringsum ein reiches Tierleben. Wildschweine *(Sus scrofa)* zogen am Ufer eines

Bachs entlang. Rote Kasarkas *(Tadorna ferruginea)* flogen über unsere Köpfe hinweg. In einiger Entfernung blitzte ein blauer Schimmer über den Bäumen auf; es war ein Pfauenpaar *(Pavo cristatus),* das gemächlich herniederschwebte und am Rand eines Wasserlaufs aufsetzte. Nach Samen und anderen Pflanzenteilen suchend, wanderten die Vögel zwischen den Büscheln des Ufergrases hin und her, bis sie stromabwärts verschwanden. Hätten wir uns zur rechten Zeit eingefunden und sorgfältig nach den Paarungsplätzen der Pfauen auf den Lichtungen des Salbaumwaldes gesucht, dann hätten wir die berühmten Balzspiele des Hahns vor den zwei bis fünf Hennen seines Harems beobachten können.

Mehrere Bankivahühner *(Gallus gallus)* strichen durch den Wald und strebten einer krautbewachsenen Lichtung zu, wo sie herumzupicken begannen wie Hühner auf einer Dorfwiese. Das Bild wirkte seltsam fremd in dieser wilden Umgebung. Aber der Eindruck täuschte: Diese urtümliche Landschaft ist seit Jahrtausenden die Heimat der Bankivahühner, der wildlebenden Vorfahren sämtlicher Haushuhnrassen. Heute deckt sich ihr Verbreitungsgebiet ziemlich genau mit dem des Salbaums.

Lärmende Urwaldhühner finden sich häufig in Gesellschaft des Gaur *(Bos gaurus),* des größten Wildrinds der Erde. Die insektenfressenden Hühner warnen durch ihr auffälliges Verhalten die weidenden Gaurs vor drohenden Gefahren. Die Gaurs, die bis zu 1000 kg wiegen und eine Widerristhöhe von über 2 m erreichen können, halten sich am liebsten auf Wiesen in der Nähe bewaldeter Hänge und bei Wasserläufen auf, in denen sie trinken und baden können. Die Tiere sind zwar scheu, schließen sich aber in Herden bis zu 20 Stück zusammen, ständig auf der Hut vor Feinden – man schätzt, daß die Hälfte der Jungtiere Tigern zum Opfer fällt –, denen sie sich lieber mit der Breitseite als mit dem Kopf voran zum Kampf stellen. Die seitlichen Stöße der Hörner sind gefährlich und flößen auch einem Tiger Respekt ein.

Der einsame Tiger

Wir hatten gehofft, in »Tiger Tops«, einer Lodge inmitten des Nationalparks, endlich Tiger *(Panthera tigris)* zu sehen, von denen noch etwa 35 im Park leben. Aber Tiger sind scheue, nachtaktive, allein lebende und unberechenbare Geschöpfe. Wenn man den jähen Rückgang ihrer Bestände bedenkt, ist es fast ein Wunder, daß überhaupt noch einige Exemplare übriggeblieben sind. Vor einem halben Jahrhundert lebten noch ungefähr 100 000 Tiger aller Rassen auf der Erde, davon allein etwa 40 000 in Indien. Heute gibt es nur noch 5000. Rund 2000 Vertreter der indischen Unterart, des Königs- oder Bengaltigers *(P. tigris tigris),* haben in Indien, Nepal, Bangladesch und Bhutan überlebt.

Wenn man das wimmelnde Leben ringsum betrachtet, sollte man meinen, der Tiger brauche nur einmal mit der Pranke zuzuschlagen, um ein Beutetier zu erwischen. Doch ganz so einfach ist das Leben für diese größte Katzenart nicht. Ein Tiger muß oft tagelang auf die Jagd gehen, um Erfolg zu haben, weil die meisten Tiere seines Lebensraums sehr viel Geschick entwickelt haben, ihm auszuweichen. So nimmt selbst diese mächtige Katze Zuflucht zu Listen, heimlichem Anpirschen und Hinterhalten. Es ist harte Arbeit, und sogar der verschlagenste Tiger muß zuweilen mehrere Tage lang hungern. Wenn der Tiger bei einem Überraschungsangriff sein Ziel verfehlt, verfolgt er die Beute vielleicht 200 m weit; dann gibt er auf. Trotz seiner Körpergröße und seines Gewichts (bis zu 272 kg) schleicht der Tiger lautlos durch das Unterholz; er ist ein ausgezeichneter Schwimmer und kann

Vorhergehende Seiten: Ein einsames Schweinshirschweibchen (Axis porcinus), auf dessen Rücken sich ein Hirtenstar (Acridotheres tristis) niedergelassen hat, macht eine Verdauungspause im Chitwan-Nationalpark in Nepal. Schweinshirsche, die sich meist zu zweit oder dritt zusammentun, wagen sich nur selten ins Urwaldinnere vor; sie halten sich am liebsten in lichten Waldungen auf, wo sie sich von Gräsern und abgefallenen Blüten und Früchten ernähren.

mit einem einzigen Satz 6 m zurücklegen. Wenn er auf der Jagd erfolgreich war, zerreißt er die Beute, schlägt sich den Magen voll, deckt etwaige Überreste mit Gras, Zweigen, Blättern und Ästen zu und legt sich in der Nähe zur Ruhe.

In der Regel führt jeder Tiger ein einsames Leben, außer in der Paarungszeit sowie in dem vollen Jahr, in dem die Jungen bei der Mutter bleiben. Jedes erwachsene Tier besitzt innerhalb seines Territoriums einen Bau oder auch deren mehrere. Das besagt freilich nicht viel; als Bau genügt eine Erdhöhle oder Felsspalte, ein umgestürzter Baum oder ein besonders starkes Dickicht, und der Boden wird mit trockenem Gras oder Laub bedeckt. In einem solchen Unterschlupf schlafen oder ruhen die Tiger und richten die Weibchen ihre Kinderstube ein.

So wie man einst gewaltige Anstrengungen unternahm, um die Tiger auszurotten, so setzt man heute alles daran, ihn zu retten. Indien hat nicht nur die Tigerjagd verboten, sondern im Jahre 1973 auch das sogenannte »Tiger Project« in die Wege geleitet, demzufolge neun Reservate in verschiedenen Vorkommensgebieten des Tigers eingerichtet und betreut werden sollen, um den Fortbestand dieser Großkatze in Indien zu sichern.

Doch der oberste Wildwart in »Tiger Tops« hat vor kurzem folgenden Ausspruch getan: »Wir müssen uns damit abfinden. Wenn es nicht gelingt, die Bevölkerungszunahme der Menschheit einzudämmen, dann ist der Untergang der Wildtiere nur noch eine Frage der Zeit.«

Bellende Hirsche und heulende Schakale

Die Mahuts riefen den Elefanten plötzlich einige Befehle zu, die daraufhin kehrtmachten und eiligst in den dunklen Salwald trotteten, wo Hirsche standen, die so perfekt getarnt waren, daß wir sie vermutlich nie gesehen hätten. In Chitwan leben die winzigen, nur etwa 50 cm hohen Muntjak- oder Bellhirsche (Muntiacus muntjak) mit rötlichbraunem Fell, die ähnlich aussehenden Schweinshirsche (Axis porcinus), die hell getüpfelten Axishirsche (Axis axis), die Rudel bis zu 60 Köpfen bilden, und die großen, 1,30 m hohen und über 300 kg schweren Sambarhirsche (Cervus unicolor).

Alle diese Hirsche haben eine Vorliebe für junge Triebe und Schößlinge – genauso wie die Nashörner. Doch im Gegensatz zu diesen stellen sie eine begehrte Beute der Tiger dar.

Sehr viel auffälliger oder zumindest lauter als die Hirsche benahmen sich die Languren oder Hulmans (Presbytis entellus), baumbewohnende Schlankaffen, die ununterbrochen plapperten, während sie im Geäst der Salbäume umhersprangen. Sie müssen ständig darauf achten, den ebenfalls baumbewohnenden Leoparden zu entgehen. Auch Rhesusaffen (Macaca mulatta) hausen im Nationalpark, allerdings mehr in den Wollbäumen (Bombax) an den größeren Flüssen.

Man muß schon einige Zeit suchen, um den nachtaktiven Lippenbär (Melursus ursinus) aufzuspüren, den man ursprünglich für ein bärenartiges Faultier hielt, weil er sich von den »normalen« Bären so sehr unterscheidet. Doch ist er keineswegs faul, sondern zählt zu den emsigsten Bewohnern des Waldes. Das zottige schwarze Tier mit dem V-förmigen weißen Abzeichen auf der Brust hat eine lang ausgezogene helle Schnauze, 10 cm lange Sichelkrallen und wiegt ungefähr 90 kg. Der Lippenbär verzehrt Früchte, Insekten und Honig, aber auch Termiten, deren Baue er mit seinen kräftigen Krallen aufreißt.

Wenn man sich lange genug in Chitwan aufhält, kann man noch manche anderen Bewohner dieses tierreichen Schutzgebiets entdecken – Rothunde, kleine Katzen, Mungos, Flughörnchen, Stachelschweine,

Folgende Seite: Dieser Tigerpython (Python molurus) verschlingt einen Schweinshirsch, der vermutlich in das feuchte Revier der Schlange eingedrungen war, um zu trinken. Der Python stürzt sich blitzschnell auf seine Beute und packt sie mit seinen langen, spitzen Zähnen. Dann umschlingt er sein Opfer und erdrosselt es, oder er bringt dessen Blutgefäße zum Platzen. Nach einer solchen Mahlzeit kann die Schlange wochenlang fasten.

Die asiatischen Tropenwälder sind die Heimat verschiedener Nashornvogelgattungen (Bucerotidae), die allesamt einen mächtigen Schnabel besitzen und sich von Früchten und Nüssen ernähren. Das nasale Trompeten des Doppelhornvogels (Buceros bicornis), oben, gehört zu den vertrautesten Geräuschen des asiatischen Waldes.

Viele räuberisch lebende Waldtiere, so auch dieser Baumschnüffler (Ahaetulla nasuta), rechts, aus Südindien, stellen wichtige Glieder in der Nahrungskette des Waldes dar. Die Beutetiere, denen die Schlange im Geäst auflauert, ernähren sich ihrerseits meist von Pflanzen.

Krokodile, Warane, Tigerpythons *(Python molurus),* Königskobras *(Naja hannah)* sowie mehr als 300 verschiedene Vogelarten. Jedem Besucher prägen sich bestimmte Eindrücke unauslöschlich ein; unser stärkster Eindruck war das klagende Geheul der Schakale im nächtlichen Salwald.

Indiens bedrohte Tierwelt

Die gewaltigen Bevölkerungsmassen des indischen Subkontinents und die ständige Vergrößerung der landwirtschaftlich genutzten Fläche haben zur Folge gehabt, daß sich der Waldbestand um 75% verringerte und die Zahl der wildlebenden Tiere in erschreckendem Maße abnimmt. Obwohl noch eine erstaunliche Vielfalt an Ökosystemen erhalten geblieben ist – Regenwälder, Wüsten und Mangrovenwälder –, gehört der einstige Wildreichtum der Vergangenheit an. Nur noch einige wenige Löwen *(Panthera leo)* haben im Gir-Wald von Gujarat überlebt. Die vielköpfigen Rudel des Barasingahirsches *(Cervus duvauceli),* der dem europäischen Rothirsch sehr ähnlich sieht, sind verschwunden.

Wo sich die Tropenwälder noch verhältnismäßig ungestört entfalten können, erreichen manche Bäume eine Höhe von fast 50 m und sind gekrönt von schirmförmigen Wipfeln. Da der Unterwuchs spärlich ist, gleichen diese Wälder fast ihren Pendants in Afrika und im südamerikanischen Amazonasbecken. Andere Waldgebiete erstrecken sich zwischen feuchten und trockenen Klimazonen. In ihnen treffen wir noch eine Vielzahl von Wildtieren an, zum Beispiel kleine Gruppen von Hirschziegenantilopen *(Antilope cervicapra),* Nilgauantilopen *(Boselaphus tragocameus)* und verschiedene Nashornvogelarten *(Bucerotidae).* Diese mächtigen Vögel, die bis zu 1,20 m lang werden, fliegen in Scharen und mit lautem Geschrei von Baum zu Baum auf der Suche nach Früchten. Manche stoßen durchdringende Rufe aus, die wie Gelächter klingen, andere sind so groß, daß ihre schweren Flügelschläge an eine fauchende Dampfmaschine erinnern.

Nashornvögel nisten in Baumhöhlen, doch ihr Brutverhalten unterscheidet sich erheblich von dem anderer Höhlenbrüter. Sobald das Weibchen das Nest bezogen und seine Eier abgelegt hat, verschließt das Männchen die Höhle bis auf eine kleine Öffnung mit Lehm. Das brütende Weibchen bleibt in diesem natürlichen Gefängnis so lange eingemauert, bis die Jungen geschlüpft und herangewachsen sind. Das Männchen muß während dieser Zeit für das Futter sorgen. Dann reißt es die Mauer ein und befreit das Weibchen und die Jungen. So kurios dieses Verhalten auf den ersten Blick erscheinen mag, bei den zahlreichen Gefahren, die dem Weibchen, das sich während dieser Zeit noch mausert, und dem Gelege im Urwald ständig drohen, ist es als höchst sinnvoll nur zu bewundern.

Affen und Tiger im Schnee

Durchquert man den asiatischen Kontinent in nördlicher Richtung, so nehmen die Wälder ständig ab. Erst im hohen Norden erstreckt sich wieder eine große zusammenhängende Waldlandschaft, die sibirische Taiga, in der die Birken- und Espenbestände nach und nach von den widerstandsfähigeren Fichten, Kiefern, Lärchen und Tannen abgelöst werden. Hier haben viele faszinierende Tiere überdauert. Die nördlichste Affenart, der japanische Rotgesichtmakak *(Macaca fuscata),* hat sich der Kälte völlig angepaßt. Dennoch ist es ein befremdlicher Anblick, wenn man die Affen durch den tiefen Schnee ziehen sieht.

Die mehr südlich gelegenen Wälder des Fernen Ostens stehen noch unter dem Einfluß des weit ausgreifenden Monsuns. Nadelbäume beleben die Landschaft, doch Birken, Ahorne, Ulmen und Linden herrschen vor. Noch weiter südlich wachsen kleinere Baumarten, die typisch sind für den Laubwald der Nordhalbkugel: Hainbuche, Weißdorn und Esche. Die Herbstfärbung dieser Waldlandschaft ist sehr eindrucksvoll. Hier leben Hirsche, aber auch Tiger, die einer anderen Unterart angehören. Dieser langhaarige Tiger *(Panthera tigris longipilis)*, der mit tiefem Schnee zurechtkommen muß, wird größer als seine tropischen und subtropischen Verwandten und ist viel seltener; die sowjetische Regierung schätzt den Bestand nur noch auf 125 Exemplare.

Diese temperierten Wälder erstreckten sich einstmals viel weiter südlich bis nach China hinein, doch das ist längst vorbei. Einige größere Eichenbestände haben sich zwar erhalten, aber die Wälder des chinesischen Binnenlands und die dort heimischen Wildtiere sind im Laufe der jahrhundertelangen Urbarmachung und der Besiedlung weitgehend verschwunden. Nur im Süden, wo die Tropen beginnen, weisen die Wälder wieder eine gewisse Üppigkeit auf, bevor sie in die indisch-malaysische Region übergehen.

Die Wälder des tropischen Asien

Die Äquatorialwälder Südostasiens, Afrikas und Südamerikas ähneln einander sehr, und sie können insgesamt gesehen als »typischer Regenwald« bezeichnet werden. Doch die Pflanzen- und Tierarten in diesen drei Weltteilen unterscheiden sich bei genauerer Betrachtung erheblich voneinander; nur wenige Gattungen kommen überall vor, und viele Arten sind endemisch. Auf dieser unterschiedlichen Entwicklung der Fauna und Flora beruht die eigentliche Faszination der Regenwaldregionen der Erde.

Nur auf den Philippinen lebt zum Beispiel der vom Aussterben bedrohte Affenadler *(Pithecophaga jefferyi)*, der heute auf die Insel Mindoro beschränkt ist, wo lediglich etwa 40 Brutpaare überdauert haben. Dieser gewaltige Greifvogel mit den flaggenartigen Kopffedern haust in den Kronen der riesigen Kapokbäume *(Ceiba pentandra)*, die in einem der unzugänglichsten Regenwälder Asiens auf entlegenen Berghängen stehen. Er ernährt sich nicht ausschließlich von Affen, sondern jagt auch Vögel, Haustiere und andere Tiere, die in sein Revier geraten. Die größte Sorge bereitet seine geringe Vermehrung: Affenadler ziehen im allgemeinen jährlich nur einen einzigen Nachkommen groß.

Die Vegetation dieser Wälder ist ebenso üppig wie abwechslungsreich: Flügelfruchtgewächse *(Dipterocarpaceae)*, darunter die bis zu 60 m hohen Riesensalbäume, Gewürznelkenbäume *(Eugenia)*, Feigen *(Ficus)*, Alpenrosen *(Rhododendron)* und Heidelbeeren *(Vaccinium)* sind hier jeweils in mehreren Arten vertreten. Diese Flora, die die verschiedenen Etagen vom Waldboden bis zum Kronendach ausfüllt und in der eine Pflanze auf der anderen wächst, ist eine der vielfältigsten Pflanzengesellschaften der Erde. Hier finden sich Kletterpalmen, Schilfpalmen, Heidekraut, Epiphyten, Bambusdickichte, riesige Ingwergewächse und sogar vereinzelte Kiefern.

Die größte Pflanzenfamilie ist die der Orchideen; im indochinesischen Regenwald kommen allein rund 5000 Arten vor. Nicht alle haben große leuchtende Blüten; manche sind düster gefärbt und unscheinbar. Aus der Umgebung menschlicher Siedlungen sind die herrlichen Blumen längst verschwunden, weil ihnen Orchideenjäger seit Generationen nachstellen. Auf Java und den Sundainseln gibt es jedoch noch

In riesigen Mengen und außerordentlicher Mannigfaltigkeit haben sich die wirbellosen Tiere in den gleichbleibend feuchtwarmen Lebensräumen der Tropen entwickelt. Wenn man von überlangen Dürreperioden einmal absieht, kennen die meisten tropischen Insekten keine Ruhephase in ihrem Lebenszyklus. Sie sind vielmehr das ganze Jahr über aktiv, und die Generationen folgen unmittelbar aufeinander.

Der Mondspinner (Actias sp.), oben, des südostasiatischen Regenwaldes sammelt Nektar und bestäubt dabei gleichzeitig die Blüten. Die Buckelzirpe (Emphusis bakeri), Mitte links, von Mindanao repräsentiert eine große Insektenfamilie, in der das Pronotum, die Rückenpartie der Vorderbrust, besonders auffällig entwickelt ist. Der Atlasspinner (Attacus atlas), Mitte rechts, der hier im malaysischen Urwald seiner Puppenhülle entsteigt, ist einer der größten Schmetterlinge der Welt. Die Evolution hat die Schmetterlingsraupe unten (Cethosia sp.), in den Wäldern Thailands zum Schutz gegen Freßfeinde mit Giftstacheln ausgerüstet.

Die Gibbons, die es an Geschicklichkeit und Behendigkeit mit allen anderen Säugetieren aufnehmen, verbringen ihr Leben größtenteils auf den Bäumen, wo sie sich mit eleganten Bewegungen, die man als Hangeln bezeichnet, durchs Geäst schwingen. Das geht so schnell, daß man meint, die Tiere flögen dahin. Der Weißhandgibbon oder Lar (Hylobates lar), oben, aus der Gegend von Singapur besitzt die stark verlängerten Arme und die hakenförmigen Hände, die für alle Gibbons charakteristisch sind. Auf der folgenden Seite ein männlicher Weißhandgibbon in Malaysia. Gibbons leben gewöhnlich in Familienverbänden, die sich aus einem Männchen, ein oder zwei Weibchen und den dazugehörigen Jungtieren zusammensetzen.

immer Bäume, die übersät sind mit weißen Dendrobiumblüten, einer typischen asiatischen Orchideengattung. In Nordbengalen und Assam sind die Tiefland- und Bergwälder ebenfalls noch reich an Orchideen. Eine der begehrtesten ist die seltene Wohlriechende Luftwurzelorchis *(Aerides odoratum),* die einen schwachen honigähnlichen Duft verströmt.

Auf der Grundlage dieser üppigen Vegetation hat sich in den Primärwäldern eine reiche Wildtierfauna entfalten können. Bei einem Streifzug durch einen solchen Wald kann man dreimal so viele tierische Lebensformen beobachten wie in den Wäldern der warm-gemäßigten Zone. Wer die Augen offenhält, entdeckt Dutzende von Schlangen- und Echsenarten und zahllose verschiedene Insekten. Könnte man hier mehrere Jahre zubringen, würde man womöglich heute noch ebenso viele Vogel- und andere Tierarten registrieren wie der englische Naturforscher Alfred Russell Wallace in den Jahren zwischen 1854 und 1862.

Man hätte allerdings erhebliche Schwierigkeiten, gewisse Säugetiere wiederzufinden, weil sie nahezu ausgerottet sind. Im Udjung-Kulon-Naturschutzgebiet auf Java könnte man – sofern man eine Besuchserlaubnis erhält – einen Blick auf eines der extrem seltenen Java-Nashörner *(Rhinoceros sondaicus)* werfen, von denen es heute nur noch ungefähr zwei Dutzend Exemplare gibt.

Sehr viel häufiger sind die baumbewohnenden Säuger, die Hörnchen und Affen, zum Beispiel die Gibbons *(Hylobatidae),* jene schwanzlosen, akrobatischen Primaten mit den stark verlängerten Armen und Händen. Dank ihren kräftigen Vordergliedmaßen und ihrer Gewandtheit sind sie die flinksten Primaten überhaupt. Wie im Fluge schnellen sie sich durch das Geäst des Waldes. Von langen, schwankenden Lianen aus schwingen sie sich in die Luft, legen in einem Satz bis zu 12 m zurück und erhaschen dabei sogar fliegende Vögel. Bei Sonnenaufgang erfüllen sie den dichten diesigen Wald mit ihrem machtvollen, lang andauernden Gesang, der ihnen den Namen »Brüllaffen der Alten Welt« eingetragen hat.

Ein lautverstärkender Kehlsack befähigt die Männchen zu diesen widerhallenden Tonfolgen, die alle anderen Urwaldgeräusche übertönen. Dabei handelt es sich freilich weder um einen Lobgesang an die aufgehende Sonne noch um fröhliche Weckrufe; mit ihren Lautäußerungen markieren die Gibbons vielmehr ihr Territorium, bevor sie sich auf die Suche nach Nahrung machen, die aus Blättern, Früchten, Knospen, Ameisen, Schnecken und allen möglichen anderen Gaben des Waldes besteht.

Die bedrohte Welt des Orang-Utans

Die in zwei Formen auf Borneo und Sumatra heimischen Orang-Utans *(Pongo pygmaeus)* haben sich von allen großen Menschenaffen am stärksten an das Baumleben angepaßt. Weil sich ihre Stammesgeschichte auf den Bäumen abspielte und weil sie sich so häufig von Ast zu Ast schwingen oder an Stämmen festhalten müssen, haben ihre Arme eine Spannweite von etwa 2,25 m und sind kräftiger entwickelt als die ihrer nächsten Verwandten. Auf ihren Wanderzügen verspeisen die Orang-Utans Rinde und vermoderndes Holz, Pilze und Früchte, Insekten und Echsen, Blätter und junge Triebe und hin und wieder auch ein paar Vogeleier, wenn sie zufällig ein Nest finden. Um nach Nahrung und Feinden Ausschau zu halten, klettern sie oft in hohe Baumkronen, auf Bergrücken oder Felsen. Auch ihre Schlafnester legen sie hoch in den Bäumen an, obwohl sie dort oben dem Wind und der Kälte stärker ausgesetzt sind.

Der Orang-Utan (Pongo pygmaeus), ein
großer baumbewohnender
Menschenaffe, bewegt sich mit seinen
Armen, die kräftiger ausgebildet sind als
die der übrigen Menschenaffen,
erstaunlich schnell von Baum zu Baum.
Zum Schlafen baut er sich jeden Abend
in einem Baum eine Plattform aus
Zweigen und Lianen. Auf dem Foto oben
schwingen Orang-Utans an Lianen durch
den Wald. Weil sie eine
abwechslungsreiche Pflanzenkost
brauchen, schweifen sie im Urwald
nahrungsuchend weit umher. Rechts eine
Orangmutter mit ihrem Kind auf
Sumatra. Junge Orang-Utans werden
drei bis vier Jahre lang gesäugt, und in
dieser Zeit kann das Muttertier nicht von
neuem trächtig werden.

Doch die Unbilden des Wetters sind nicht die eigentlichen Gefahren, die den Fortbestand der Art bedrohen. Beängstigend ist die geringe Vermehrungsrate dieser Tiere: Die Weibchen säugen ihr Junges vier Jahre lang, und während dieser Zeit werden keine weiteren Kinder geboren. Die weiblichen Tiere erreichen zwar ein Alter von 30 Jahren und bringen noch zwei oder drei Nachkommen zur Welt, aber das ist zuwenig in einer so gefährdeten Umwelt.

Gegenwärtig leben nur noch wenige Tausend Orang-Utans. Obgleich die malaysische Regierung die Jagd untersagt hat, konnte den Wilderern nicht das Handwerk gelegt werden, und die Tiere werden zunehmend in entlegenere Gebiete und auf die Berge zurückgedrängt. Sie können jedoch nicht höher als 2000 m emporsteigen, weil die dort herrschende Kälte bzw. der unzureichende natürliche Wärmeschutz der Tiere schwere Erkältungen oder Schlimmeres zur Folge hat.

Seit Jahren bemüht sich Barbara Harrison, die lange unter Orangs gelebt und ihre Lebensgewohnheiten erforscht hat, verwaiste Jungtiere auf ein Leben in freier Wildbahn vorzubereiten und wieder auszusetzen. Doch angesichts der geringen Zahl der überlebenden Orang-Utans ist der Fortbestand der Art fraglich

Schwingen über dem Wald

Da die Fledermäuse in ungezählten Millionen vor allem die Wälder der Erde bevölkern, üben sie einen beträchtlichen Einfluß auf den Lebensraum Wald aus, zumal in den Tropen, wo sie am zahlreichsten vertreten sind. Manche leben von Früchten und verteilen die Samen durch ihre Ausscheidungen. Andere sammeln Nektar und Pollen und bestäuben somit die Blüten, nicht anders als die Bienen und einige Vogelarten. Etwa 20 Baum- und Strauchgattungen, darunter Wollbaumgewächse und der afrikanische Baobab, sind bei ihrer Bestäubung ganz oder teilweise auf Fledertiere angewiesen. Wieder andere Fledermausarten erbeuten Fische und Kleinsäuger. Doch der bei weitem wichtigste ökologische Beitrag dieser Tiere besteht darin, daß sie ein Überhandnehmen der Insekten verhindern. 70% aller Fledermäuse ernähren sich hauptsächlich von Insekten, von Käfern, Fliegen, Ameisen und nahezu allen flugfähigen Wirbellosen.

Es ist verständlich, daß die Menschen früherer Jahrhunderte die Fledertiere für fliegende, flatternde Mäuse oder Hunde hielten. Doch die Tiere haben mit Mäusen oder Hunden nicht das geringste zu tun; sie bilden eine eigene uralte Säugetierordnung, die als einzige über Flügel und eine Echopeilanlage verfügt, die es den Tieren ermöglicht, sich in dunklen Höhlen oder Wäldern zu orientieren. Mit Hilfe dieses Sonarsystems, das mit Ultraschallwellen arbeitet, orten sie auch Insekten und andere Nahrung. Fledermausflügel, die die gleichen, allerdings stark verlängerten Knochen aufweisen wie eine Menschenhand, können gewaltige Dimensionen annehmen. Der in Indonesien beheimatete Schwarze Flughund *(Pteropus niger)* hat eine Spannweite von fast 2 m, und der Neuguinea-Flughund *(P. neohibernicus)* kann sogar noch größer werden.

In den Wäldern Malaysias allein leben an die 150 Fledermausarten, von den winzigen Langflügelglattnasen *(Miniopterus)* bis zu den großen Flughunden oder -füchsen. Manche Arten haben ein weites Verbreitungsgebiet, das selbst über Wüsten und Meere hinwegreicht; die Kleine Hufeisennase *(Rhinolophus hipposideros)* gehört einer Gattung an, die in der gesamten Alten Welt vorkommt. Einige Großohrenfledermäuse *(Macroderma* und *Megaderma),* die man gerne als »falsche Vampire« bezeichnet, sind hingegen auf das tropische Asien beschränkt. Sie saugen zwar kein Blut wie die echten Vampire Südamerikas, aber sie sind ausgesprochene Fleischfresser und ernähren sich von Insekten und kleinen Wirbeltieren, etwa Fröschen und Mäusen. Diese Fledermäuse können wie Greifvögel auf dem Boden landen und schleppen ihre Beute weg, oft zu einem Lieblingsplatz auf einem Baum, unter dem sich im Laufe der Zeit ein ganzer Knochenhaufen ansammelt.

Sehr viele Fledertiere der Tropen ernähren sich von Früchten und haben sich an ihre vegetarische Lebensweise vorzüglich angepaßt. Die Früchte werden im Maul aufgebrochen und die Samen, Schalen und Faserstoffe zu einem Kügelchen zusammengepreßt und ausgespien. Auf dem Gaumen sitzt eine Reihe von scharfen Querrillen, die das Zerkleinern und Aufbereiten der Früchte erleichtern. Die lange Zunge der pollenfressenden Arten ist manchmal mit Haarbüscheln oder Barteln besetzt; wenn sie tief in eine Blüte hineingesteckt wird, kann sie große Mengen Pollen oder Nektar aufnehmen.

Viele Fledermausarten können in ein und demselben Gebiet zusammen leben, weil sie ihre Nahrung in verschiedenen Bereichen des Kronendaches finden. Der Brillenflughund (Pteropus conspicillatus), oben, ist ein Fruchtfresser.
Der malayische Kurznasen-Flughund (Cynopterus brachyotis), unten, und der Javanische Flughund (folgende Seite) sind zwei weitere Vertreter der Familie Pteropidae. Der Gaumen dieser Fledertiere ist mit scharfkantigen Querrillen besetzt, die das Zerkleinern der Früchte erleichtern.

Nächstfolgende Seiten: Flughunde hängen in Ruhestellung in den Bäumen, wie hier auf Ceylon. Da die echten Flughunde nicht echopeilen, müssen sie sich auf ihre Augen verlassen, und sie leben deshalb auf Bäumen und nicht in dunklen Höhlen.

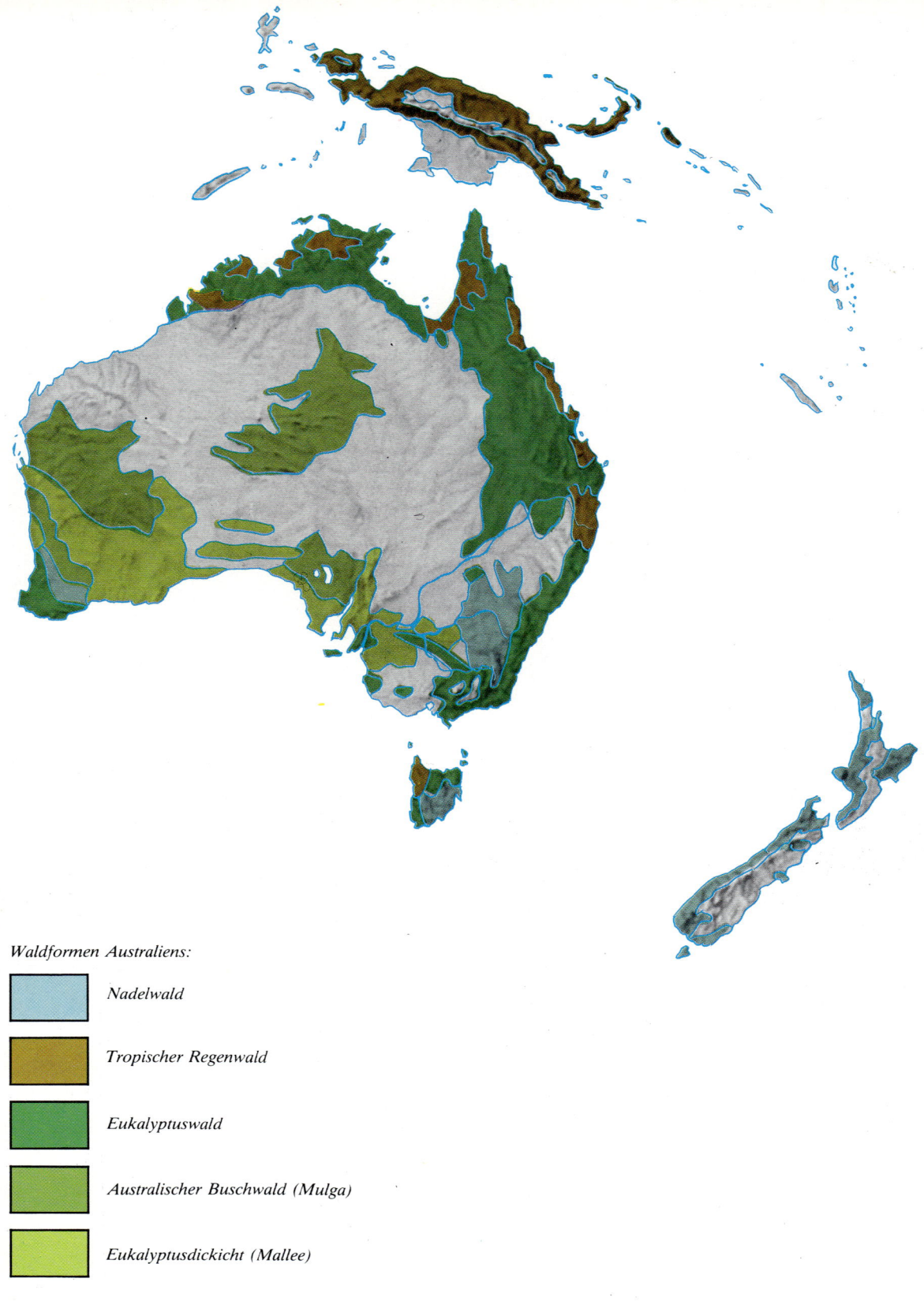

Waldformen Australiens:

	Nadelwald
	Tropischer Regenwald
	Eukalyptuswald
	Australischer Buschwald (Mulga)
	Eukalyptusdickicht (Mallee)

Australien und der Südpazifik

Die Hauptmerkmale der australischen Landschaft sind weite Wüstenregionen, baumlose Ebenen und grelles Sonnenlicht. Nur fünf Prozent des Kontinents sind von »richtigen« Bäumen bestanden; und weniger als 40 Prozent könnte man als Waldland im weiteren Sinne bezeichnen – kaum genug, sollte man meinen, für eine reiche Vogelfauna. Eukalyptusdickichte, auch »Mallees« genannt, gedeihen auf den alkalischen Böden am Rande der Wüstenzonen. Dahinter erstrecken sich halbtrockene Wälder, vermischt mit savannenähnlichen Wiesen und Grasland – die häufigste Vegetationsform Australiens. Und in einigen Gegenden, vor allem längs der Ostküste, trifft man auch Regenwälder an.

Die bekanntesten australischen Bäume sind in der Blütezeit ein ungewöhnlich prächtiger Anblick, so etwa der leuchtendrot blühende »Weihnachtsbaum« *(Ceratopetalum gummiferum)*, der Riesensilberbaum *(Banksia attenuata)*, dessen gelbe Blütenähren über 30 cm lang werden, verschiedene Akazienarten, insbesondere die Goldakazie *(Acacia pycnantha)*, die zum Wahrzeichen Australiens geworden ist, und der Flaschenbaum *(Brachychiton acerifolium)*, der bis zu einer Höhe von 40 m in eine Wolke von herrlichen scharlachroten Blüten gehüllt ist.

Keine Baumgattung ist in Australien stärker vertreten und charakteristischer für das Land als die Eukalyptusbäume, die etwa 600 Arten und Kreuzungen umfassen und bis zu 95% des Waldes ausmachen. Sie haben sich an extrem feuchtes und trockenes, heißes und kaltes Klima und an fruchtbare und unfruchtbare Böden gleichermaßen angepaßt. Der größte Baum der Erde, der bis 150 m hohe Rieseneukalyptus *(Eucalyptus regnans)*, ist im südlichen Bundesstaat Victoria und auf Tasmanien beheimatet. Viele andere Eukalyptusarten erreichen eine Höhe von mehr als 45 m und einen Umfang von über 20 m. Die meisten Arten beschränken sich auf kleinere Gebiete. Nur eine, der Red-River-Gummibaum *(Eucalyptus camaldulensis)*, hat ein weites Verbreitungsgebiet; er ist in halb Australien anzutreffen.

Hin und wieder sind andere Baumarten in die dominierenden Eukalyptusbestände eingesprengt, beispielsweise Buchs *(Tristania)*, Akazien *(Acacia)*, Keulen- oder Känguruhbäume *(Casuarina)*, Sandarakzypressen *(Callitris)*, Araukarien *(Araucaria)* und Südbuchen *(Nothofagus)*.

In diesen Wäldern und über den gesamten Kontinent verteilt leben ungefähr 700 Vogelarten. Die größten sind der Emu *(Dromaius novaehollandiae)*, ein 2 m hoher, dreizehiger Laufvogel der Buschsteppen, und der ihm nahestehende Helmkasuar *(Casuarius casuarius)*, der in dichten Regenwäldern lebt. Kasuare wiegen etwa 85 kg und ernähren sich von abgefallenen Früchten und Kleintieren. Trotz ihrer massigen Gestalt bekommt man diese unscheinbar dunkel gefärbten Vögel nur selten zu sehen; viel auffälliger sind die zahllosen kleineren Vögel mit ihrem bunten Gefieder.

Folgende Seiten: Allfarbloris (Trichoglossus haematodus) – die Aufnahme stammt aus dem Corrumbin-Schutzgebiet in Queensland – sind schnellfliegende baumbewohnende Papageien, die auf der Suche nach blühenden Bäumen und Sträuchern die küstennahen Tieflandwälder durchstreifen. Sie ernähren sich von Nektar, den sie mit ihrer spezialisierten Pinselzunge aufsaugen. Noch zahlreiche andere Papageienarten mit prächtig gefärbtem Federkleid sind in Australien zu Hause.

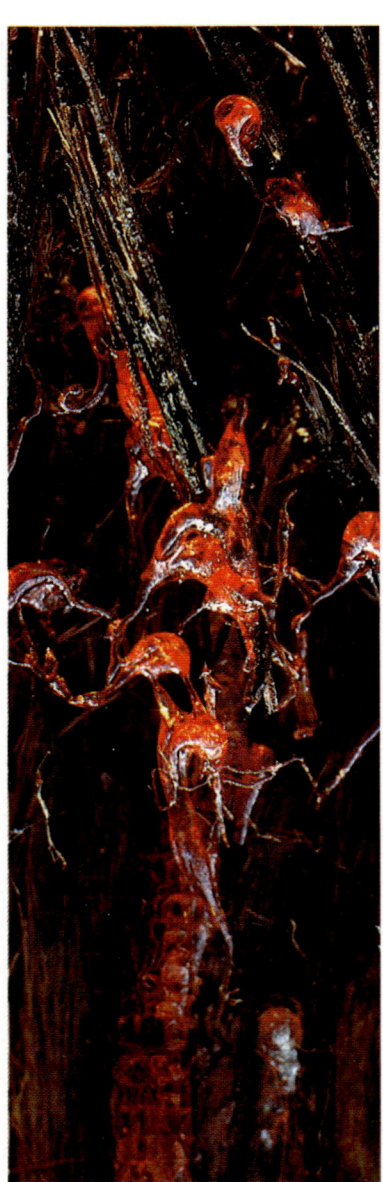

Dieser Eukalyptusbaum (E. muelleriana) am Wingat Inlet im Bundesstaat Victoria hat eine faserige Rinde, die sich in langen, breiten Streifen abschält.

Wir hatten kaum erwartet, auf der Snowy Range in Höhen von 2000 m Papageien anzutreffen, doch während wir zwischen den Schneegummibäumen *(Eucalyptus pauciflora)* des Kosciusko-Nationalparks im Südosten Australiens umherstreiften, erblickten wir häufig Scharen von karminroten Pennantsittichen *(Platycercus elegans),* die über die schneebedeckten Wiesen dahinflogen. In tieferen und wärmeren Lagen haben sich Papageien in einer ungewöhnlichen Formen- und Farbenvielfalt entwickelt. Eine Gruppe, die Loris, besitzt eine hochspezialisierte pinselförmige Zunge, mit der sie Nektar aufnimmt; Loris heißen deshalb auch Pinselzüngler. Wegen ihrer Ernährungsweise halten sie sich fast ständig auf Bäumen auf, insbesondere auf den üppig blühenden Bäumen der Küstenniederungen Ostaustraliens, Neuguineas und Indonesiens. Einer der prächtigsten Loris, der Allfarblori *(Trichoglossus haematodus),* hat einen blauen Kopf, eine hellgrüne Oberseite und einen ebensolchen Schwanz, einen korallenroten Schnabel und eine orangerote Brust.

Die Kakadus, die eine eigene Unterfamilie bilden, verbringen mehr Zeit auf dem Boden als die Loris. Sie haben große Federhauben und meist kurze, fast quadratische Schwänze. Der Braunkopfkakadu *(Calyptorhynchus lathami)* ernährt sich fast ausschließlich von den Samen der Keulenbäume. Als schönster aller Kakadus gilt der etwa 40 cm große Inka-Kakadu *(Cacatua leadbeateri),* der zum oberseits schneeweißen und unterseits rosigen Gefieder eine herrliche quergestreifte Haube trägt. Aus Australien stammen schließlich auch so beliebte Stubenvögel wie der Wellensittich *(Melopsittacus undulatus),* der Nymphensittich *(Nymphicus hollandicus),* der Königssittich *(Alisterus scapularis)* und der Singsittich *(Psephotus haematonotus).* Neben den zahlreichen Papageien, die am meisten ins Auge fallen, besitzt Australien noch eine Fülle anderer prachtvoller Vogelarten: Eisvögel, Roller, Bienenfresser, Finken, Trupiale, Pittas, um nur einige wenige zu nennen.

Der Leierschwanz im Sherbrook Forest

Auf der Suche nach den Leierschwänzen, die zu den eigenartigsten Vögeln Australiens zählen, stiegen wir in eine Schlucht des unweit von Melbourne gelegenen Sherbrook Forest hinab. Es war, als drängen wir in eine Höhle ein. Dunkelheit hüllte uns ein. Riesenbaumfarne, die in Stufen übereinander wuchsen und deren Wedel sich so dicht ineinanderschoben, daß die Sonne kaum noch durchkam, erhoben sich über uns. Wir bahnten uns mühsam einen Weg durch den Unterwuchs und stolperten über schräge Baumstämme, die wir in der Dunkelheit nicht bemerkten. Eine Zeitlang war alles still; kein Lebewesen war zu sehen oder zu hören. Da erfüllte ein durchdringender Schrei die Schlucht, gleich darauf ein zweiter und ein dritter, und wir wußten, daß wir gefunden hatten, was wir suchten.

Zuerst ließ ein Rieseneisvogel oder Lachender Hans seine laute Stimme erschallen, darauf folgten in schneller Folge die Rufe eines Rabenkakadus, einer Flötenkrähe, eines Peitschenvogels, einer Drossel, eines Fächerschwanzes, eines Rotbrüstchens, eines Honigfressers, einer Elster und eines Laubenvogels, und darein mischten sich allerlei Geräusche, die wie Husten, Schnaufen, Schneuzen und Pfeifen klangen. Sollten Dutzende verschiedener Vögel in dieser Schlucht leben? Nein, nur einer: ein Prachtleierschwanz *(Menura novaehollandiae = superba),* der größte Stimmenimitator in der Vogelwelt. Wäre nicht der Leierschwanzexperte Dr. L. H. Smith bei uns gewesen, wir hätten niemals geglaubt, daß ein einziger Vogel so viele unterschiedliche Töne von sich geben könnte.

1 △

2 △

3 △

4 △   7 ▽

5 △

6 △

Mit rund 600 Arten und Hybriden sind die Eukalyptusbäume die beherrschende Baumgattung Australiens, die in allen Lebensräumen vertreten ist, abgesehen von den trockensten Wüsten im Inneren des Kontinents und den dichtesten tropischen Regenwäldern. Die Eukalyptusblüten sind in Australien die wichtigsten Honiglieferanten.

1. Eucalyptus exima, Neusüdwales
2. Zwerggummibaum (E. tetraptera), Neusüdwales
3. Sumpf-Kinogummibaum (E. ptychocarpa), Nordterritorium
4. E. albens, Neusüdwales

5. Glockenfrucht-Zwerggummibaum (E. preissiana), Sterlinggebirge in Westaustralien
6. Darwin-Gummibaum (E. miniata)
7. Schneegummibaum (E. niphophila) im Kosciusko National Park in Neusüdwales; wächst in höheren Lagen als alle anderen australischen Bäume und ist deshalb oft verkrüppelt.

Als wir den Vogel endlich sahen, war es ein eher unansehnlich grau-braun gefärbter Hahn von etwa 1 m Länge, der auf einem Erdhügel in einer kleinen Waldlichtung stand. An solchen Stellen führen die polygamen Vögel ihre Balztänze auf, die sie mit ihrem lautstarken Gesang begleiten. Smith, der regelrecht mit Leierschwänzen zusammengelebt hat, beschreibt dieses Schauspiel so: »Plötzlich ertönen surrende, klikkende Laute – das ist das Vorspiel der Balz. Gleich darauf stülpt der Vogel seinen langen Schwanz nach vorne über seinen Kopf, und der Körper verschwindet unter einem Baldachin aus silbrig schimmernden Federstrahlen.

Der Anblick verschlägt einem den Atem; man will es kaum glauben, daß sich der unscheinbare bräunlich-graue Vogel in ein solches Prachtgebilde aus schwingenden filigranartigen Federn verwandeln kann. Man sieht keinen Körper mehr, sondern hört nur noch eine Stimme, die gleichsam in ein Silbergewand gekleidet ist.«

Smith berichtet, er habe einmal einen Leierschwanz beobachtet, der 27 verschiedene Laute nachahmte, unter anderem Vögel, Koalas und Eisenbahnzüge. Kein Wunder, daß australische Naturfreunde den Leierschwanz als den »König der Spottvögel« bezeichnen.

Eines der eindrucksvollsten Schauspiele
in der Vogelwelt ist das Balzspiel des
männlichen Prachtleierschwanzes
(Menura novaehollandiae), der mit
seinem unscheinbar gefärbten Weibchen
in den Bergwäldern und farnbestandenen
Schluchten Südostaustraliens lebt. Im
Sherbrook Forest in Neusüdwales stülpt
sich der Leierschwanzhahn das Geflecht
seiner Schwanzfedern über den Kopf, so
daß sie vor ihm niederhängen (oben).
Bevor der Hahn sein Schwanzgefieder
aufrichtet und ausbreitet, stimmt er auf
einem Erdhügel sein Balzlied an, in das
er eine erstaunliche Vielzahl von fremden
Vogellauten einfügt (links).

Die meisten waldbewohnenden
Beuteltiere sind sehr scheu und führen ein
heimliches Leben in den Bäumen; viele
sind zudem nachtaktiv, so daß selbst
Menschen, die ganz in ihrer Nähe
wohnen, die Tiere nur selten zu Gesicht
bekommen.

Der Riesenflugbeutler (Schoinobates
volans), oben, ist ein Nachttier, das im
Gleitflug Strecken von 110 m zwischen
zwei Bäumen zurücklegen kann. Mit
einer Gesamtlänge von 90 cm ist er der
größte Gleitbeutler Australiens.

Die Baumkänguruhs (Dendrolagus),
rechts, haben sich im Laufe ihrer
Entwicklung an das Leben im dichten
Blätterdach des Regenwaldes angepaßt.
Scharfe Krallen, Sohlenpolster und
verlängerte Vordergliedmaßen
ermöglichen ihnen Sprünge von Ast zu
Ast.

Beuteltiere

Die australischen Wälder sind die Heimat zahlreicher Beuteltierarten. Das sind Angehörige einer altertümlichen Säugetierunterklasse, deren Junge in einem noch sehr unfertigen Zustand geboren und in einer Hauttasche (Beutel) am Bauch des Weibchens bis zum Selbständigwerden umhergetragen werden.

Die bekanntesten Beuteltiere sind die Känguruhs, bei denen wir 51 Arten und 93 Unterarten unterscheiden, von Ratten- bis Mannsgröße. Am ehesten vertraut sind uns das Graue Riesenkänguruh *(Macropus giganteus)*, das Rote Riesenkänguruh *(M. rufus)* und das Bergkänguruh *(M. robustus)*. In ihrer Fortbewegungsweise und ihrer vegetarischen Ernährung sind sie am besten an ein Leben im Gras- und Buschland oder in lichten Waldungen angepaßt. Die Baumkänguruhs *(Dendrolagus)* leben hingegen im echten Wald, und zwar im nordwestlichen Queensland und auf Neuguinea. Sie wirken auffallend ungeschickt, obgleich bei ihnen Arme und Hände kräftiger ausgebildet sind als bei den übrigen Känguruhs. Ihre bedächtigen Bewegungen lassen darauf schließen, daß sie niemals von Raubfeinden auf den Bäumen umhergehetzt worden sind und daß sie es deshalb nicht nötig hatten, eine besondere Behendigkeit zu entwickeln.

Zu den interessantesten Vertretern der überaus formenreichen Beuteltierfauna zählen die winzigen Rüsselbeutler und Schlafmausbeutler, die mittelgroßen Kuskus und die noch größeren Wombats, die immerhin 35 kg wiegen. Mit ihren langen Krallen, die zum Graben unterirdischer Gänge dienen, sehen die Wombats aus wie überdimensionale Maulwürfe. Diese Gänge können über 30 m lang sein und führen zu einer mit Blättern und Rinde ausgepolsterten Wohnkammer. Obwohl die Tiere hin und wieder gern ein Sonnenbad nehmen, sind sie vorwiegend während der Nacht tätig. Mit ihren ständig nachwachsenden Schneidezähnen kappen sie Grashalme, Wurzeln und Pilze, die ihre Hauptnahrung bilden. Viele andere Beuteltiere sind ebenfalls nachtaktiv, so daß menschliche Beobachter sie nur selten zu Gesicht bekommen. Dennoch werden sie stark bejagt, und viele Arten sind heute vom Aussterben bedroht.

Gleitflieger in der Nacht

Im Verlauf der Evolution haben sich die Lebensformen unaufhörlich vervollkommnet oder zumindest gewandelt, um sich den jeweiligen Umweltbedingungen anzupassen. Für die Tiere des dichten Waldes, zum Beispiel die Gibbons und viele andere Affen, ist die rasche Fortbewegung von Baum zu Baum spielend leicht. Doch in den australischen Wäldern stehen die Bäume nicht immer dicht beieinander; wenn aber ein Tier zuerst zum Boden hinabsteigen muß, um den nächsten Baum zu erreichen, ist die Gefahr, einem Raubfeind zum Opfer zu fallen, erheblich größer. Manche Beuteltiere haben dieses Problem durch eine sinnreiche Vorrichtung gelöst – eine Flug- oder vielmehr Gleithaut an den Körperseiten. Wenn diese Häute ausgespannt werden, bilden sie gleichsam einen »fliegenden Teppich«, der es den Tieren ermöglicht, von einem Ast zum anderen zu segeln, nicht anders als die Flughörnchen anderer Kontinente.

Die mausgroßen Zwerggleitbeutler *(Acrobates pygmaeus)* können nur kurze Strecken »fliegen«, vielleicht einen Meter weit. Die Riesenflugbeutler *(Schoinobates volans)*, deren Rumpf bis 45 cm mißt, legen dagegen Entfernungen von mehr als 100 m zurück, wobei ihnen der lange buschige Schwanz als Steuerruder dient. Manchmal werden diese Gleitflüge von lauten gurgelnden Rufen begleitet, vor allem

Das Beutelflughörnchen (Petaurus norfolcensis), oben, füllt in Australien eine ökologische Nische aus, die auf anderen Kontinenten von den Eichhörnchen eingenommen wird. Da die zierlichen Tiere, die sich gleitfliegend von Ast zu Ast bewegen, nie auf den Boden herabkommen, sind sie vor Feinden weitgehend sicher.
Der Fuchskusu (Trichosurus vulpecula), unten, ein weitverbreiteter, nächtlich lebender Kletterbeutler, ernährt sich nicht nur von den zarten Blättern der Urwaldbäume, sondern geht sogar in den Vorstadtgärten auf Nahrungssuche.

während der Fortpflanzungszeit. Der Grund dieser Lautäußerungen ist noch nicht völlig klar; möglicherweise handelt es sich um Stimmfühlungslaute, mit denen das Einzeltier den Kontakt zu seiner Gruppe aufrechterhält.

Bemerkenswert an diesen Flugübungen ist die Tatsache, daß sie vorwiegend bei Nacht stattfinden. Dank ihren großen lichtsammelnden Augen gelingt es den Tieren, Zusammenstöße zu vermeiden. Innerhalb der Gruppe der 6 baumlebenden Kletterbeutlerarten, zu denen auch diese Gleitbeutler gehören, hat sich durch starke Spezialisierung noch eine andere wichtige Anpassung entwickelt, und zwar in Form eines mehr oder weniger getrennten Nahrungserwerbs: Die Zwerggleitbeutler ernähren sich von Insekten und Blüten, die mittelgroßen Gleiter von Pflanzenteilen, Mäusen und Insekten, und die großen Tiere leben fast ausschließlich vegetarisch.

Die Koalas – Gefangene des Eukalyptus

Die Koalas *(Phascolarctos cinereus)* wären beinahe vom Erdboden verschwunden, nachdem man Anfang unseres Jahrhunderts die Tiere in großer Zahl wegen ihres weichen Felles jagte. Diese plumpen Beuteltiere haben es selbst unter natürlichen Bedingungen nicht leicht, und ihr Leben ist alles andere als idyllisch. Wenige Säuger sind so sehr wie sie von Bäumen abhängig, und zwar von ganz bestimmten Bäumen, denn nur ein knappes Dutzend der über 500 australischen Eukalyptusarten liefert ihnen ihre Nahrung in Form von Blättern. Da die Tiere genügend Feuchtigkeit mit den Blättern aufnehmen, brauchen sie nicht zu trinken; deshalb wurden sie von den Ureinwohnern »kulah« genannt, was soviel wie »nicht trinken« bedeutet. Sie haben keine natürlichen Feinde, und sie brauchen weder zu kämpfen noch sich schnell fortzubewegen. Sie waren somit eine leichte Beute für die Menschen, die sie töteten und die Felle nach Übersee exportierten. Doch auch ohne menschliche Übergriffe machten Lungenentzündungen und andere Krankheiten, Dürreperioden und die nach Australien verpflanzten Füchse den Koalas schon genug zu schaffen. Und als langsame Baumbewohner waren sie überdies Waldbränden hilflos ausgeliefert; niemand kann sagen, wie viele Tausende Tiere elend verbrannt sind.

Im Jahre 1908 verbot der Bundesstaat Victoria die Jagd auf Koalas und stellte die Überreste ihres angestammten Lebensraums im Wilson's Promontory National Park unter Schutz. Im Rahmen eines Koala-Entwicklungsprogramms wurden Tiere, die in besonderen Reservaten aufwuchsen, in Gebieten ausgesetzt, wo sie bereits ausgestorben waren. Heute sind Koalas in allen australischen Staaten geschützt. So konnte in letzter Minute der Untergang eines Tieres abgewendet werden, das in der gesamten Welt wegen seines drolligen Aussehens überaus populär ist.

Neuseeland, das Land des Kiwis

Neuseeland besitzt, im krassen Gegensatz zu Australien, praktisch keine einheimische Säugetierfauna, hat dafür aber besonders eindrucksvolle und abwechslungsreiche Landschaftsformen, zumal auf der Nordinsel: tätige Vulkane, schneebedeckte Gipfel, heiße Quellen, Seen, dampfende Geysire, feuchte Wiesen, Gebirgsbäche und dichte Wälder. Einzelheiten der Landschaft, Tiere und Pflanzen tragen vielfach noch immer die Namen, die ihnen die polynesischen Eingeborenen, die Maoris, gegeben haben. Das gilt auch für die Bäume, etwa für

die Kahikatea *(Podocarpus dacrydoides)*, eine Steineibe, deren Samen von den Maoris gegessen wurde, die Tawa *(Beilschmiedia tawa)*, ein weidenähnlicher Baum mit schlanken Ästen und anmutigen Blättern, oder die Totara *(Podocarpus totara)*, eine andere Steineibenart, aus der die Eingeborenen ihre Kriegskanus herstellten. Die riesige Kaurifichte *(Agathis australis)*, der Patriarch unter den neuseeländischen Bäumen, beherrschte ursprünglich große Teile der Nordinsel, wo sie in dem feucht-milden Klima prächtig gedieh. Sie erreicht eine Höhe von 50 m und ein Alter von 4000 Jahren.

Die Urwälder Neuseelands sind Regenwälder gemäßigter Breiten. Farnbäume ragen 8 m hoch. Leuchtend blühende Rata-Schlingpflanzen winden sich durch den Unterwuchs und klettern zum Kronendach empor, in dem das Rot oder Weiß ihrer zarten Blüten aufblitzt. Auch eine andere Liane, die Busch-Clematis oder Puashanganga, strebt mit ihren kräftigen Ranken nach oben. Die gelben Blüten der Kowhai-Sträucher *(Sophora microphylla)* beleben die Schatten. Manche Urwälder sind von Südbuchen *(Nothofagus fusca* und *N. menziesii)* und anderen Baumarten durchsetzt, während die nordamerikanische Drehkiefer *(Pinus contorta)* die grasbewachsenen unteren Hänge erobert. Stellenweise haben sich noch Reste der Küstenregenwälder erhalten, in denen die fleischfressende Riesenlandschnecke *Paryphanta hochstetteri* heimisch ist. Von den Höhen schweift der Blick über ausgedehnte Bergwälder und dicht bewaldete Täler. Im berühmten, großenteils gebirgigen und vergletscherten Mount Cook National Park findet man waldbestandene Bergkämme und feuchte Matten. Im Westland National Park, der sich auf der anderen Seite des Gebirgszuges anschließt, geht auf den üppigen Regenwald, der die steilen Hänge überzieht, manchmal in 24 Stunden eine Niederschlagsmenge von 25 cm nieder. Hier wächst einer der eindrucksvollsten Blütenbäume, der Südliche Eisenholzbaum *(Metrosideros umbellata)*. Im Südwesten der Südinsel herrscht Buchenmischwald vor, doch das feuchte Klima hat hier daneben eine reiche Vegetation entstehen lassen, die sich teilweise an die Steilklippen der Fjorde anklammern muß.

Waldpapageien, unter anderem Keas *(Nestor notabilis)* und Kakas *(N. meridionalis)*, sind in diesen Wäldern zu Hause, ferner Rosellasittiche und Kakadus, die aus Australien herübergekommen sind. Andere Vögel, die man in Neuseeland eingebürgert hat, sind zu einer Plage geworden, so die Kalifornische Schopfwachtel *(Lophortyx californicus)*, die Saatkrähe *(Corvus frugilegus)*, der Hirtenstar *(Acridotheres tristis)* und der Stieglitz *(Carduelis carduelis)*.

Großer Beliebtheit erfreuen sich dagegen die Kiwis, zumal der weitverbreitete Gewöhnliche Kiwi *(Apteryx australis);* er ist das Wappentier des Landes, und die Neuseeländer bezeichnen sich umgangssprachlich selber oft als »Kiwis«. Dieser seltsame langschnäblige, schwanzlose und flugunfähige Vogel, der 85 cm lang und 35 cm hoch werden kann, besiedelt bewaldete Gebiete bis in Höhen von mehr als 600 m. Den Tag verbringt er in Erdhöhlen inmitten dichter Vegetation, doch am Abend wird er munter und sucht nach abgefallenen Früchten, Insekten, Larven und Würmern, wobei er seinen langen Schnabel oft tief in den weichen Bodengrund stößt.

Der Eulenpapagei oder Kakapo *(Stringops habroptilus)* – Kakapo bedeutet in der Maorisprache »grüner Papagei« – kann nur noch gleiten, aber nicht mehr richtig fliegen. Das genügt dem Vogel vollkommen, denn er steigt in der Nacht auf Bäume, um nach Früchten, Nektar und anderer Nahrung zu suchen, und gleitet anschließend oft fast 30 m weit zum Erdboden hinab. Der sehr selten gewordene Kakapo wurde durch die Zerstörung seines Lebensraums und durch Hauskatzen und Hausschweine in ein letztes Rückzugsgebiet im Fjordland National Park an der Südwestspitze der Südinsel zurückgedrängt.

Flugunfähig ist auch die etwa hühnergroße Wekaralle *(Gallirallus australis)*, ein seltsamer allesfressender Vogel, der sehr schnell laufen und schwimmen kann und bei Einbruch der Nacht im trockenen Buschland oder am Waldrand auf Nahrungssuche geht. Eine andere flugunfähige Ralle, die Takahe *(Notornis mantelli)*, wurde 1948 nach intensiver Suche wiederentdeckt, nachdem man sie bereits für ausgestorben gehalten hatte, und sie bewohnt heute in einem kleinen Bestand das Murchison- und Keplergebirge. Dieser große Bodenvogel mit seinem irisierenden blauen, grünen und scharlachroten Federkleid ist zum Symbol geworden für die vom Untergang bedrohte Vogelwelt Neuseelands.

Die Inseln des Südpazifiks

Sie sehen alle fast gleich aus, wenn man sich ihnen mit dem Schiff nähert. Kokospalmen *(Cocos nucifera)*, vielleicht auch Schraubenpalmen *(Pandanus)* säumen die Strände. Doch wenn man, wie wir, von Neuseeland bis Tahiti über die südpazifischen Inseln hinwegfliegt, werden Unterschiede sichtbar. Als erstes überflogen wir den Gipfel des 3764 m hohen Mount Cook, von dem aus ganz Neuseeland wie eine stark zerklüftete, von Schnee und Eis bedeckte Gebirgslandschaft wirkt. Dann die grasbewachsenen Gipfel der Fidschiinsel Viti Levu, wo die Wälder in steile Schluchten eingekeilt zu sein scheinen oder sich über die Vorberge bis zu den Korallenriffen der Küste hinziehen. Dann durch die schweren Wolken über der Insel Tutuila im amerikanisch verwalteten Teil Samoas, wo dichte, dunkle Wälder jeden Vulkangipfel und jede Erdspalte bis hinunter zur Lavaküste dicht bedecken – kein Wunder, denn auf dem mit Recht so genannten »Regenmacher-Berg« geht alljährlich eine Niederschlagsmenge von über 500 cm nieder! Die Lava zerbröckelt und zerfällt unter dieser Wasserflut, und die Vegetation ist hier von verschwenderischer Fülle. Dann weiter zu den Gesellschaftsinseln – Huahine, Raiatea, Moorea, Bora-Bora und Tahiti – mit ihren hochragenden Bergen und ihrem sattgrünen tropischen Waldteppich.

Die tropischen Wälder sind stark gemischt und weisen geographische Besonderheiten auf. Tropischer Regenwald erstreckt sich von Neuguinea zu den melanesischen Archipelen der Salomonen, der Neuen Hebriden und der Fidschiinseln und von dort weiter nach Osten bis Samoa, Tonga und Polynesien. Das Klima wird immer trockener, je weiter man nach Osten vordringt, so trocken, daß man die Osterinsel als einen Vorposten der Steppe bezeichnen kann.

In feuchten und geschützten Regionen gedeihen typische Regenwälder mit abgestuftem Baumbestand, mit einer mittleren Etage aus Epiphyten, Saprophyten (Moderpflanzen) und Lianen und einer Bodenschicht, in der Pilze und Bakterien leben und Termiten das abgestorbene Holz wiederaufbereiten. Die Pflanzen scheinen einander zu erdrosseln. Fledermäuse und insektenfressende Vögel huschen durch die domähnlichen Hallen dieses Waldes.

Hier leben manche Schlangen, deren Biß für den Menschen tödlich ist, allen voran die Todesotter *(Acanthophis antarcticus)* und der Taipan *(Oxyuranus scutellatus)*. Häufiger begegnet man jedoch harmlosen Reptilien, etwa Geckos, kleinen nachtaktiven Echsen, die sich auf Insektenfang spezialisiert haben.

Vorhergehende Seite: Der Helmkasuar (Casuarius casuarius), oben, ein 1,50 m hoher Laufvogel des dichten Regenwaldes, kommt nur an der Nordostküste Australiens und auf Neuguinea vor, wo er sich hauptsächlich von Beeren und Palmensamen ernährt. Der auf der Nordinsel von Neuseeland beheimatete Gewöhnliche Kiwi (Apteryx australis), Mitte, ist ein scheuer nachtaktiver Waldbewohner und ein typischer Vertreter der flugunfähigen Vögel, die sich in der Isolation Neuseelands entwickelt haben. Die Kronentaube (Goura cristata), unten, die im westlichen Neuguinea und auf den benachbarten Inseln anzutreffen ist, ist die größte Taubenart der Welt. Sie lebt von Beeren, Früchten und Samen.

Neuguinea ist die Heimat von 40 Vogelarten, deren prachtvolles Gefieder und bizarres Balzverhalten in der Vogelwelt nicht ihresgleichen haben. Raggis Großer Paradiesvogel (Paradisaea raggiana), oben und folgende Seiten, stellt wie die anderen Mitglieder seiner Familie seine herrlichen Schmuckfedern zur Schau, um das weit unscheinbarere Weibchen anzulocken.

Waldformen Afrikas:

Bergwald

Laubwald

Tropischer Regenwald

Mediterraner Buschwald

Afrika – Wälder voller Leben

Afrika gilt als der von düsteren Geheimnissen überschattete »Dunkle Kontinent«, doch zugleich ist er durchflutet von Licht und Farbe und erfüllt von überquellendem Leben. Dies ist nur scheinbar ein Widerspruch, denn es gibt nicht nur *ein* Afrika, sondern deren viele. Hier finden sich Wüsten und Gebirgsgletscher, gewundene Flußläufe und endlose Steppen, dichte, fast undurchdringliche Wälder, Inseln und Küsten. Überall ist Afrika ein Kontinent der Gegensätze.

Tropische Regenwälder gedeihen nur in einem vergleichsweise kleinen Teil des afrikanischen Festlandes, hauptsächlich im Kongobecken und am Golf von Guinea. Im Norden, Süden und Osten dieser Region gehen die Wälder in lichte Savannen, Baum- und Buschsteppen oder vegetationsarme Trockengebiete über. Die Bergwälder sind längst nicht so ausgedehnt wie in anderen Erdteilen; sie kommen vor allem in Südafrika, in Kenia und Tansania sowie im äthiopischen Hochland vor. Die mediterrane Strauchvegetation, die sich in einem mehr oder weniger breiten Streifen am Nordrand des Kontinents hinzieht, vervollständigt unsere Aufzählung der verstreuten Waldgebiete Afrikas.

Afrika ist gleichzeitig übermäßig feucht und knochentrocken, und die weitverbreitete Vorstellung, Urwälder und Dschungel seien typisch für diesen Kontinent, ist völlig abwegig. Afrika besteht zum größten Teil aus offenem, sonnenhellem und trockenem Gelände, und es ist der einzige Erdteil, der nördlich und südlich des Äquators große Wüstengebiete aufzuweisen hat. Bäume säumen vor allem die Flüsse (etwa im Sudan und Senegal), doch im übrigen findet man nur isoliert wachsende Wüstensträucher oder einzelne Euphorbien und Akazien, die mit Dornen übersät sind. Die Gattung *Acacia*, die zu den Mimosengewächsen gehört, umfaßt ungefähr 750 Arten, die weltweit verbreitet sind. Die afrikanischen Formen, die sich an regenarme Regionen und teilweise sogar an alkalische Böden hervorragend angepaßt haben, sind wichtige Schatten- und Nahrungsspender für Wild- und Haustiere.

Diese Vegetation, weite Sanddünenflächen, Trockenbecken und kahle Gebirgszüge prägen das Bild der afrikanischen Landschaft. Es ist eine ungewöhnlich faszinierende Landschaft, die einen starken Kontrast bildet zu den feuchten Ökosystemen Zentral- und Westafrikas. Nur in diesem Gebiet fällt sehr viel Regen; die Niederschläge, die sich manchmal über alle Monate verteilen, erreichen eine jährliche Mindesthöhe von 120 cm. Unter solchen Bedingungen vollzieht sich der Kreislauf des Lebens in geordneten Bahnen, ohne verheerende sechsmonatige Dürre und danach folgende sechsmonatige Regenzeit, wie man sie in anderen Tropenwäldern, zum Beispiel in Mittelamerika, antrifft.

Wie bereits der Name sagt, wird der Regenwald kräftig von Regengüssen durchtränkt, die am Tage und/oder in der Nacht auf ihn niedergehen. Das Geräusch eines solchen Regens ist fast ohrenbetäubend, und

Folgende Seiten: In einem Regenwald oberhalb der Victoria-Fälle in Rhodesien kauert eine Familie der Grünen Meerkatze (Cercopithecus aethiops) durchnäßt und schutzsuchend beieinander. Diese Meerkatzen sind die häufigsten Affen in den bewaldeten Regionen Afrikas. Sie ziehen meist in Trupps von 10–30 Tieren umher, die von einem alten Männchen angeführt werden. Wenn sie sich bedroht fühlen, rütteln sie an dichtbelaubten Zweigen, hinter denen sie Schutz zu suchen scheinen. Sie schlafen auf Bäumen und ernähren sich von Früchten, Beeren, Trieben, Samen und allerlei Kleingetier.

die gewaltigen Wassermassen, die so oft und so regelmäßig niederprasseln, waschen viele lebenswichtige Nährstoffe aus dem Boden aus. Dennoch entfaltet sich eine mächtige Vegetation, die allerdings nicht ganz so dicht ist, wie man vermuten könnte. Wir haben jedenfalls die Erfahrung gemacht, daß manche Nadelwälder der gemäßigten Zone schwieriger zu durchqueren sind als bestimmte Regenwälder. In den Tropen ist man von riesigen Baumstämmen umgeben, deren Blätterdach nur wenig Sonnenlicht durchläßt. Die Wachstumsdichte ist in den oberen Etagen größer als auf dem Boden, der oft nur spärlich mit Strauchwerk und Unterholz bestanden ist.

Ausnahmen bilden lichtere Stellen, etwa an Flußläufen, die mehr Sonnenlicht erhalten. Die Bäume und die Kräuter, Moose, Farne, Kletterpflanzen und Epiphyten, die dort wachsen, sind tropfnaß und in Dunst gehüllt. Doch zuweilen macht der Regenwald auch einen recht trockenen Eindruck, wohl deshalb, weil das Wasser so rasch abfließt und die Sonne nach dem Regen intensiv herniederbrennt.

In der Hitze, Feuchtigkeit und stabilen Umwelt der schattigen äquatorialen Wälder gedeihen Bäume wie der Afrikanische Mahagonibaum *(Khaya ivorensis),* der 50 m hoch wird und an der Basis einen Umfang von 6 m hat. Bei einem Streifzug durch diesen dichten Wald verwirrt die Vielzahl der Pflanzenarten, und es fällt schwer, die Frage nach den ökologischen Zusammenhängen zu beantworten: Was wo wächst und welche Beziehungen zwischen einer einzelnen Pflanze und ihren Nachbarn, dem Boden, der Luftfeuchtigkeit, der Sonneneinstrahlung (falls vorhanden) und dem tierischen Leben bestehen. Man erblickt die typischen Mahagonibäume, deren Wipfel hoch in das Blätterdach emporragen und sich unseren Augen entziehen, Ebenholzbäume *(Diospyros ebenum)* mit glänzend schwarzem Kernholz, Ölpalmen *(Elaeis guineensis),* die ihre gefiederten Blätter ausbreiten, Veilchen, die aus dem modernden Humus des Waldbodens hervorsprießen, weiße Zimmerkallas *(Zantedeschia aethiopica),* die mit ihrem trichterförmigen Hüllblatt des Blütenstandes Insekten zur Bestäubung anlocken, und stark duftende, weißblühende Kranzschlingen *(Stephanotis),* Schwalbenwurzgewächse, die sich an den Stämmen emporranken. Und man sieht Insekten und Vögel, etwa Schwarzkehlhoniganzeiger *(Indicator indicator),* auf der Suche nach Nektar in den dichtstehenden gelben Blüten der Paradiesvogelblume *(Strelitzia reginae).*

Ein Tag im Leben der Schimpansen

Die Schimpansen *(Pan troglodytes)* sind zu Hause in diesem Gewirr von Ästen und Lianen, in dem sie sich mühelos fortbewegen. Sie sind für dieses Leben geschaffen: Mit ihren Armen, die länger sind als die Beine, schwingen sie sich behende von Ast zu Ast; und die Hände, die länger sind als die des Gorillas *(Gorilla gorilla),* umgreifen sicher das Geäst, und die langen, schlanken Füße mit der abspreizbaren großen Zehe verleihen den Tieren zusätzlichen Halt auf ihren Wanderungen durch das Blätterdach des Waldes.

Ihr Tag beginnt damit, daß sie im Morgengrauen nach einem Gähnen und Strecken aus ihrem Schlafnest hinuntersteigen, das sie auf einem Baum in 5 bis 15 m Höhe angelegt haben. Nachdem sie das Gestrüpp nach Beeren, kleinen Säugern und Insekten abgesucht haben, klettern sie wieder in die Wipfel, um sich an Blattknospen und Früchten gütlich zu tun. Die zwar vorwiegend vegetarisch lebenden Schimpansen verzehren nahezu alles, was sich ihnen darbietet. Sie brauchen kaum zu trinken, da ihre Nahrung sehr viel Wasser enthält. Man sollte annehmen, daß die Tiere, wenn sie sich am Morgen ein paar Minuten lang den Magen mit den reichlich vorhandenen Früchten und anderen

Schimpansen (Pan troglodytes), die menschenähnlichsten aller Menschenaffen, sind vor allem im tropischen Regenwald zu Hause, wo ihnen ganzjährig reichlich Nahrung in Form von Früchten, Blättern, Blüten, Knospen und Stengeln zur Verfügung steht. Oben: Ein Schimpanse balanciert auf einem Ast im Regenwald von Zaïre.

Schimpansen verfügen über eine reiche Mimik und können in ihrem Gesicht Angst, Wut oder Zufriedenheit ausdrücken. Im tansanischen Gombe-Nationalpark wird ein Schimpansenkind von seiner Mutter gesäugt (oben). In den ersten zwei oder drei Lebensjahren verbringen die jungen Schimpansen die meiste Zeit bei ihrer Mutter, oder sie tollen mit ihren Altersgenossen umher (links).

Der größte Menschenaffe, der Gorilla (Gorilla gorilla), bestreitet seinen Lebensunterhalt mit mehr als hundert verschiedenen Pflanzenarten und streift deshalb auf der Suche nach Nahrung in seinem Revier unaufhörlich umher. Weil der Nährwert der Pflanzenkost ziemlich gering ist, müssen die Tiere große Mengen zu sich nehmen. Oben hält ein noch nicht ausgewachsener Berggorilla hoch auf einem Baum seine Mahlzeit. Rechts ein Gorillaweibchen in Drohhaltung; wahrscheinlich will es sein Kind beschützen, das sich in der Nähe aufhält. Gorillas sind durchweg friedfertige und gesellige Tiere, die manchmal mit Schimpansen leben, die dasselbe Territorium bewohnen.

Pflanzenteilen vollgeschlagen haben, den ganzen Tag gesättigt seien. Doch Schimpansen verbringen täglich sechs bis acht Stunden mit der Nahrungsaufnahme, anscheinend weniger aus einem echten Bedürfnis als aus Abenteuerlust – und ein Abenteuer ist es für sie gewiß, wenn es zum Beispiel darum geht, unter aufgeregtem Gezeter einen Bienenstock zu plündern.

Begegnet später am Tage ein Schimpanse einem anderen, begrüßen die beiden einander und beginnen mit der gegenseitigen Körperpflege, bei der das Fell von Grassamen und Zecken befreit wird. Diese Tätigkeit wird unterbrochen durch aufgeregte laute Rufe, die aus einiger Entfernung herüberdringen und darauf hindeuten, daß andere Schimpansen einen Baum voller reifer Früchte entdeckt haben. Laufend und hangelnd streben die beiden eiligst dorthin und verbringen die Zeit bis zum Mittag mit Fressen.

Daran schließt sich eine mehrstündige Pause an, die der Ruhe und Körperpflege dient und die die Jungtiere zum Spielen nutzen. Auch jetzt müssen die Tiere auf der Hut vor Feinden sein, insbesondere vor Leoparden (*Panthera pardus*), die der Mittagsruhe und dem munteren Treiben der Jungen ein jähes Ende bereiten können. Am späten Nachmittag ziehen sie zum Trinken zu einem Wasserlauf, setzen hinüber und tollen zwischen den Bäumen umher, wobei ihr Mundwerk nie stillsteht. Es ist eine geräuschvolle Gesellschaft. Schimpansen verfügen über einen umfangreichen Schatz an Lautäußerungen, die Emotionen wie Angst, Wohlbehagen oder Schmerz ausdrücken. Hinzu kommt eine komplexe Körpersprache, die Gebärden, Berührungen, Posen und ein teilweise sehr menschlich wirkendes Mienenspiel umfaßt.

Schimpansen ziehen in lockeren Gruppen oder Horden umher, in denen gleichwohl eine gewisse Rangordnung zu erkennen ist. Ranghohe Männchen gebärden sich oft sehr wild. Sie trommeln auf Baumstämmen, schlagen sich auf die Brust und stampfen auf den Boden. Doch zum Kampf kommt es selten. Das recht verwickelte Sozialverhalten beruht offensichtlich auf einer matriarchalischen Grundstruktur, zumal auf der wichtigen Rolle, welche die Junge führenden Muttertiere spielen. Die Intelligenz der Schimpansen zeigt sich unter anderem darin, daß sie einfache Werkzeuge (Stöcke) benutzen, um Termiten aus ihren Nestern hervorzuholen.

Gorillas bewohnen die Waldregionen von den Niederungen am Golf von Guinea bis hinauf ins Bergland der Virunga-Vulkane im östlichen Zaïre. Sie führen ein friedliches Leben, das nach dem morgendlichen Aufstehen ausgefüllt ist mit Fressen, Ruhen und Umherziehen. Wie die Schimpansen bewegen sie sich meist auf allen vieren fort, doch im Unterschied zu diesen halten sich die Alttiere tagsüber fast ausschließlich am Boden auf. Als Vegetarier, die sich von allen möglichen Pflanzenteilen ernähren, haben sie sich an das unterschiedliche Vorkommen von Futterpflanzen hervorragend angepaßt. Doch trotz dieser Anpassungsfähigkeit brauchen sie wegen ihrer Körpergröße einen relativ großen Lebensraum im tropischen Wald.

Die verschwiegenen Okapis und Antilopen

Selbst wenn wir unser ganzes Leben im afrikanischen Tropenwald zubrächten, würden wir nur einen Teil des dramatischen Geschehens erleben, das sich dort abspielt: die lauten Rufe der Nashornvögel, das unruhige Flattern der Fledermäuse, die Fischadler, die in den Flüssen nach Beute tauchen, die gefürchteten Mambas und die giftigen Gabunvipern, sie alle bilden nur einen Ausschnitt aus der Fülle des Lebens in einem solchen Wald.

Viele Säugetiere der afrikanischen Wälder sind wegen ihrer scheuen, heimlichen Lebensweise und ihrer Schutzfärbung nur sehr schwer zu beobachten. Das Okapi (Okapia johnstoni), oben, lebt in einem kleinen Gebiet des äquatorialen Regenwaldes, das teilweise zum Ituri-Urwald gehört. Okapis sind die nächsten lebenden Verwandten der Giraffen.

Der Bongo (Tragelaphus euryceros), oben Mitte – das abgebildete Tier lebt im Aberdare-Wald in Kenia –, ist eine Antilope, die in Afrika weiter verbreitet ist als das Okapi. Er bewohnt dichte, feuchte Wälder mit starkem Unterwuchs. Trotz ihrer Größe bewegen sich die Bongos behende und geräuschlos durch das Urwalddickicht. Beide Geschlechter tragen Hörner, mit deren Hilfe sie junge Bäume ausgraben, um an die begehrten Wurzeln heranzukommen.

Während die Schimpansen den Wald mit ihrem Lärm erfüllen und dem Beobachter dadurch ihren genauen Standort verraten, geben andere Säugetiere kaum einen Laut von sich und verziehen sich so geräuschlos ins Dickicht, daß wir ihre Existenz nur zu erahnen vermögen. Wenn wir uns allerdings so lautlos fortbewegen könnten wie ein Okapi (Okapia johnstoni), würden wir vielleicht einmal dieser scheuen Waldgiraffe begegnen. Das Okapi trägt quergestreifte »Hosen« und im übrigen ein einheitlich braunes oder dunkelbraunes Fell, das sich vom schattigen Hintergrund kaum abhebt. Das fast 2 m hohe und ungefähr 250 kg schwere Tier hat sich dank seiner Tarnkleidung und seiner einzelgängerischen, heimlichen Lebensweise der Entdeckung durch den Menschen bis ins 20. Jahrhundert entzogen, und seine Lebensgewohnheiten sind noch immer nicht restlos erforscht. Es ernährt sich mit Vorliebe von jungen Trieben. Muttertiere verteidigen ihre Jungen sehr beherzt.

Etwas kleiner als das Okapi, aber ebenso selten zu beobachten ist der Bongo (Tragelaphus euryceros), ein hübscher gehörnter Paarhufer und eine der schönsten Antilopen überhaupt. Dieses einsam und zurückgezogen lebende Tier haust in dichten Wäldern von Westafrika

Der Name »Ducker« bezieht sich auf die geduckte Haltung, mit der diese kleinen Waldantilopen (Cephalophus), oben, bei einer Beunruhigung in die üppige Vegetation flüchten. Wegen ihrer Scheuheit, ihres dichtbewachsenen Lebensraums und ihrer vorwiegend nächtlichen Lebensweise bekommt der Mensch sie nur selten zu Gesicht.

Die Sumpfantilope (Tragelaphus spekei), links, auch Sumpfbock oder Sitatunga genannt, besitzt ein zottigeres Fell als die meisten anderen afrikanischen Antilopen. Man unterscheidet drei Unterarten, die getrennte Gebiete in Zentralafrika besiedeln. Ihr bevorzugter Lebensraum sind Sumpf- und Galeriewälder.

1 △

2 △

3 △

4 △

1. Ein westafrikanischer Mistkäfer (Allomyrna dichotoma), der von Kot und verwesenden Abfallstoffen lebt. Er formt seine Nahrung zu Kugeln, die er wegrollt oder als Aufzuchtfutter für seine Larven im Erdboden vergräbt.

2. Stephanorrhina guttata ist ein Blatthornkäfer der Familie Scarabaeidae, deren Angehörige meist sehr auffällig geformte Hörner tragen. Die hornigen Fortsätze an den verschiedenen Körperteilen dienen u. a. dem Eingraben und der Beförderung von Nahrung.

3. Ein mit langen Fühlern ausgerüsteter Käfer aus der Familie der Bockkäfer (Cerambycidae), deren Mitglieder sich von Pflanzenstoffen ernähren und zum großen Teil Holzschädlinge sind.

4. Der abgebildete Blattkäfer (Platypria sp.) aus Liberia ist ein typischer Vertreter dieser formenreichen und sehr anpassungsfähigen Insektenfamilie.

bis Kenia und Uganda, geht auch hoch in die Bergwälder und ernährt sich von Blättern, Früchten und Trieben.

Nur selten bekommt man im tropischen Regenwald die kleinen Dukker (Cephalophus) zu Gesicht, bei denen wir mehrere Arten unterscheiden, die allesamt nicht größer als 45 cm und nicht schwerer als 65 kg werden. Über ihr Freileben ist nur wenig bekannt; der Rotdukker (C. natalensis) klettert angeblich nach Ziegenart auf schrägstehende Bäume, um das Laub abzuäsen. Obwohl sich die Ducker hauptsächlich pflanzlich ernähren, fressen sie auch Termiten, und hin und wieder sollen sie sogar Vögel erbeuten. Doch die Geheimnisse dieser und anderer versteckt lebender Säuger des Regenwaldes sind noch längst nicht alle gelüftet – ein Beweis für den Reichtum und die Abgeschiedenheit der Ökosysteme des äquatorialen Waldgürtels.

Die vielgestaltige Welt der Käfer

Viele Insektenarten sind für Afrika ebenso charakteristisch wie der Schimpanse, und sie wirken auf den Fremden genauso exotisch wie manche der hier heimischen Baumarten, etwa der Affenbrotbaum. Obwohl die Insekten weniger ins Auge fallen als die großen Säuger und Vögel, sind sie von entscheidender Bedeutung für die Gesundheit und den Fortbestand eines Lebensraums.

Wenn wir uns bereits von der Verschiedenartigkeit der in Afrika lebenden Menschen beeindrucken lassen, sollten wir uns in Erinnerung rufen, daß alle Menschen dieser Erde nur einer einzigen Art angehören. Dann können wir vielleicht ermessen, was es bedeutet, daß bei einer Lebensform die Evolution weltweit mehr als 290 000 Arten hervorgebracht hat. Diesen Rekord halten die Käfer (Coleoptera), deren Größe zwischen dem Bruchteil eines Millimeters und 15 cm variiert. Eine solche Spezialisierung wird erst dann begreiflich, wenn wir die unzähligen ökologischen Nischen betrachten, die von Käfern besetzt wurden: In ihren Ernährungsgewohnheiten haben sich diese Insekten an nahezu alle Formen lebender oder toter organischer Materie angepaßt. Einerseits »säubern« sie die Umwelt, andererseits kontrollieren sie die Vermehrung anderer Insekten und verhindern somit eine Übervölkerung. Darüber hinaus dienen sie größeren Tieren, den Insektenfressern oder Insektivoren, als Nahrung. Sie verwandeln Holz in Staub, sie verstreuen Pollen und Samen, lichten den Baumbestand aus, reichern den Boden mit Nährstoffen an und erfüllen zahlreiche weitere wichtige Aufgaben, die dem Gedeihen des Waldes zugute kommen.

Der Mensch hat noch längst nicht alle Einzelheiten des Käferverhaltens erforscht, von denen uns manche geradezu unheimlich vorkommen. Bestimmte afrikanische Kurzflügelkäfer (Doryloxenus) bilden beispielsweise eine enge Lebensgemeinschaft mit Treiberameisen und nehmen an deren weiten Wanderzügen teil: Jeder Käfer klammert sich mit Beinen und Mundwerkzeugen an eine Ameise an und läßt sich von ihr mitschleppen.

Ein anderer Kurzflügler (Stenus) kann seine klebrige Unterlippe wie eine Chamäleonzunge vorschnellen, um seine Beute zu packen. Bei den Sandlaufkäfern (Familie Cicindelidae) besteht die Anpassung an eine räuberische Lebensweise in den kräftigen zangenförmigen Unterkiefern, den bedrohlich wirkenden Fühlern, den großen Augen, mit denen sie ihre Beute ausspähen, und in der Behendigkeit, mit der sie ihr Opfer verfolgen und überfallen. Je mehr wir darüber wissen, wie sich die Käfer in ihrem jeweiligen kleinen Waldbiotop verhalten, desto besser werden wir verstehen, warum die Evolution diese Tierordnung in so viele Arten aufgespalten hat.

Die Fangschrecken der Familie Mantidae gehen tagsüber auf die Jagd, wobei sie durch ihre Färbung und Gestalt sich entweder tarnen oder Beutetiere anlocken. Oben eine Fangschrecke in Abwehrhaltung in einem Wald in Zaïre. Man bezeichnet die Tiere oft als »Gottesanbeterinnen«, weil sie die zu Greiforganen umgebildeten Vorderbeine gleichsam zum Gebet erheben, wenn sie auf Beute lauern. Eine westafrikanische Fangschrecke (Pseudocreabotra ocellata), links, beim Beutefang. Fangschrecken fressen andere Insekten, Frösche, Eidechsen, Jungvögel – und auch einander.

Ameisen und Ameisenfresser

Das wohl schönste Beispiel einer Pflanzen-Säuger-Insekten-Anpassung stellen die marder- bis dachsgroßen Schuppentiere oder Pangoline *(Manis)* der Alten Welt dar. Manche Pangoline sind ausgesprochene Baumtiere und vorwiegend nachtaktiv; sie brauchen Bäume als ständigen Wohnsitz und baum- und bodenbewohnende Insekten – Termiten und Ameisen – als Nahrung. Diese merkwürdigen Säugetiere sind zur Abwehr von Ameisen- und sonstigen Insektenbissen mit Schuppen und schützenden Augenlidern bewaffnet und gleichen auf den ersten Blick einer Kreuzung zwischen Gürteltier und Ameisenbär. Sie haben einen langen Schwanz, eine langgestreckte schmale Schnauze, eine klebrige wurmförmige Zunge, und die einander überlappenden Hornschuppen bilden einen Panzer, wenn sich das Tier zu einer Kugel zusammenrollt. Dieser Panzer bietet allerdings keinen absoluten Schutz, denn er kann von größeren und stärkeren Räubern, etwa Leoparden, aufgebrochen werden.

Alle Schuppentiere sind Insektenfresser und tragen an den Vorderfüßen kräftige Krallen, mit denen sie Termiten- und Ameisenbaue aufreißen können. Da sie keine Zähne haben, wandern die 150–200 g Termiten, die sie pro Tag verspeisen, unzerkleinert in den Magen und müssen dort mechanisch zermahlen werden. Der Magen ist mit einer lamellenartigen Haut und zahnähnlichen Vorsprüngen ausgestattet, die diese Arbeit übernehmen, möglicherweise unterstützt durch einige Steine, die mit der Nahrung verschluckt werden. In schlechten Zeiten können Schuppentiere bis zu acht Wochen lang fasten, doch wenn ihre Fettreserven aufgezehrt sind, müssen sie sie entweder wiederauffüllen oder sterben.

Das Weißbauchschuppentier *(Manis tricuspis)* ist eine baumlebende nachtaktive Art des tropischen Regenwaldes von Sierra Leone bis zum ostafrikanischen Graben. In einigen Vorkommensgebieten, zum Beispiel in Sambia und im südlichen Zaïre, bewohnt es die Waldränder und auch die offene Savanne und ernährt sich lieber von Termiten als von Ameisen. Das Langschwanz- oder Schwarzbauchschuppentier *(M. tetradactyla)* hält sich ständig auf Bäumen auf, geht jedoch auch tagsüber auf Ameisenjagd. Das Riesenschuppentier *(M. gigantea),* das einschließlich Schwanz eine Länge von 1,70 m erreichen kann, ruht während des Tages in selbstgegrabenen Erdhöhlen und wandert in der Nacht weit umher auf der Suche nach Bodentermiten, deren Hügel es mit seinen starken Krallen aufbricht. Da Ameisen schon seit hundert Millionen Jahren die Erde bevölkern und wertvolle Proteinlieferanten sind, ist es nicht verwunderlich, daß sich so viele Säuger, Vögel, Reptilien und Insekten entwickelt haben, die den Ameisen nicht nur nachstellen, sondern regelrecht auf sie angewiesen sind.

Wir unterscheiden mehr als 9500 Ameisenarten, von denen einige hochspezialisiert sind. Das machen sich die Ameisenräuber zunutze, indem sie die Marschkolonnen der Insekten belagern oder deren Bauten, Kammern und Gänge aufreißen. Gewiß, Ameisen können stechen, aber Schutzvorrichtungen gegen Ameisenattacken haben sich bei vielen Räubern entwickelt, wie das Beispiel der Schuppentiere zeigt.

Und wenn ein Räuber den Geschmack einer bestimmten Ameisenart nicht mag, so ist es meist nicht weit bis zur Kolonie einer anderen Art. Manche Ameisen unternehmen Wanderungen, andere zerschneiden Blätter oder legen Pilzkulturen an. Wieder andere pulverisieren umgestürzte Stämme, abgefallene Äste und Baumstümpfe und tragen damit zur Wiederaufbereitung des Waldbodens bei. Einige führen ein räuberisches Leben: Sie greifen Insekten an, lähmen ihre Feinde durch Gift und halten Sklaven. Das Sozialverhalten der Ameisen ist ebenso

Vorhergehende Seite: Die Schuppentiere spielen in Afrika eine ähnliche Rolle wie die Ameisenbären in Südamerika. Hier klettert ein Langschwanzschuppentier (Manis tetradactyla) auf dem Mount Nimba in Liberia einen Baumstamm hinunter. Es benutzt seine scharfen Krallen, um Ameisen- und Termitenbaue aufzureißen.

Die Termiten, die in den Regenwäldern der ganzen Welt zu den häufigsten Insekten zählen, verarbeiten abgestorbenes Holz in großen Mengen und verhindern so, daß der Wald mit Abfallstoffen überfüllt wird. Die staatenbildenden Insekten bearbeiten außerdem den Boden, und sie dienen anderen Tieren als Nahrung. Am Manyara-See in Tansania treten geflügelte junge Männchen und Weibchen den Hochzeitsflug an und gründen neue Staaten. Beim Verlassen des Nests locken sie zahlreiche Freßfeinde an (oben). Ein Schnitt durch einen Termitenbau zeigt das komplizierte System von Gängen, Lüftungsschächten und Pilzgärten, die der Kolonie die Nahrung liefern. Arbeiter sorgen dafür, daß die Temperatur der Pilzkulturen konstant bleibt (oben Mitte).

phantastisch wie das der Bienen, und es ist fast unglaublich, mit welcher Präzision Tausende von Ameisen zusammenarbeiten, wenn es beispielsweise darum geht, die Königin des Staates zu betreuen und zu schützen.

Aus leicht verständlichen Gründen – Nahrungsreichtum, Wärme und Feuchtigkeit – finden sich die größten Ameisenkonzentrationen innerhalb oder in der Nähe der tropischen Regenwälder. Die Ameisenfauna dieser Regionen zeichnet sich durch eine große Artenvielfalt aus. Allein im Kongobecken hat man ungefähr 700 Arten nachgewiesen. Treiber- oder Wanderameisen der Unterfamilie *Dorylinae* und die Baumameisen *Oecophylla* und *Polyrhachis* sind typische Bewohner des afrikanischen Regenwaldes.

Eine ähnliche Funktion im Äquatorialwald haben die – mit den Ameisen nicht näher verwandten – Termiten, die man zuweilen fälschlich als »Weiße Ameisen« bezeichnet. Die meisten der 2000 Termitenarten leben in den Tropen. Sie stellen nicht nur eine lebenswichtige Nahrungsquelle für andere Tiere dar, sondern bieten ihnen mit ihren mächtigen Bauten auch Versteckmöglichkeiten und »Aussichtstürme«. Drei Millionen Termiten können in einem einzigen Nest zu-

Schon bald nach der Gründung eines neuen Staates beginnt die Termitenkönigin mit der Eiablage. Ihr Hinterleib schwillt dermaßen an, daß der viel kleinere König neben ihr winzig erscheint. Die beiden verbleiben in der gut geschützten und tief verborgenen »Königinkammer«, wie diese Aufnahme einer Königin und eines Königs von Macrotermes bellicosus in Ghana zeigt (ganz oben). Arbeitstermiten in einem Cubitermes-Nest tragen Eier in spezielle Brutkammern (Mitte). Ohne ein Puppenstadium durchzumachen, gehen die Larven unmittelbar aus den Eiern hervor und können sich später in Arbeiter, Soldaten oder Geschlechtstiere verwandeln. Links ein Cubitermes-Nest in Kamerun, das einem Pilz verblüffend ähnelt. Die Größe, die ein Termitenbau erreichen kann, hängt von der Nahrungs- und Wassermenge ab, die am jeweiligen Standort zur Verfügung steht.

sammenleben, doch das ist nur möglich dank einer bemerkenswerten sozialen Organisation und einer raffinierten »Klimaanlage« innerhalb der Kolonie. Manche Termitenbauten, etwa die der Unterfamilie *Macrotermitinae* in Afrika und Asien, sind so groß, daß sich auf ihnen eine reiche Vegetation ansiedeln kann. Bestimmte afrikanische Termitenhügel erreichen eine Höhe von etwa 6 m; sie bestehen aus »Lehm«, den die Tiere aus Speichel und teilweise verdautem Holz herstellen. Andere Nester werden auf Bäumen oder unterirdisch angelegt; die letzteren bilden ein Netz von Gängen und Galerien, die von einem Zentrum aus strahlenförmig nach allen Seiten verlaufen.

Beim Schwarmflug sind die Termiten den Nachstellungen von Vögeln, Säugetieren und Insekten ausgesetzt. Doch auch in ihrem Bau sind sie gefährdet. Neben den Schuppentieren haben sich noch andere Säuger auf Termitennahrung spezialisiert, und zwar durch eine stark verlängerte Schnauze, eine lange vorstreckbare Zunge bei rückgebildetem Gebiß, eine dicke Haut und kräftige Vordergliedmaßen mit starken Krallen. Ein gutes Beispiel für diese Anpassung ist das Erdferkel *(Orycteropus afer),* das seine klebrige Zunge 30 cm weit herausstrecken kann. Angeblich können Erdferkel sogar mit dem Gehör Termiten-Marschkolonnen orten.

Chamäleons – Meister des Farbwechsels

Ein anderes Tier mit langer, klebriger Zunge (die manchmal die Länge des Körpers erreicht) ist das Chamäleon, eine ungewöhnliche Echse, die in rund 86 Arten und mannigfaltigen Formen über Afrika, Südeuropa und Asien verbreitet ist. Sie hat sich durch eine Zehenstellung, die der von Primaten ein wenig ähnelt, ganz an das Baumleben angepaßt, doch sie lebt eher in den unteren Stockwerken der tropischen Wälder als in den höheren Regionen. Das Afrikanische Chamäleon *(Chamaeleo africanus)* bewohnt die »Taille« des afrikanischen Kontinents. Das westafrikanische Kammchamäleon *(Ch. cristatus)* hat einen hochstehenden Rückensaum, eine smaragdgrüne Grundfärbung und einen gelblich-roten Kehlfleck. Das im tropischen und südlichen Afrika beheimatete Lappenchamäleon *(Ch. dilepis)* ist ein recht aggressives Tier, das sich wie seine Verwandten vorwiegend von Insekten ernährt.

Die auffälligste Eigenschaft der Chamäleons ist ihre Fähigkeit, die Farbe zu wechseln: Sie ist grün vor einem Blätterhintergrund, verwandelt sich in ein Rindenmuster, wenn sich das Tier hinter einem Ast versteckt, und im Erregungszustand verfärbt sich der Körper schwarz und grün mit weißen und gelben Flecken. Jede Art verfügt nur über eine begrenzte Farbpalette, aber das Phänomen ist gleichwohl verblüffend. Es ist abhängig von der jeweiligen Stimmung des Tiers und von seiner Reaktion auf Temperatur- und Lichtreize; die Pigmentzellen in der Haut verändern je nach Situation ihre Farbe.

Doch ungeachtet dieses ungewöhnlichen Tarnvermögens sind die Chamäleons vor Freßfeinden keineswegs sicher. Wenn ein Chamäleon auf eine Boomslang *(Dispholidus typus)* trifft, eine 2 m lange geschmeidige Trugnatter, bläht es sich auf, zischt und nimmt eine Tüpfelfärbung an – doch ohne Erfolg.

Tiere der Nacht

Was geschieht, wenn sich die Vögel in der oberen, mittleren und unteren Etage des Waldes bei Einbruch der Nacht zur Ruhe begeben? Entsteht bis zur Morgendämmerung eine ungenutzte ökologische Ni-

Das Chamäleon erspäht und verfolgt seine Beute mit den Augen, die unabhängig voneinander bewegt werden können, und schießt dann das Opfer mit der langen Zunge ab. Die meisten tropischen Chamäleons halten sich eher im niedrigen Gebüsch als hoch oben in den Bäumen auf. Ein gehörntes Chamäleon (Chamaeleo sp.) aus Malawi verspeist ein soeben erbeutetes Insekt (links).

Das Lappenchamäleon (Chamaeleo dilepis), oben, das im tropischen und südlichen Afrika weit verbreitet ist, läßt seine lange Zunge hervorschnellen, an dessen keulenförmig verdickter Spitze das erbeutete Insekt kleben bleibt.

Das sogenannte Blattchamäleon (Chamaeleo sp.), links, im kenianischen Kakamega-Wald gleicht sich dem Laubwerk der Umgebung an, denn es kann seine Farbe wechseln, wenn sich die Beleuchtungsverhältnisse während des Tages ändern.

sche? Keineswegs. Denn jetzt kommen kleine Säugetiere zum Vorschein und machen sich über die gleiche Nahrung her, von der die Vögel tagsüber gezehrt haben. So eindrucksvoll auch die Berichte über beutehungrig umherschleichende Leoparden und andere dramatische Ereignisse im nächtlichen Wald sind, die erstaunliche Präzision, mit der sich die Tiere an die Umwelt anpaßten, offenbart sich besser in weniger spektakulären Vorgängen.

Während seiner neunjährigen Feldstudien an fünf Tierarten im westafrikanischen Äquatorialwald von Gabun hat der Forscher Pierre Charles-Dominique festgestellt, daß sich diese Tiere zwar sämtlich von Insekten, Früchten und Baumausscheidungen ernähren, daß aber die Nahrungsaufnahme in unterschiedlichen Mengen und in verschiedenen ökologischen Nischen erfolgt.

Der Potto *(Perodicticus potto)* und zwei Galago-Arten, der Urwaldgalago *(Galago demidovii)* und der Helle Kielnagelgalago *(G. elegantulus),* leben hoch oben im Laubdach des Waldes, während die beiden anderen Arten, der Buschwaldgalago *(G. alleni)* und der Bärenmaki *(Arctocebus calabarensis),* den Unterwuchs besiedeln. Außerdem ernähren sich die drei Arten in der oberen Etage von verschiedenem Futter: die eine von Insekten, die andere von Früchten und die dritte von Baumsäften. Die beiden tiefer wohnenden Tiere suchen ihre Nahrung, die vorwiegend aus Baumsäften bzw. Insekten besteht, in Bodennähe. Es ist, als paßten die Lebensbereiche der einzelnen Arten, die aneinanderstoßen, aber sich nicht überschneiden, wie Teile eines Puzzlespiels zusammen.

Charles-Dominiques Untersuchungen erhellen modellhaft die Beziehungen, die zwischen ähnlichen Tierarten im selben Lebensraum bestehen: »Nahrungsspezialisierung im Verein mit der räumlichen Verteilung innerhalb des Waldes und mit unterschiedlichen Körpergrößen gestattet es diesen fünf Halbaffenarten, ohne zwischenartlichen Wettbewerb nebeneinander zu existieren.«

Das heißt mit anderen Worten, daß jedes Tier seine naturgemäße Nische ausfüllt, ohne seine Nachbarn zu stören. Dies trifft selbstverständlich auch weitgehend auf die tagaktiven Arten zu, aber diese bemerkenswerte Untersuchung gewährt uns einen beispielhaften Einblick in die sehr praktische Weise, wie diese Tiere ihr Zusammenleben in der Dunkelheit geregelt haben.

Exotische Bäume

Jenseits der Regenwaldzone wachsen in Afrika einige besonders auffällige und ungewöhnliche Baumarten. Der immergrüne *Acocanthera*-Baum, ein Verwandter des Oleanders, ist so giftig, daß ein Eingeborener, der sich bei einem Sturz mit seiner eigenen vergifteten Speerspitze verletzte, innerhalb von 40 Minuten starb. Die Mitglieder des Wakamba- und Waliangulu-Stammes benutzen dieses Gift, ein toxisches Glykosid, das als Uabain bezeichnet wird, schon seit Jahrhunderten für ihre Pfeile. Wenn es ins Blut gelangt, führt es zu einem raschen Stillstand des Herzens. Wird bei einem erlegten Wild der Giftpfeil sofort herausgezogen und das Fleisch rings um die Wunde ausgeschnitten, kann man das restliche Fleisch gefahrlos essen. Frühe Afrikaforscher berichten, manche Eingeborenen hielten *Acocanthera* für so giftig, daß sie nicht einmal wagten, an den Blüten zu riechen. Es heißt, man könne den Baum an den vielen toten Insekten und kleinen Nagern erkennen, die sich an seinem Fuß ansammeln.

Der Baobab oder Affenbrotbaum *(Adansonia digitata)* gleicht eher einem riesigen Faß als einem Baum. Um sich vor Dürrezeiten zu schützen, hat er einen mächtigen säulenförmigen Stamm entwickelt,

der einen Umfang von 20 m haben kann und wenig Holz, dafür aber um so mehr wasserspeicherndes Gewebe enthält. Dadurch ist der Baum imstande, extreme jahreszeitliche Klimaschwankungen zu überstehen und sogar ein Alter von tausend Jahren zu erreichen, auch wenn der Stamm im Inneren verrottet ist und Menschen oder Tieren Unterschlupf gewährt. Der Baobab wird nur etwa 20 m hoch und bietet aufgebaumten Greifvögeln die nötige Sicherheit. Als Zufluchtsort und Nahrungsquelle beherbergt jeder Baum eine Lebensgemeinschaft en miniature.

Elefanten und Wald: ein labiles Gleichgewicht

Der Wald spielt im Leben des afrikanischen Elefanten (Loxodonta africana) eine entscheidende Rolle, denn im Wald findet die Paarung statt, und hier erblicken die Elefantenkinder das Licht der Welt. Darüber hinaus ist der Wald ein Refugium, in das sich die Elefanten während der Trockenzeit zurückziehen, um Nahrung und Wasser zu finden. Ja, wenn es noch genügend Waldgebiete gäbe, in denen die Elefanten umherschweifen könnten, würden ihnen dort Früchte, Rinden, Holzfasern, Wurzeln, Knollen und Blätter alle Nahrungsstoffe bieten, die sie zum Leben brauchen. Doch leider ist nicht überall genug Wald vorhanden, um den Bedarf der Dickhäuter zu befriedigen. Ganze Waldlandschaften sind von Elefantenherden zerstört worden, die dermaßen zugenommen haben, daß der Wald überfordert ist.

Um ausreichend Nahrung zu finden, müssen viele Elefanten weit umherziehen; ihre Wanderwege lagen früher genau fest, und das Nahrungsangebot längs dieser Routen stand in einem ausgewogenen Verhältnis zur Zahl der Tiere. Die in den zentral- und westafrikanischen Regen- und Galeriewäldern beheimateten Elefanten haben es dagegen leichter, ihre Ernährungsprobleme zu lösen. Doch auch hier gehen die Galeriewälder zurück. Mit dem Schwund der Wälder könnten auch die Elefantenbestände untergehen, denn ein ausgewachsener Bulle muß jeden Tag mindestens 135 kg Pflanzenstoffe zu sich nehmen. Hinzu kommt, daß Elefanten ungefähr so alt wie Menschen werden können.

Glücklicherweise kann sich der Elefant mühelos auf sehr unterschiedliche Pflanzenkost umstellen. Ebenso findet er sich mit großen Schwankungen der Temperatur, der Luftfeuchtigkeit und der Höhenlage ab und kann mit anderen Tierarten im selben Lebensraum zusammenleben. In den letzten Jahren bemühen sich die Regierungen der afrikanischen Staaten sehr um eine Verbesserung der Situation. Das 3 970 000 ha große Selous-Wildschutzgebiet in Tansania gewährt einem wechselnd großen Bestand wildlebender Elefanten Schutz (bei einer neueren Zählung waren es rund 110 000 Stück), die recht gut gedeihen, weil das Reservat weiträumig genug und eine bedrohliche Übervölkerung nicht zu befürchten ist.

Doch in anderen Gebieten ist die Sterberate der Elefanten alarmierend gestiegen. Afrikanische Naturschützer führen den starken Rückgang der Elefantenbestände auf das Wildern zurück und machen dafür die in Asien und Europa bestehende Nachfrage nach Elfenbein verantwortlich. Einer Meldung zufolge soll Hongkong allein im Jahre 1975 über 500 t Elfenbein importiert haben. Dies würde bedeuten, daß 25–30 000 Elefanten ihr Leben lassen mußten. Inzwischen hat Kenia die Jagd auf Elefanten und die Ausfuhr von Elfenbein verboten, doch wenn Naturschützer und Regierungen nicht sehr wachsam sind, wird bald auch der afrikanische Elefant auf der Liste der vom Aussterben bedrohten Arten zu finden sein.

Ein typischer Vertreter der kleinen nachtaktiven Primaten ist der Steppen- oder Senegal-Galago (Galago senegalensis), oben. Dieses Buschbaby und seine Verwandten sind im afrikanischen Wald- und Buschland südlich der Sahara weit verbreitet. Wenn sie nachts im Geäst umherspringen, verraten sie sich durch ihre Quäk-, Schnatter- und Pfeiflaute.

Folgende Seiten: Die größten Säugetiere des afrikanischen Waldes sind die Elefanten (Loxodonta africana), die in locker organisierten Herden überall dort umherziehen, wo sie genügend Schatten, Pflanzennahrung und Wasser vorfinden. Viele Fachleute nehmen an, daß die Elefanten ursprünglich Regenwaldbewohner waren, die sich erst nach dem Rückgang des Waldes an das Savannenleben anpaßten.

Waldformen Nordamerikas:

- Bergwald
- Nadelwald
- Mischwald
- Laubwald
- Gemäßigter Regenwald
- Taiga

Nordamerika – Land der endlosen Wälder

Ein Blick auf eine Vegetationskarte Nordamerikas zeigt uns ausgedehnte und mannigfaltige Waldlandschaften. Ein dichter Nadelwaldgürtel, der einige der höchsten Baumarten der Erde umfaßt, bedeckt Teile der nordwestlichen USA, Kanadas und Alaskas. Östlich des Mississippi erstrecken sich Laubwälder von Labrador bis Alaska und von Neuengland bis zu den Appalachen. Riesige Sumpfwälder überziehen weite Landstriche von Georgia und Florida. Weitere Waldtypen sind der gemäßigte Regenwald in der Nordwestecke der USA, die Kakteenwälder im Südwesten des Landes und die Mangrovenwälder Floridas.

Vom Mammutbaum zur Schwarzeiche

Die dichtesten Koniferenbestände finden sich im Nordwesten der Vereinigten Staaten, wo im Sommer ein halber Meter Regen niedergeht, etwa die Hälfte der jährlichen Niederschlagsmenge. Hauptsächlich in einem 50 km breiten Streifen längs der Pazifikküste hat sich ein Ökosystem herausgebildet, das überreich ist an Pflanzen- und Tierarten. Im Redwood Creek, nördlich der kalifornischen Stadt Eureka, steht der größte Nadelbaum der Welt, ein Küstenmammutbaum *(Sequoia sempervirens)*, der 117 m hoch ist und einen Stammdurchmesser von 4 m und einen Umfang von 13 m hat. Die Riesenmammutbäume *(S. gigantea)* der Sierra Nevada im mittleren Kalifornien erreichen zwar ein größeres Volumen und höheres Alter als die Küstenmammutbäume, aber die Waldregion, in der sie wachsen, ist insgesamt weniger üppig.

Von den Wäldern der Sierra Nevada steigt man hinunter zu der Wüstenzone im Südwesten der USA, und dort stößt man auf die ausgedehnten Bestände des Saguaro-Kaktus *(Cereus giganteus)*, der bis zu 15 m hoch werden kann. In den Hochlagen der halbtrockenen Gebiete Nordamerikas, vor allem auf dem Colorado-Plateau, entdecken wir sogenannnte »Zwergwälder«, die sich aus Piniennußbäumen *(Pinus edulis)* und Gemeinem Wacholder *(Juniperus communis)* zusammensetzen, sowie große Goldkiefernwälder *(Pinus ponderosa)*. In den Rocky Mountains und in der Sierra Nevada treffen wir ausgedehnte Bestände der Drehkiefer *(Pinus contorta)* und der Weißrindenkiefer *(P. albicaulis)* an. Im Gebiet der White Mountains in Florida stehen Grannenkiefern *(Pinus aristata)*, deren Alter man auf 8000 Jahre schätzt und die somit die ältesten Bäume der Erde darstellen.

Wenn wir das weite Grasland in östlicher Richtung durchqueren, gelangen wir in das Stromtal des Mississippi und in eine typische Laubwald- und Wiesenlandschaft. Der Reichtum dieser einst riesigen Waldregion hat sich noch im Big Thicket im östlichen Texas erhalten; es bedeckte früher 1 500 000 ha, doch heute sind davon nur zwei Prozent übriggeblieben. Obwohl der Wald nicht immer so dicht ist, wie es

der Begriff *thicket* (»Dickicht«) vermuten läßt, sind die Zahl der Baumarten und die geographische Lage dieses Waldes bemerkenswert. Das Big Thicket bildet den Schnittpunkt der Westgrenze der östlichen Laubbäume, der Südgrenze der nördlichen Baumarten, der Ostgrenze der westlichen Arten und der Nordgrenze bestimmter subtropischer Lebensformen. Gleichwohl ist das Big Thicket im wesentlichen eine südliche Waldregion, die vor allem Eichen, Magnolien, Kohlpalmen, Sumpfzypressen *(Taxodium distichum)* und Amerikanische Rotbuchen *(Fagus grandifolia)* umfaßt.

Im unteren Mississippi-Tal, wo es regelmäßig zu Überschwemmungen kommt, wurde ein dichter Tieflandwald gründlich gerodet, auch wenn noch einige Baumpatriarchen, bis zu 37 m hoch, stehengeblieben sind. An alten Kanälen und toten Nebenarmen, die man hier als »bayous« bezeichnet, steigen mächtige Sumpfzypressen aus dem spiegelglatten braunen Wasser. Die große Fruchtbarkeit der Sumpfbäume läßt sich an einer alten Schwarzeiche *(Quercus nigra)* zeigen, die in einem einzigen Jahr mehr als 28 000 Eicheln hervorbrachte. Eine Ansammlung derartig zäher Laubbäume bildet gleichsam eine luftige Zuflucht nicht nur für allerlei Vögel, sondern auch für Eichhörnchen, Waschbären und Opossums.

Wanderer zwischen Wald und Fluß

Der Name »Waschbär« ist ein wenig irreführend, denn das so•benannte Tier ist erstens kaum größer als ein Hauskater und mit den echten großen Bären nur entfernt verwandt, und zweitens wäscht es keineswegs regelmäßig seine Nahrung, wie zuweilen behauptet wird. Immerhin verbringt der Waschbär *(Procyon lotor)* so viel Zeit am Wasser, wo er seine Futterbrocken anfeuchtet und reibt und hin und her wendet, bevor er sie sorgfältig zerkaut, daß man diesen kleinen Allesfresser für ein besonders reinliches Geschöpf halten könnte. Tatsächlich verfügt er über einen hochentwickelten Tastsinn, der ihn veranlaßt, ausgiebig alles zu untersuchen, was ihm zwischen die Pfoten kommt.

Nächtliche Flußufer sind das bevorzugte Jagdrevier der Waschbären; dank einer reflektierenden Schicht im Auge, die *Tapetum lucidum* genannt wird und die Nachtsichtigkeit erhöht, können sie sich in der Dunkelheit recht gut zurechtfinden. Dennoch müssen sie ständig wachsam sein, denn für Alligatoren, Eulen, Pumas, Wölfe, Füchse und andere Raubtiere sind sie eine verlockende Beute.

Wegen seiner aparten Gesichtsmaske und seines dicken Fells, das früher viel zu Pelzmänteln verarbeitet wurde, ist der Waschbär eines der bekanntesten amerikanischen Wildtiere. Die furchtlosen und lebenstüchtigen Tiere sind von Panama bis Ostkanada verbreitet und dringen langsam weiter nach Norden vor.

Wenn sie hungrig sind, verzehren sie nahezu alles, was sie mit ihren geschickten »Fingern« als genießbar erkennen. Meist streifen sie an Flüssen und Teichen umher, auf der Suche nach Krebsen, Elritzen, Fischkadavern, kleinen Nagetieren und den Eiern von Enten und Schwänen. Aber sie wechseln auch gerne in die nahen Wälder und Felder über, wo sie sich an Beeren, Nüssen, Insekten und Getreide gütlich tun. Ihre Naschhaftigkeit verwandelt sich im Herbst in regelrechte Gefräßigkeit, denn dann muß sich der Waschbär eine dicke Fettschicht anfressen, mit der er über den Winter kommt, in dem die Gewässer zufrieren können und das Nahrungsangebot knapp wird. Jetzt ist es auch Zeit, einen hohlen Baum, einen Baumstumpf oder eine Erdhöhle zu finden, wo man sich jeweils für etwa eine Woche verkriechen kann. Die Waschbären halten zwar keinen echten Winter-

Das Leben des Waschbären (Procyon lotor), oben, spielt sich zum großen Teil auf Bäumen ab; dort schläft er, sucht er Schutz vor Feinden und hält er seine Winterruhe. Doch was seine Ernährung betrifft, so haben ihm die Bäume allenfalls kleine Zutaten zu bieten; die Hauptnahrung sucht er sich meist am Ufer von Bächen und Teichen. Junge Waschbären, wie sie sich hier in ihrer Baumhöhle in Louisiana zusammenkuscheln (links), werden ungefähr bis zur 14. Lebenswoche von ihrer Mutter gesäugt. Die Jungtiere verbringen viel Zeit damit, die verschiedenen Klettertechniken zu erlernen.

Das Opossum (Didelphis virginiana),
oben, die einzige Beuteltierart
Nordamerikas, bewohnt Nutzflächen und
Waldungen in Flußnähe. Wenn die
Jungen die Zitzen verlassen haben, reiten
sie oft auf dem Rücken ihrer Mutter,
während sie nachts auf Nahrungssuche
geht.

Einer der größten Restbestände der
urtümlichen Waldgebiete im östlichen
Nordamerika findet sich im Great Smoky
Mountains National Park (rechts). Rund
1300 Blütenpflanzenarten wachsen in
diesem dichten, feuchten Wald, aus dem
rauchförmige Nebelmassen aufsteigen.
Im Mai/Juni überziehen die
ausgedehnten Alpenrosendickichte
(Rhododendron catawbiensis) die
saftigen grünen Hänge mit ihrer
Blütenpracht.

schlaf, aber die längeren Ruhepausen ermöglichen es ihnen, den schlimmsten Unbilden der kalten Jahreszeit einigermaßen zu entgehen.

Sobald der Frühling naht, findet die Paarung statt, und wenn dann etwa zwei Monate später die Jungen geboren werden – meist vier oder fünf –, beginnt für die Mutter und ihren Nachwuchs das muntere und geräuschvolle Treiben aufs neue. Solange die Waschbären von Parasiten verschont bleiben und Waldbrände und Motorsägen ihren Lebensraum nicht noch mehr einengen, werden sie immer zu den drolligsten, liebenswertesten und lebhaftesten Waldtieren Nordamerikas zählen.

Das etwa waschbärgroße Opossum *(Didelphis virginiana)* mit seinem langen struppigen Fell ist das einzige Beuteltier Nordamerikas (weitere Arten kommen in Mittel- und Südamerika vor). Es schweift des Nachts umher und verschläft den Tag in irgendeinem Unterschlupf, einem hohlen Baum, einem verlassenen Eichhörnchenkobel, einem Holzstapel oder gar im Keller oder auf dem Speicher eines Hauses. Der lange Greifschwanz dient nicht nur als Kletterhilfe im Geäst; das Tier benutzt ihn etwa auch dazu, Nistmaterial zusammenzutragen. Das schwache Sehvermögen wird ausgeglichen durch ein feines Gehör, einen hochentwickelten Geruchssinn und durch empfindliche Sinneshaare am Kopf, die das Tier in der Dunkelheit vor Hindernissen warnen. Wenn Gefahr droht, schützt sich das Opossum durch Katalepsie oder Totstellung, eine Verhaltensform, die selbst verfolgende Hunde täuscht.

Das Weibchen trägt die Jungen an einem von einer Haut (einem »Beutel«) umkleideten Zitzenfeld umher. Von der Befruchtung bis zur Geburt verstreichen weniger als 13 Tage, und diese Zeit ist so kurz, daß die Kinder noch ungenügend entwickelt sind und nur die wenigen Zentimeter durch das Fell der Mutter bis zu deren Zitzen krabbeln können; dort suchen sie sich eine aus, an der sie sich für die nächsten 60 Tage festsaugen. Die Neugeborenen besitzen Krallen, mit deren Hilfe sie den Weg zum Beutel zurücklegen, doch sobald sie in ihm angelangt sind und an einer Zitze festen Halt gefunden haben, fallen diese Krallen wieder ab.

Die Vermehrungsrate der Opossums ist beträchtlich. Normalerweise werden zweimal im Jahr Junge geboren, und jeder Wurf besteht aus acht bis zehn Tieren. Nachdem die Kinder fast drei Monate an der Zitze zugebracht haben, werden sie entwöhnt und reiten anschließend eine Zeitlang auf dem Rücken ihrer Mutter, bis sie für sich selbst sorgen können.

Mit ihren 50 Zähnen können die Opossums alle möglichen Nahrungsstoffe verarbeiten: Schnecken, Käfer, Samen und sogar kleine Säuger. Die Nahrungsaufnahme wird den ganzen Winter hindurch fortgesetzt, auch wenn sich die Opossumfamilie dann zuweilen mit Aas begnügen muß. Bei allzu kaltem Wetter legen die Tiere eine längere Schlafpause ein, die jedoch nicht mit einem echten Winterschlaf verwechselt werden darf. Eine Baumhöhle bietet ihnen Schutz vor hungrigen Hunden oder Füchsen.

Neugierig und ewig hungrig wandern die Schwarzbären (Ursus americanus) durch die Wälder Nordamerikas, ständig auf der Suche nach etwas Genießbarem. Die Bärenjungen veranstalten gern Hetzjagden auf den Bäumen und tollen ausgiebig umher, aber auch für sie ist das Fressen der Hauptlebenszweck. Das schlechte Sehvermögen scheint den Bären nichts auszumachen; ein feines Gehör und eine gute Nase genügen ihnen, um allerlei Leckerbissen, wie beispielsweise wilden Honig, aufzuspüren (oben und folgende Seiten).

Das weite Revier der Schwarzbären

Ein unvergeßliches Erlebnis für viele Besucher ist die Begegnung mit einem Schwarzbären oder Baribal *(Ursus americanus)*. Diese gewichtigen Tiere – manche Exemplare wiegen über 200 kg – bewohnen ein ausgedehntes Gebiet von den Wüstenbergen bis zum arktischen Kanada und vom Tiefland bis zum Nadelwaldgürtel der Berge. Sie sind die kleinste, häufigste und am weitesten verbreitete nordamerikani-

*Folgende Seite: Die ungewöhnlich
hübschen Brautenten (Aix sponsa) sind
echte Waldbewohner, die in Baumhöhlen
nisten und oft auf Ästen aufbaumen.
Wenn sich ein Brautentenküken mit dem
am Schnabel angewachsenen Eizahn aus
seiner Schale befreit hat, klettert es zum
Nesteingang (oben), angelockt durch die
Rufe der Mutter, und stürzt sich gleich
darauf ins Wasser oder auf den
Erdboden, ohne Schaden zu nehmen.
Werbung und Paarung finden während
des Winters statt. Der rufende Enterich
(Mitte) folgt seiner Partnerin zum
Nistplatz und bleibt bis zur dritten oder
vierten Woche der Brutzeit bei ihr.
Bei dem schwimmenden Brautentenpaar
unten erkennt man sehr deutlich das
leuchtend gefärbte, schillernde Gefieder
des Männchens und das unauffällige
Federkleid des Weibchens, das fast wie
eine Schutztracht wirkt.*

sche Bärenart. Unermüdlich sind sie auf Nahrungssuche: Sie sammeln Beeren, klauben den Honig aus Bienenstöcken, graben Wurzeln und Nagetiere aus, verspeisen Eicheln und Nüsse, klettern auf Bäume, um an die Samen heranzukommen, und spüren Aas auf. Die Nahrung suchen sie zum großen Teil in der Nacht und in der Abend- und Morgendämmerung. Zu gegebener Zeit ziehen sich die fett gewordenen Bären zur Winterruhe zurück. Dabei handelt es sich nicht um einen echten, ununterbrochenen Winterschlaf; die Tiere wachen hin und wieder auf und wandern umher, wenn der Winter besonders mild ist oder wenn sie in wärmeren Breiten beheimatet sind. Körpertemperatur, Atmung und Puls bleiben fast normal.

Der Schwarzbär hat einen ungewöhnlichen Fortpflanzungszyklus, der seine Überlebenschancen zweifellos stark erhöht. Die Paarung findet im Juni oder Juli statt, doch die befruchtete Eizelle nistet sich erst im November in der Gebärmutterwand ein. Diese Verzögerung in der Entwicklung des Fötus bedeutet, daß die Bärenjungen im Januar oder Februar geboren werden, während die Mutter in einer warmen Höhle ihre Winterruhe hält.

Die Neugeborenen, in der Regel zwei, messen knapp 20 cm und wiegen etwa 500 g, bringen also nur ein Fünfhundertstel des Gewichts der Mutter auf die Waage. Das ist das kleinste Mutter-Kind-Gewichtsverhältnis in der Säugetierwelt, abgesehen von den Beuteltieren. Die kleinen, blinden und schwachen Jungen müssen gleichwohl den Weg zu den mütterlichen Zitzen finden. Die Mutter kann ihnen dabei nicht helfen, weil sie bei der Geburt nicht aufwacht. Doch während des Sommers wird das Leben für die Bärenfamilie zur Idylle; Schwarzbärkinder sind außerordentlich lebhafte und verspielte Geschöpfe, die gerne auch auf Bäumen herumtollen.

Ausgewachsene Schwarzbären sind nicht immer schwarz; das Fell kann im Einzelfall alle möglichen Schattierungen von Gelbbraun, Braun und Schmutzigweiß aufweisen. Die Tiere wirken oft plump und schwerfällig, doch sie können sich blitzschnell bewegen, wenn ein Feind – ein Puma, ein Graubär, ein Stachelschwein oder ein Mensch – ihre Jungen bedroht; manchmal auch ohne ersichtliche Ursache.

Die Waldenten

Wenn wir unsere Reise in südlicher Richtung nach Georgia und Florida fortsetzen, stoßen wir auf ausgedehnte Sumpfwälder. Am eindrucksvollsten ist der Okefenokee Swamp. Hier sind die Wurzeln vieler Bäume nicht in festem Boden, sondern in schwimmendem Torf verankert, so daß der Wald erbebt, wenn man durch ihn hindurchschreitet – der Indianername Okefenokee bedeutet soviel wie »Land der zitternden Erde«. Die dichten Bestände der Sumpfzypressen und der anderen Baumarten sind durchzogen von labyrinthischen Wasserläufen. In diesen Wäldern finden zahlreiche Wildtiere Unterschlupf und Nahrung, unter anderem Weißwedelhirsche *(Odocoileus virginianus)*, Graufüchse *(Urocyon cinereoargenteus)*, Opossums und Schwarzbären.

Eine farbenprächtige Vogelart der südlichen Wälder wäre beinahe vom gleichen Schicksal ereilt worden wie der wahrscheinlich ausgestorbene Elfenbeinschnabelspecht *(Campephilus principalis)*: Die Brautente *(Aix sponsa)* hatte unter der Überjagung und der Umweltzerstörung so sehr zu leiden, daß ihre Ausrottung nur durch Schutzgesetze verhindert werden konnte.

Brautenten nisten in Baumhöhlen – eine recht ungewöhnliche Verhaltensform für eine Ente – und halten sich sehr viel im Geäst der Bäume auf, wo sie angesichts ihrer auffälligen Gefiederzeichnung offensicht-

145

lich besser getarnt sind als auf dem Wasser. Eine Baumhöhle ist ein verhältnismäßig sicheres Versteck, sofern Waschbären nicht eindringen können, und so erscheint es ganz logisch, daß die Brautente, die die höheren Waldstufen bewohnt, dort ihr Nest einrichtet. Da andere Vögel, zum Beispiel die Kappensäger (Mergus cucullatus), das gleiche tun, entsteht hier eine gewisse Rivalität.

Der Umstand, daß die Brautenteneier in einer Baumhöhle ausgebrütet werden, hat zur Folge, daß jeweils ungefähr ein Dutzend Entenküken aus dem Nest hervorkrabbeln müssen, das oft 2 m tief in den hohlen Baum hinabreicht. Die Kleinen sind zwar mit scharfen, gekrümmten Krallen ausgerüstet, aber wenn sie ihr Nest verlassen, ist es mit ihrem Flugvermögen noch nicht sehr weit her. Die Mutter ruft; die Kinder klettern zur Nestöffnung empor; sie springen ab, flattern hilflos durch die Luft und landen recht unsanft auf dem Boden, zuweilen 20 m tiefer. Dann schart die Entenmutter die Küken um sich und führt sie zum Wasser. Doch schon bald entwickeln sich die Jungenten zu gewandten Fliegern, die rasant durch dichte Wälder, Zuckerrohrdickichte und Lianengewirre fegen.

Gürteltiere

Im milden Klima der südöstlichen USA gedeihen Kiefern besonders gut. Die Kalkfelsen im südlichen Florida sind von Elliottskiefern (Pinus elliottii) und einem Unterwuchs aus Zwergpalmen (Serenoa repens) bestanden. Die Kiefern bevorzugen höhere Lagen; sie benötigen zwar einige Feuchtigkeit, vertragen aber keine andauernden Überschwemmungen. Feuer und Blitzschlag kann ihnen nicht viel anhaben, da eine vielschichtige Rinde das empfindliche innere Gewebe vor Hitzeschäden schützt. Die Zwergpalmen, deren Vorratswurzeln in Gesteinslücken Schutz finden, schlagen sogar wieder aus, wenn der Baum zum größten Teil verbrannt ist. Kiefern und Zwergpalmen bilden also gewissermaßen einen feuerfesten Wald.

Hin und wieder sieht man zwischen den Zwergpalmen ein Lebewesen umherhuschen, das einer Mischung aus Säugetier, Reptil und Phantasiegeschöpf gleicht. Es ist ein Neunbindengürteltier (Dasypus novemcinctus), eines jener seltenen urtümlichen Säuger, die einen Panzer aus gürtelförmig angeordneten beweglichen Knochenplättchen tragen. Die dichte Vegetation bietet den Tieren genügend Schutz gegen Umwelteinflüsse, außer gegen die Kälte, und da sie im Gegensatz zu fast allen anderen Säugetieren kein wärmendes Fell besitzen, beschränkt sich ihr nordamerikanisches Verbreitungsgebiet auf die südlichen Staaten von Florida bis Texas. Die Gürteltiere streifen nachts umher auf der Suche nach Insekten, vor allem Käfern, Regenwürmern, Spinnen, Schnecken, Pflanzenteilen und Aas. Man hört ein Gürteltier oft, bevor man es sieht, denn es gibt ständig grunzende Laute von sich und raschelt vernehmlich im Gesträuch.

Die Weißwedelhirsche

Im Vorkommensgebiet der Gürteltiere sind noch viele andere Tiere zu Hause, allen voran der Weißwedelhirsch, das häufigste wildlebende Huftier Nordamerikas. Mehr als 5 Millionen dieser Hirsche leben heute in den Wald- und Wiesenlandschaften von Südkanada bis Mittel- und Südamerika. Ihr normaler Futterbedarf beträgt bis zu 5 kg pro Tag, doch manchmal finden sie nicht genügend Eicheln, Bucheckern, Knospen, Schößlinge und andere Pflanzenteile, zumal die meisten Hirsche ihr ganzes Leben in einem Revier von weniger als 3 km² zu-

Vorhergehende Seite: Schlupfwespen (Ichneumonidae) suchen auf toten oder sterbenden Nadelbäumen jene Stellen auf, wo Holzwespen (Siricidae) Löcher gebohrt und ihre Eier abgelegt haben. Sobald die Schlupfwespe mit ihrem Legebohrer eine Holzwespenlarve oder -puppe trifft, stößt sie ihre eigenen Eier aus, so daß sich die daraus hervorgehenden Larven von der fremden Larve oder Puppe ernähren können.

Keine Hirschart ist in Nordamerika so weit verbreitet wie der Weißwedelhirsch (Odocoileus virginianus), oben, der in den nördlichen Wäldern größer wird als in den südlichen. Mitte September beginnen die Weißwedelhirsche ihr Geweih an jungen Bäumen zu fegen. Das Abschälen des abgestorbenen Überzugsgewebes oder Basts kann nur eine einzige Nacht oder aber auch drei Wochen dauern, doch dann ist der Bock bereit für die Rivalenkämpfe der Brunftzeit.

Folgende Seiten: Diese Weißwedelhirsche in einem Wald in Louisiana flüchten in eine Deckung. Dabei lassen sie ihren leuchtendweißen Spiegel und Schwanzwedel als »Alarmsignal« aufblitzen. Dieses stumme Signal, das von anderen Rudelmitgliedern sofort bemerkt wird, warnt vor einer drohenden Gefahr.

147

bringen. In nördlicheren Breiten, wo sich die Tiere an schneegeschützten Plätzen, etwa in Mooren oder Dickichten, in großer Zahl versammeln, zehren sie oft die zur Verfügung stehende Nahrung schon sehr bald auf und können dann nicht mehr ausweichen, weil der tiefe Schnee ringsum sie gefangenhält. Sie müssen elend verhungern, und Versuche des Menschen, die notleidenden Hirsche zu füttern, vergrößern nur das Problem.

Gewöhnlich äsen die Hirsche am frühen Morgen und am späten Nachmittag. Bei drohender Gefahr flüchten sie mit weiten Sprüngen und zeigen dabei ihr Wahrzeichen, den wie eine Flagge erhobenen weißen Schwanzwedel. Das rote Sommerfell hebt sich gut von der Umgebung ab und ist, zumal im offenen Gelände, leicht auszumachen. Doch zu Herbstbeginn verfärbt sich das Fell grau und wird länger und dichter. Man unterscheidet etwa 40 Unterarten des Weißwedelhirsches. Die kleinste Unterart, der sogenannte Key-Hirsch, dessen Heimat die Keyinseln vor Florida sind, wiegt nur 23 kg, während die gewöhnlichste Unterart bis zu 125 kg schwer wird. Die beinahe ausgestorbenen Key-Hirsche stehen seit 1957 unter strengem Schutz, und ihr Bestand scheint sich gut zu erholen.

Das waldreiche Tiefland im Osten

Von Neuengland bis Texas erstrecken sich in einem riesigen, etwa 3000 km langen Bogen die sanfte Piedmont-Hügellandschaft und die breite Küstenebene des nordamerikanischen Ostens. Der vielfach sandige Boden ist zum großen Teil bedeckt von vergleichsweise offenen Eichen-, Kiefern- und Buchenwäldern, die immer wieder von üppigen Wiesenflächen durchsetzt sind. Trotz starker Besiedlung haben in dieser gesamten Region die Wildtierbestände kräftig zugenommen. Das ist einmal den zahlreichen Schutzgebieten zu danken, in denen sich die Natur frei entfalten kann, und zum anderen der Anpassungsfähigkeit der Opossums, Stinktiere, Hirsche, Biber, Waschbären, Truthähne, Enten und Gänse, die sich offensichtlich immer besser mit der Allgegenwärtigkeit des Menschen abfinden.

Wie wertvoll der Wald sein kann, wird in diesem Gebiet besonders nachhaltig bestätigt. Unter der Pflanzendecke, bestehend aus Pechkiefern *(Pinus rigida),* Wiesengräsern, hochwüchsigen Schneeballsträuchern *(Viburnum trilobum)* und anderen Vegetationsformen der sogenannten New Jersey Pine Barrens, erstreckt sich im äußersten Norden der Küstenebene eine riesige wasserführende Schicht, die ergiebigste im Nordosten der USA. Sie kann auch in Zukunft die Städte täglich mit mehreren Milliarden Litern Wasser versorgen.

In den Waldgebieten im Nordosten Nordamerikas, die eine so reiche Tierwelt beherbergen, lebt auch der Kupferkopf *(Agkistrodon contortix),* jene giftige Schlange, von der in den USA mehr Menschen gebissen werden als von jeder anderen Schlangenart. Die Zeichnung und Färbung des Kupferkopfes sind den Brauntönen des laubbedeckten Waldbodens hervorragend angepaßt, auf dem die Schlange kleinen Nagern und großen Insekten und Raupen nachstellt.

Die boden- und baumbewohnenden Insekten haben auch in den Spechten unerbittliche Feinde. Der Haubenschwarzspecht *(Dryocopus pileatus),* die größte nordamerikanische Spechtart (es sei denn, daß der bereits erwähnte Elfenbeinschnabelspecht doch noch überlebt hat, möglicherweise in Texas), verzehrt Ameisen und Käfer, aber auch Samen, Nüsse, Beeren und Früchte, was darauf hindeutet, daß er auf dichte, üppige Wälder angewiesen ist. Der Haubenschwarzspecht besiedelt inzwischen in geringer Zahl auch wieder jene Gegenden, aus denen er durch Holzeinschlag vertrieben worden war.

Der wildlebende Truthahn

Die Truthühner *(Meleagris gallopavo),* das größte amerikanische Flugwild, sind in den wärmeren Gebieten Nordamerikas weit verbreitet; sie können recht gut fliegen, sind aber dennoch so mühelos zu erlegen, daß sie vielerorts ausgerottet wurden. Sie halten sich vorwiegend in bewaldeten Lebensräumen auf. Die frischgeschlüpften Küken sind sehr anfällig für Erkältungskrankheiten, wenn sie von einem sommerlichen Regenschauer durchnäßt werden; deshalb werden sie auf die Wiesen geführt, um sich in der Sonne aufzuwärmen. Truthühner können zwar auch von Wiesennahrung leben, aber um ihr volles Gewicht zu erreichen – bis zu 18 kg beim Hahn –, brauchen sie Waldkost: Nüsse, Beeren, Eicheln, Insekten und verschiedene andere Stoffe. Ihr Überleben hängt davon ab, ob sie eine heikle Phase in ihrem Lebenszyklus überstehen. Die Hennen legen nämlich ihre Eier einfach in einer Mulde des Wald- oder Wiesenbodens ab. Dadurch sind das Gelege und die Küken dem gierigen Zugriff zahlloser Feinde ausgesetzt, zu denen unter anderem Waschbären, Stinktiere, Opossums, Schlangen, Krähen und Kojoten gehören. Allerdings vermag die Henne ihren Nachwuchs gut zu verteidigen, und sie benutzt zuweilen Täuschungsmanöver, um etwaige Angreifer vom Nest abzulenken. Überdies ist das Gelege sehr groß; es enthält mindestens ein Dutzend Eier. So betrachtet, sind die Überlebenschancen der Truthühner nicht schlecht. Die Nacht verbringen sie zumeist aufgebaumt in der Sicherheit des Waldes.

Die leuchtenden Wälder Neuenglands

Nur wenige Farben in der Natur sind so leuchtkräftig wie das Herbstlaub der Zuckerahornbäume *(Acer saccharum)* im nordöstlichen Nordamerika. Die grüne Farbe, welche die Blätter in den Frühlings- und Sommermonaten haben, entsteht durch das Chlorophyll in den Pflanzenzellen. Bei den meisten laubabwerfenden Bäumen sind jedoch außerdem rote und gelbe Farbstoffe in den Blättern enthalten, die während der Wachstumsperiode von dem dominierenden Grün überlagert werden. Im Spätsommer und Herbst, wenn die Tage und Nächte kühler werden, geht bei den Laubbäumen die Chlorophyllproduktion zurück, und damit nehmen auch die grünen Pigmente im Blatt ab. Die roten und gelben Farbstoffe kommen jetzt zum Vorschein und entfalten eine Vielzahl von Purpur-, Scharlach-, Gelb- und Rottönen. Wanderungen durch den herbstlich verfärbten Wald sind in manchen Gegenden der USA ein fast ebenso selbstverständliches Volksvergnügen wie die Ausflüge zur Kirschblüte in Japan. Regenfälle sind das ganze Jahr über häufig, bisweilen gehen sie als Wolkenbrüche und Gewitterstürme nieder, die wütend an den Ästen und Zweigen zerren. Zu anderen Zeiten regt sich kein Blatt. Und stets erfüllt der Duft von Verfall und Verrottung den aus Laubbäumen und Nadelhölzern gemischten Wald. Überall vernimmt man das Geräusch von rieselnden Bächen, die sich zwischen Felsbrocken und Wurzelstöcken einen Weg bahnen. Ein lärmend auffliegendes Kragenhuhn *(Bonasa umbellus)* schreckt uns auf. Plötzliches Krachen im Unterholz verrät, daß ein Elch uns eine Weile beobachtet und dann beschlossen hat, sich zurückzuziehen.
Andere Laute dringen an unser Ohr: die rauhen Rufe des Blauhähers *(Cyanocitta cristata),* das Rüttelgeräusch eines Halsbandfischers *(Megaceryle alcyon),* der im Zickzack über einen Bach dahinfliegt, das Gekecker von Eichhörnchen und von Backenhörnchen *(Tamias striatus).*

Der Eichelspecht (Melanerpes formicivorus), ein farbenprächtiger Bewohner der lichten Eichen- und Mischwälder im Westen Nordamerikas, sammelt Nüsse und stopft sie so fest in vorher gehackte Löcher, daß Eichhörnchen sie nicht herauszuklauben vermögen (oben). Als Vorratsbäume werden Kiefern, Douglastannen und Eichen benutzt. Eine Eichelspechtkolonie verwendet dieselben Löcher oft mehrere Jahre hintereinander.

Der Graubär (Ursus arctos horribilis), das stärkste Säugetier Nordamerikas, war einst überall im westlichen Teil des Subkontinents anzutreffen, doch durch Bejagung und Umweltzerstörung ist sein Vorkommensgebiet stark eingeschränkt worden. In entlegenen Bergregionen findet er noch die ausgedehnten unberührten Wälder und offenen Flächen, die er zum Leben braucht. Ein junger, aber schon ausgewachsener Graubär kratzt sich, um sein Winterfell loszuwerden (folgende Seite). Die Abstoßung der langen Grannenhaare und der dichten Unterwolle beginnt bereits, bevor der Bär sein Winterquartier verläßt.

Die Wälder Neuenglands sind übersät mit Teichen und Seen, teils gesäumt von Eichen oder Ahornbäumen oder den weißen, sich ständig abschälenden Stämmen der Papierbirke *(Betula papyrifica),* teils bedeckt von Laichkraut und Seerosenblättern. Die Felsen ringsum tragen eine Schicht aus glitschigem Moos, das unter den Füßen nachgibt. Weiche, weißliche Rentierflechte *(Cladonia)* breitet sich in den weiten Tälern dieser Waldlandschaft aus, die zu einem großen Teil unter Naturschutz steht.

Die borealen Wälder

Die sogenannten Great North Woods erstrecken sich 6400 km weit von Labrador bis hinauf nach Alaska. Es ist eine unermeßliche nördliche Nadel- und Laubwaldregion, die sich in den Appalachen bis hinunter nach Tennessee behauptet hat.

Obwohl diese Wälder extremem Winterwetter und mancherlei Schadinsekten ausgesetzt sind, die ganze Landstriche verheeren können, haben sie bestimmte Anpassungsformen und Überlebensweisen entwickelt, die es ihnen ermöglichten, im Laufe der Jahrtausende reiche Ökosysteme auszubilden. Drei Kiefernarten herrschen hier vor: die Rotkiefer *(Pinus resinosa),* die Weymouthskiefer oder Strobe *(P. strobus)* und die Bankskiefer *(P. banksiana).* Charakteristisch für den borealen Wald sind noch zwei weitere Koniferen, die Schwarz- und die Weißfichte. Die kleinere der beiden, die Schwarzfichte *(Picea mariana),* ist häufig auf kalten Mooren anzutreffen, wo sie sehr langsam heranwächst: Bäume mit einem Stammdurchmesser von nur 6 cm können nachweislich über 120 Jahre alt sein. Die Weißfichte *(P. glauca)* wird unter guten Wachstumsbedingungen bis 30 m hoch, und der Stamm erreicht eine Dicke von fast einem Meter.

Ein großer Teil der ursprünglichen Wälder ist abgeholzt, niedergebrannt und arg verwüstet worden; der heutige Sekundärwald erholt sich jedoch sehr gut überall dort, wo man großräumige Schutzgebiete eingerichtet hat. Man kann in der Wildnis der nordamerikanischen borealen Waldlandschaft wochenlang umherstreifen, ohne jemals die riesigen Nationalparks zu verlassen.

Solche Weiträumigkeit ist eine Lebensnotwendigkeit für manche Wildtiere, zum Beispiel für den mächtigen Grau- oder Grislybären *(Ursus arctos horribilis),* der mit einer Körperlänge von 2,50 m erheblich größer wird als unser europäischer Braunbär, seinem nächsten Verwandten. Grislys benötigen, um auskömmlich leben zu können, ein sehr großes Territorium, und da ihnen dies in der vom Menschen weitgehend erschlossenen Landschaft nur noch selten zur Verfügung steht, wurden die Tiere in immer höhere Gebiete zurückgedrängt.

Eine Geißel für die Bären sind die Baumstachelschweine oder Baumstachler *(Erethizon dorsatum),* die in sieben Unterarten über Mexiko, Kanada und die Vereinigten Staaten verbreitet sind. Wenn ihre scharfen, mit Widerhäkchen versehenen Stacheln in die Schnauze eines Bären – oder irgendeines anderen Tieres – eingedrungen sind, können sie heftige Schmerzen verursachen und die Nahrungsaufnahme so erschweren, daß der Hungertod die Folge ist.

In breiten Streifen entrindete junge, saftige Kiefern und andere Bäume sind ein Zeichen dafür, daß Stachelschweine hier ihr Unwesen getrieben haben. Die Anpassung dieser Tiere an das Waldleben liegt sehr wahrscheinlich in ihrer Fähigkeit, Baumrinde abzuschälen und mit Hilfe der darunterliegenden weichen Kambiumschicht Notzeiten zu überstehen, in denen andere Nahrung, etwa Kräuter, Weidenkätzchen und Misteln, nicht zu finden ist. Stachelschweine können sogar Kiefernnadeln verwerten, die auch im kältesten und schneereichsten

Lange Krallen, ein kräftiger Schwanz und bärenartige Pfoten erleichtern dem Baumstachelschwein (Erethizon dorsatum), oben, das Umherklettern in Bäumen, wo es nach Rinde und anderen Holzstoffen sucht, die seine Nahrung bilden. Dieses große Nagetier des gemäßigten Waldes – die Aufnahme stammt aus Alaska – ist von Meereshöhe bis zur Baumgrenze und von Wüstengebieten bis zum Regenwald verbreitet.

Vorhergehende Seiten: Während der mittsommerlichen Liebesspiele führen die männlichen oder die männlichen und weiblichen Graubären harmlose Ringkämpfe auf, so wie hier im Yosemite National Park in Wyoming. Zum richtigen Kampf kommt es, wenn es um die Gunst der Weibchen geht, und eine Bärin greift jeden Bären oder anderen Eindringling an, der ihre Jungen bedroht.

Die Wälder im nördlichen Neuengland, im Bundesstaat New York und in großen Teilen Kanadas sind die Heimat des Fischermarders (Martes pennanti), der Baumstachelschweinen und anderen Tieren nachstellt – manchmal sogar Hirschen, die im Tiefschnee steckengeblieben sind.

Winter leicht zu beschaffen sind. Sie gehen hauptsächlich während der Nacht auf Nahrungssuche, und deshalb kommt es immer wieder zu Begegnungen mit Bären oder anderen nachtaktiven Tieren.

Mit einer Rumpflänge von etwa 50–60 cm und einem Maximalgewicht von 12 kg sind die Baumstachler zwar ziemlich klein, aber sie brauchen selbst weit größere Feinde kaum zu fürchten. Die Evolution hat sie mit sehr wirksamen Verteidigungswaffen ausgerüstet – mit rund 30 000 starren, sich selbst erneuernden Stacheln. Freilich gelingt es hin und wieder einem Bären, Puma oder Kojoten, ein Stachelschwein zu töten, auch wenn das Gesicht des Angreifers hinterher wie ein Kaktus mit Stacheln gespickt ist.

Heimtückischere Feinde (abgesehen vom Menschen) sind die Fischermarder *(Martes pennanti),* marderähnliche Tiere, die ein Stachelschwein an der empfindlichsten Körperstelle, dem weichen Unterleib, angreifen. Die kampflustigen Fischermarder, die ihren irreführenden Namen den alten Trappern verdanken, denen sie gelegentlich Fische aus den Fallen stahlen, sind typische baum- und bodenbewohnende Tiere des nördlichen Waldes. Ihr Hauptverbreitungsgebiet erstreckt sich quer durch Kanada, vom Atlantik bis zum Pazifik, und an den Südflanken der großen Gebirgsketten. Fischermarder sind die größten Sprinter unter den Baumtieren: Auf dem Erdboden holen sie Eichhörnchen, andere Marder und sogar Schneeschuhhasen *(Lepus americanus)* ein. Dank ihrer Schnelligkeit und Aggressivität verkörpern sie eine besonders erfolgreiche Tierart; sie attackieren und verspeisen praktisch alles, was ihnen über den Weg läuft. Wenn sie einen Baumstachler überfallen, drehen sie das Opfer blitzschnell auf den Rücken und reißen ihm die Magengegend auf. Dabei können sie zwar ein paar Stacheln abbekommen, aber selten so viele, daß sie ernstlich Schaden nehmen.

Kojoten und Wölfe

Überall in den borealen Wäldern Nordamerikas sind der Amerikanische Rotfuchs *(Vulpes fulva),* das als eigene Art aufgefaßte Gegenstück zum altweltlichen Rotfuchs *(V. vulpes),* und der Kojote *(Canis latrans)* zu Hause. Diese allgegenwärtigen Wildhunde sorgen sehr wirksam dafür, daß die kleinen Nager und anderes Kleingetier im Ökosystem des Waldes nicht überhandnehmen, aber ihre wichtige Aufgabe im Naturhaushalt wird von vielen Jägern und Farmern verkannt, die es sogar durchsetzen, daß Kopfprämien auf den Abschuß des »Raubzeugs« ausgesetzt werden. Gleichwohl haben sich die Füchse und Kojoten behauptet; vor allem Kojoten kann man in den Nationalparks regelmäßig beobachten.

Seltener begegnet man dagegen den Wölfen *(Canis lupus),* obwohl sie im nördlichen Wald und in der nördlichen Tundra weit umherschweifen. Sie unterscheiden sich von ihren vorgenannten Verwandten nicht nur durch ihre größere Gestalt und Körperkraft, sondern auch durch ihre Fähigkeit zur Zusammenarbeit: Sie greifen vielfach im Rudel an und können auf diese Weise selbst große und wehrhafte Beutetiere zu Tode hetzen.

Die größten Säugetiere

Das Verbreitungsgebiet des Elches *(Alces alces),* dessen amerikanische Spielart auch als *Moose* bezeichnet wird, deckt sich weitgehend mit dem des Wolfes, wenngleich der Wolf in noch weit kälteren und nördlicheren Regionen anzutreffen ist. Beide Tierarten fühlen sich offensichtlich im offenen Gelände am wohlsten, besiedeln jedoch eine Vielzahl von Lebensräumen. Der Elch hält sich gerne in der Nähe von flachen Teichen, Seen und Flüssen auf, wo Weiden und Wasserpflanzen – seine Lieblingsnahrung – reichlich vorhanden sind, doch er ist auch nicht abgeneigt, den trockenen Pflanzenwuchs auf Berghängen abzuäsen. Elche müssen fast unterbrochen fressen, denn um ihrem massigen, bis 630 kg schweren Leib genügend Nahrung zuzuführen, benötigen sie täglich 18–27 kg Pflanzenkost. Als größter Hirsch der Erde ist der Elch ein gefährlicher Gegner für jeden Angreifer; er ist imstande, auch einen zudringlichen Menschen in Grund und Boden zu treten. Das ausladende, aus zwei gezackten Schaufeln bestehende Geweih der Bullen, das sich im Spätfrühling und Sommer entwickelt, ist eine furchterregende Waffe, die regelmäßig in den herbstlichen Brunftkämpfen eingesetzt wird. Dennoch sind Elche nicht unbesiegbar. Graubären können sogar einen voll ausgewachsenen Elch reißen. Junge und schwache Tiere fallen bisweilen einem Wolfsrudel zum Opfer, zumal im Winter, wenn der jährliche Lebenszyklus infolge der strengen Kälte und des hohen Schnees seinen Tiefstpunkt erreicht. Und wenn von den Wölfen keine Gefahr droht, müssen die Elche vor Kojoten, Luchsen und Wildkatzen auf der Hut sein.

Elche ziehen in den bewaldeten Gegenden Kanadas frei umher. Anders verhält es sich mit dem Waldbison *(Bison bison athabascae)*, dem größten Landsäugetier Nordamerikas. Er ist auf einige wenige Schutzgebiete beschränkt, insbesondere auf den kanadischen Wood Buffalo National Park, den flächenmäßig größten Nationalpark Nordamerikas – 4 480 777 ha Ebene, seichte Seen, Sümpfe, Wiesen, Fichten- und Kiefernwälder. Die dort lebenden Waldbisons haben sich allerdings zum großen Teil mit den einer anderen Unterart angehörenden Präriebisons *(B. bison bison)* vermischt, die man zu Tausenden in den Park überführt hat.

Um 1960 wurde in einem abgeschiedenen Teil des Wood Buffalo National Park eine isolierte Herde von reinrassig gebliebenen Waldbisons entdeckt, auf die sich die Hoffnung gründet, den Fortbestand dieser Unterart zu sichern. Im Sommer ernähren sich die Waldbisons vor allem von Blättern, Schößlingen und Baumrinde. Im Winter graben sie im Schnee nach Flechten, trockenem Gras und Moos.

Wenn man Bisons beobachtet, die im eisigen Winter durch den Schnee stapfen oder ihn mit seitlichen Bewegungen ihrer schweren Schädel wegzuschieben versuchen, dann sollte man meinen, sie würden nicht genug Gras und Seggen finden. Was manchmal tatsächlich auch der Fall ist, und am Ende des Winters zeichnen sich ihre Rippen deutlich unter der Haut ab.

Der gemäßigte Regenwald, die Heimat der Wapitis

Wenn ein Wald eine jährliche Niederschlagsmenge von 355 cm aufweist und der Boden fruchtbar und das Klima mild ist, dann erwartet man ganz selbstverständlich eine artenreiche, üppige Vegetation. Solche Umweltbedingungen herrschen auf der Olympic Peninsula (Halbinsel) im Bundesstaat Washington im äußersten Nordwesten der USA, zumal im Hoh River Rain Forest, der zum Olympic National Park gehört. Fast das gesamte Gebiet, das dicht bestanden ist mit riesigen Sitkafichten *(Picea sitchensis)* und Westlichen Hemlocks- oder Schierlingstannen *(Tsuga heterophylla)*, ist von zahlreichen Torfmoos-, Lebermoos- und Flechtenarten überzogen. Die wichtigsten Nutzholzarten der nördlichen Pazifikküste, die Douglastanne oder -fichte *(Pseudotsuga menziesii)* und der Riesenlebensbaum *(Thuja plicata)*, überragen einen Ahornunterwuchs *(Acer circinatum)*. Wasser ist reichlich

vorhanden; es füllt Teiche und Quellen, ergießt sich in Bächen und Flüssen, tropft als kondensierter Tau von den Blättern herab oder geht in einem ständigen Nieselregen auf die Bäume nieder. Diese lichtlose, feuchte Waldlandschaft, in der fast kein Durchkommen ist, scheint kaum der rechte Aufenthalt für größere Säugetiere zu sein, zumal für mächtige Geweihträger. Und doch fühlt sich der Olympia- oder Roosevelt-Wapiti *(Cervus elaphus roosevelti)* durchaus wohl in den sumpfigen Niederungen und auf den Hängen des Kaskadengebirges, und er hat offenbar keine große Mühe, sich einen Weg durch das ineinander verflochtene Gewirr aus Roterlen *(Alnus ruber)* und Pazifischen Weiden *(Salix lasiandra)* zu bahnen. Seine Äsung findet er vorwiegend auf den Weiden, doch hält er sich stets in unmittelbarer Nähe des dichten Waldes.

Die Wapitis sorgen selbst dafür, daß die Wiesen erhalten bleiben, denn wenn sie nicht die saftigen grünen Blätter und Triebe der Sträucher und Jungbäume abfräßen, würde sich der dichte Wald noch weiter ausbreiten. Indem die Tiere die wuchernd vordringende Vegetation kurzhalten, beeinflussen sie nachhaltig die Entfaltung des Waldes.

Der Name »Moose« für den amerikanischen Elch (Alces alces) ist von einem Indianerwort abgeleitet und bedeutet soviel wie »Zweigfresser«, was die Ernährungsweise dieser größten rezenten Hirschart treffend kennzeichnet.

Auf dem Foto oben äst eine Elchkuh in einem Wald in Alaska Zweige und endständige Knospen ab. Der Winter ist für die Elche eine harte Zeit, denn sie finden nur schwer genügend Nahrung für ihren massigen Körper. Am Winterende ist Unterernährung nicht selten.

Der Elchbulle links, der bis zu 530 kg wiegt, besitzt eine stark ramsnasige Muffel, einen langen Kehlsack und ein riesiges Schaufelgeweih. Wenn die Brunftzeit naht, fegen die Elche, nicht anders als die übrigen Hirsche, an einem Baum den Bast von ihrem Geweih.

Der Wapiti (Cervus elaphus canadensis) ist mit einem Gewicht bis zu 450 kg der zweitgrößte nordamerikanische Hirsch; das Geweih allein kann über 20 kg wiegen. Die Wapitis haben nur in weitverstreuten, zumeist isolierten Beständen zwischen Atlantik- und Pazifikküste und von Texas bis Kanada überdauert.

Ein vertrauter Anblick für Besucher des Yellowstone-Nationalparks im Mai oder Juni: Eine Wapitimutter erkennt ihr Kalb am Geruch und verzieht sich mit ihm ins schützende Dickicht (oben).

Verbißspuren an einem Espenbaum (rechts) bezeugen, daß der Winter eine schwere Zeit für die Wapitirudel ist, wenn die normale Äsung unter tiefem Schnee begraben ist.

Im September und Oktober hallen die Wälder wider von den lauten, aber ziemlich mißtönenden Brunftschreien und dem Kampfgetümmel der liebestollen Hirsche. Im darauffolgenden Juni werden die Kälber gesetzt. Menschen ist es nur selten vergönnt, einen flüchtigen Blick auf die zurückhaltenden und scheuen Wapitis zu werfen. Und wenn man einmal ein Tier entdeckt hat, kann man es im dichten Wald nur schwer verfolgen, um es genauer zu beobachten. Da jedoch ungefähr 5000 Stück den Olympic National Park bewohnen, wird der ausdauernde Wanderer schließlich doch belohnt, und er wird daneben wahrscheinlich auch noch andere Tiere des Regenwaldes zu Gesicht bekommen, wie zum Beispiel Pumas, Maultierhirsche *(Odocoileus hemionus),* Schwarzbären, Kojoten, Biber und Eichhörnchen.

Die Tundra Alaskas

Dichte Wälder erstrecken sich weiter nördlich im Küstenland von Britisch-Kolumbien und Südostalaska. Sitkafichten, die sich nach dem Abschmelzen der Gletscher in den letzten 200 Jahren hier angesiedelt haben, überziehen eine grüne Hügel- und Berglandschaft, in der das Felsengebirgshuhn *(Dendragapus obscurus)* und das Rothörnchen *(Tamiasciurus hudsonicus)* heimisch sind. Eine so starke Bewaldung in diesen nördlichen Breiten läßt sich nur durch den mildernden Einfluß der Meeresströme vor der kanadischen und alaskischen Küste erklären.
Die Wälder sind in der Tat riesig; der größte amerikanische »Staatswald«, der 6 475 111 ha umfassende Tongass, birgt viele landschaftliche Schönheiten und einen beträchtlichen Teil des Pflanzen- und Tierreichtums Südalaskas.
Keine sanfte Meeresluft mildert indes das Klima in Zentralalaska, und der Wald verkümmert dort zu den kleinwüchsigen und schütteren Fichten- und Weidenbeständen der Tundra. Die wichtigste Baumart ist die Schwarzfichte, die vielfach einen dichten Unterwuchs aus Gräsern und Sträuchern besitzt, etwa Blaubeeren, Bärentrauben *(Arctostaphylos uva-ursi)* und Heidekraut; eingesprengt sind Weißfichten, Espen, Lärchen und Birken.
Die auffälligsten Bewohner dieser Landschaft sind die großen Säugetiere. In vielköpfigen Herden ziehen die Barren-Ground-Karibus *(Rangifer arcticus)* durch die Tundrenwälder und über die steinigen Ebenen. Ihnen folgen die Wölfe, die es auf die kranken und schwachen Herdenmitglieder abgesehen haben und auf diese Weise zur Gesunderhaltung der Karibubestände beitragen. Den Wölfen folgen wiederum Adler, Füchse und andere Fleischfresser; sie plündern die »Vorratslager«, in denen die Wölfe einen Teil ihrer Beute verstecken, um sie später zu verzehren.
Die gewaltigen Elche trifft man am ehesten zwischen den Weidengehölzen oder in Teichen und Tümpeln an, wo sie ihren Kopf ins Wasser stecken, um Unterwasserpflanzen abzureißen. Ein anderer Riese, der Graubär, hält sich meist auf Wiesen und Tundren auf, wo er Wurzeln und Erdhörnchen ausgräbt. Vögel nisten hier in großer Zahl, oder sie sammeln sich auf den Gewässern oder wandern als Rauhfußhühner geräuschlos durch das Unterholz.
All dies macht den natürlichen Reichtum Alaskas aus, einer der letzten noch unberührten Großlandschaften unserer Erde. Es ist eine nördliche Wald- und Tundrenregion voller Zauber, Leben und Aktivität. Wenn der Mensch der Versuchung widersteht, dieses Land planlos auszubeuten, dann wird es den Besucher noch lange begeistern, auch nachdem man das letzte Kilo Kupfererz und den letzten Tropfen Öl aus dem Boden geholt hat.

Folgende Seiten: Die Wapitis des Yellowstone-Gebiets ziehen jeden Frühling aus den niedrig gelegenen Winterquartieren in höhere Lagen hinauf, wo frisches Grün reichlich vorhanden ist.

Waldformen Mittel- und Südamerikas:

Bergwald

Nadelwald

Mischwald

Laubwald

Tropischer Regenwald

Die Regenwälder Mittel- und Südamerikas

Der größte Tropenwald der Erde erstreckt sich von Mittelamerika südwärts durch das Amazonasbecken bis Südbrasilien. Diese weite Waldlandschaft umfaßt vielerlei Waldtypen: feuchtheiße Tieflandwälder, Bergwälder, Nebelwälder, Regenwälder und trockene, fast wüstenähnliche Pflanzengesellschaften. Sehr häufig wird das unermeßliche, dichtbewaldete Gebiet durch Gebirgszüge, Seen und weite Savannen unterbrochen. Am Westrand des Kontinents zieht sich die Andenkette bis in die südliche gemäßigte Zone und in das Gebiet der großen Buchenwälder hin, wo der Kondor am Himmel kreist und der Puma beutehungrig umherstreift.

Die Tiefland- und Bergwälder Mittelamerikas

Eine Reise in den Süden, nach Mexiko und Mittelamerika, führt nicht unbedingt in eine ganz neue Welt. Genauso wie in Nordamerika findet man hier Kiefern-, Eichen-, Mangroven-, Laub- und Regenwälder. Weißwedelhirsche *(Odocoileus virginianus)* durchstreifen den offenen Wald bis hinunter zum nördlichen Südamerika. Dennoch fallen gewisse Unterschiede ins Auge. Die mittelamerikanischen Eichenwälder sind beispielsweise vom Regen oft stark durchfeuchtet und von dicken Luftpflanzenpolstern überwuchert. In Trockengebieten herrscht oft sechs Monate Dürre und sechs Monate Überschwemmung. Eindrucksvoll ist die Vielfalt der Ökosysteme, die man in einer einzigen Region im südlichen Costa Rica antrifft. Nicht weniger imposant sind die Bäume, die hier wachsen. Der mächtige Guanacaste *(Enterolobium cyclocarpum)*, der Nationalbaum Costa Ricas, ist nur eine von rund 1800 Baumarten des Landes. Selbst der Unterwuchs der Feuchtwälder hat Erstaunliches zu bieten: Die Blätter der Meerbeerenpflanze *Gunnera* können einen Durchmesser von 3 m erreichen! Blühende Bäume, insbesondere Vertreter der Gattung *Tabebuia,* beleben die Vegetation mit leuchtenden Farben; die schwefelgelben Blüten von *T. chrysantha* überziehen im April die Tieflandwälder wie mit einem Flammenmeer. Nicht ganz so auffällig sind die Orchideen, die fast überall wachsen. Ein charakteristisches Beispiel ist das Langwurzelige Epidendrum *(Epidendrum radicans)* mit seinen strahlend roten und gelben Blüten, doch daneben sind in Costa Rica noch etwa 1000 weitere wildwachsende Orchideenarten nachgewiesen.

Die Tieflandwälder sind teilweise sehr dicht und bevölkert von Brüllaffen *(Alouatta),* deren nachmittäglicher »Chorgesang« weithin widerhallt. Scharen von Papageien fliegen durch das Geäst. Scharlachrote Felsenkrabben *(Grapsus grapsus)* huschen unter Palmen hin und her. Auf einem Streifzug durch diese vielgestaltige Waldlandschaft fallen dem Besucher allerlei Merkwürdigkeiten auf: Ojoche-Bäume mit mächtigen Brettwurzeln, Sumpfgebiete an der Pazifikküste, die so salzig sind, daß die Blätter sämtlicher Bäume und Sträucher dicht mit

Folgende Seiten: Grüne Leguane (Iguana iguana) nehmen gern auf hohen Ästen ein Sonnenbad. Die harmlosen Reptilien, die in waldreichen Gegenden von Mexiko bis Brasilien vorkommen, können mühelos an Baumstämmen entlanglaufen. Wenn Gefahr droht, springen sie von ihrem Ast auf den Boden oder ins Wasser.

Wegen der hohen Luftfeuchtigkeit der
Regenwälder können die tropischen
Laubfrösche auf das Leben im Wasser
verzichten. Sie haben sich auf
erstaunliche Weise an das Baumleben
angepaßt. Der männliche Maki- oder
Greiffrosch (Phyllomedusa trinitatis),
oben, im Arima-Tal auf Trinidad hat
Saugpolster an seinen Zehen, die ihm auf
der zumeist schlüpfrigen Unterlage einen
sicheren Halt verleihen, wenn er von Ast
zu Ast hüpft.
Rechts ein Laubfroschpaar beim
Kopulieren. Bei manchen Arten trägt das
Weibchen eine Eiertraube auf dem
Rücken, bis die Kaulquappen völlig
entwickelt sind.

Salzkristallen überzogen sind und fast weiß erscheinen, neugierige, schwatzhafte Kapuzineraffen *(Cebus capucinus)* und farbenprächtige Motmotvögel *(Momotus momota)*, die unbeweglich auf den unteren Ästen der Bäume hocken und auf Beute lauern.

Groß ist die Überraschung, wenn plötzlich ein meterlanger Grüner Leguan *(Iguana iguana)* von einem Ast abspringt und eine Bauchlandung auf dem Boden des Tropenwaldes vollführt. Das haben wir mehr als einmal im costaricanischen Santa-Rosa-Nationalpark erlebt, wo diese Echsen wieder zunehmen, nachdem man sie lange wegen ihres wohlschmeckenden Fleisches gejagt hat. Die Grünen Leguane legen zwar ihre Eier am Uferrand ab und flüchten sich vor Feinden oft ins Wasser, verbringen aber ihr Leben vorwiegend auf den Bäumen. Die Färbung und Zeichnung ihres Schuppenkleides verschmelzen mit der Baumkulisse, und die Tiere verhalten sich bei Gefahr vollkommen still. Sie können jedoch auch rennend und springend sehr schnell flüchten, wenn sie sich bedroht fühlen. Die Leguane *(Iguanidae)* bilden eine ausgesprochen neuweltliche Reptilienfamilie, aber einige wenige Arten kommen auch auf Madagaskar und auf den Fidschi- und Tonga-Inseln vor, was die Vermutung nahelegt, daß sie einst die Wälder der ganzen Welt bewohnten.

Im unzugänglicheren Bergland von Costa Rica, wo die Feuchtigkeit zunimmt und zu Wolken verdichtet, die die Hänge und Gipfel einhüllen, finden wir die verschwenderische Fülle noch ungestörter Nebelwälder. Hier lebt der Quetzal oder Quesal *(Pharomachrus mocinno)*, ein farbenprächtiger Vogel, dessen elegante rote und grüne Federn in den Kulten der Mayas und Azteken eine wichtige Rolle spielten. Der seltene Quetzal ist schwer zu entdecken; wir haben mehrere Tage in den mittelamerikanischen Nebelwäldern zugebracht und von ihm nie mehr gesehen als einen flüchtigen Schatten im fernen Gezweig des hohen Blätterdaches. Die langschwänzigen Vögel richten ihr Nest in Baumhöhlen ein, etwa 4–20 m über dem Boden. Ihre Hauptnahrung sind Früchte, doch gelegentlich erbeuten sie auch Insekten, Frösche und Eidechsen.

Eines der reichsten Naturschutzgebiete in Costa Rica ist das Monteverde-Nebelwald-Reservat. Es umfaßt sechs verschiedene Lebensräume mit insgesamt 2000 Pflanzen-, 320 Vogel- und 100 Säugetierarten. Zur letzteren Gruppe gehören Jaguare *(Panthera onca)*, Pumas *(Puma concolor)*, Ozelots *(Leopardus pardalis)*, ferner Tapire, Pekaris, Hirsche und Affen. Hervorragende Vertreter der Vogelfauna sind, neben dem Quetzal, der Große Soldaten-Ara *(Ara ambigua)*, das Schwarze Sichelflügelschaku *(Chamaepetes unicolor)* und der Dreilappglockenvogel *(Procnias tricarunculata)*.

Es wimmelt allenthalben von Fröschen und Kröten; in keinem mittelamerikanischen Wald braucht man lange nach ihnen zu suchen. Meist sitzen sie gut getarnt in ihren Verstecken. Doch einige Froscharten sind außerordentlich farbenfreudig und tragen eine auffallende Streifen- oder Fleckenzeichnung. Diese Farb- oder Färberfrösche sind zum Teil hochgiftig. Südamerikanische Indianer bestreichen ihre Pfeilspitzen mit dem Hautsekret bestimmter Farbfrösche; dieses Nervengift wirkt fast sofort, zumindest wenn ein kleineres Tier von einem solchen Pfeil getroffen wird. Den Fröschen selbst dient das Gift als Schutz, denn mögliche Freßfeinde lernen sehr bald, sie zu meiden.

Solche Anpassungsformen haben sich bei Fröschen und Kröten entwickelt, weil diese Tiere klein, wohlschmeckend und von zahllosen Freßfeinden umgeben sind. Wie bei den Leguanen sind die meisten von ihnen beim Nahrungserwerb auf ihre Schutztracht und ihre Geduld angewiesen. Sie verstecken sich oft so tief unter der Pflanzendecke des Waldbodens, daß nur noch ihre Augen und ihre Nasenspitze hervorlugen. Im genau richtigen Augenblick öffnen sie das Maul und

Nahaufnahme eines sieben Tage alten Laubfroschlaichs, der als gallertige Masse an einem Blatt klebt. Die Kaulquappen entwickeln sich in diesem luftigen »Nest« und fallen nach sieben oder acht Tagen aus ihren Eihüllen in das Wasser am Fuße des Baumes.

1 △   2 ▽   3 △

7 ▽

Unter den Kleintieren der
mittelamerikanischen Wälder herrscht
ein unaufhörlicher Kampf ums
Überleben. Überall verstecken sich Tiere,
versuchen sich zu verteidigen oder
bereiten sich zum Angriff vor.

lassen es dann wie eine Stahlfalle über einem Beutetier zuschnappen. Frösche sind recht lautfreudige Tiere. Im Amazonasurwald konnten wir an einem einzigen Standort mehr als ein Dutzend verschiedene Zirp-, Zwitscher- und Quaklaute gleichzeitig hören. Der brasilianische Kolbenfuß *(Hyla faber)* wird wegen seiner Lautäußerungen, die wie Hammerschläge auf einem Amboß klingen, auch als »Schmied« bezeichnet.

Ein Lieblingsversteck für Frösche, Kröten und anderes Kleingetier des tropischen und subtropischen Waldes ist das Blattwerk der Epiphyten oder Luftpflanzen. Diese Pflanzen sitzen auf Baumästen und beziehen Nährstoffe und Feuchtigkeit aus der Luft sowie aus dem Regen oder Nebel. Sie wachsen in großen Höhen, um möglichst viel Sonnenlicht einzufangen, und ihre bunten Blätter beleben den düsteren Wald mit leuchtend gelben, roten und grünen Farbtupfen. Viele Epiphyten gehören der Familie der Ananasgewächse *(Bromeliaceae)* an. Jede Pflanze stellt einen Miniaturlebensraum dar, denn das Wasser, das sich in den Blattbechern sammelt, bildet winzige Tümpel, die vielen Organismen als Tränke oder als ständiger Aufenthalt dienen. Im Tropenwald wird jede ökologische Nische ausgenutzt.

1./2. Ein winziger Ananasfrosch (Amphodus auratus) auf Trinidad in Großaufnahme und in der Wasseransammlung am Grunde der Blattrosette einer Bromelie.
3./4. Eine waldbewohnende Süßwasserkrabbe (Pseudothelphusa richmondi) bei Barro Colorado in der Kanalzone in normaler Haltung und in Verteidigungsstellung.
5./6. Eine Laubheuschrecke auf Trinidad, die sich soeben gehäutet hat (oben) und wenig später (unten) ihre alte Haut auffrißt.
7. Eine weibliche Landschnecke (Strophocheilus oblongus) auf Trinidad legt ihre Eier auf dem Waldboden ab.

Der Urwald des Amazonas

Der Macaya ist ein kleiner, wenig bekannter Fluß. Er mündet in den Caquetá, der seinerseits in den Amazonas fließt. Mit unserem Einbaum ließen wir uns auf dem kleinen, windungsreichen Macaya flußabwärts treiben, während von allen Seiten die Geräusche des Urwaldes auf uns eindrangen.

Zunächst waren es sanfte Geräusche, fernes Heulen und Grollen. Ein Taubenpaar stieß klagende Laute aus. Insekten surrten. Das Laub raschelte. Alle Tierstimmen erklangen gleichsam gedämpft durch die mächtigen Wände des Tropenwaldes, die zu beiden Seiten des Flusses aufragten. Die Vegetation schob sich so dicht an den Fluß heran, daß unter den überhängenden Ästen, deren Blätter ins Wasser eintauchten und die sich in der Strömung wiegten, nur selten ein schmaler schlammiger Uferstreifen sichtbar wurde. Riesige Morphofalter, deren purpurblau schillernde Flügel eine Spannweite von fast 20 cm hatten, flatterten im Laubwerk.

Plötzlich erschallte ein lauter melodischer Vogelruf, ein glockenähnlicher Stakkatoton, der so durchdringend war, daß er von überall her gleichzeitig zu kommen schien. In den Tagen vorher, als wir mit unserem Boot auf dem Orteguasa dahinglitten, hatten wir immer wieder die schlauchförmigen Hängenester dieses Vogels gesehen, der den Namen Schapu oder Haubenoropendola *(Psarocolius decumanus)* trägt. Die Vögel befestigen ihre Behausung an den äußersten Zweigen von Bäumen, die frei auf einer Kahlfläche oder am Flußufer stehen, so daß räuberische Säugetiere oder Reptilien das Gelege oder die Jungvögel nur sehr schwer erreichen können. Die sorgfältig geflochtenen und 1–2 m langen Nestbeutel, oft fünfzig an einem einzigen Baum, geraten bei der leichtesten Brise in Bewegung und pendeln in einem heftigen Regensturm wie wild hin und her. Wir hatten auch die etwa 45 cm langen schwarzen Vögel mit den leuchtenden gelben Schwanzstreifen ein- und ausfliegen sehen. Doch nur hier, in dieser noch wilderen Urwaldlandschaft, konnten wir ihre glockenhelle Stimme vernehmen. Während der Balz stellen die Männchen ihre bebenden Flügel auf und klappen sie zusammen oder schlagen vor dem Nest ein Rad.

Der tropische Regenwald im Amazonasgebiet ist offen und verhältnismäßig frei von Unterwuchs. Wir stapften durch eine Schicht aus großen, dicken Blättern, aber grüne Pflanzen wuchsen nur spärlich zwischen den schwach erhellten Stämmen der Riesenbäume. In gemäßigten Regenwäldern und sogar in tropischen Nebelwäldern ist die Vegetation reicher und üppiger.

Die Amazonaswälder sind besonders stark abhängig von der Sonne, denn die ohrenbetäubenden Regengüsse, die wir fast jede Nacht über uns ergehen lassen mußten, waschen einen großen Teil der Mineralstoffe aus dem Boden. Der Reichtum dieser Wälder besteht in den sonnendurchtränkten Blättern, Zweigen und Stämmen der hohen Bäume, etwa der Kapokbäume *(Ceiba pentandra)* und der anderen Wollbaumarten *(Bombax),* sowie den unzähligen Wildtieren, die in ihnen leben.

Das Land der Jaguare

Tropenwald, Dickichte, Strauchland und felsiges Terrain sagen dem Jaguar *(Panthera onca)* zu, dabei bevorzugt er geschütztes Gelände, das ihm genügend Deckung bietet. Er klettert nicht so gewandt wie der afrikanische Leopard *(Panthera pardus),* vermutlich weil er untersetzter gebaut und etwas größer ist; seine Körperlänge beträgt 1,50 m bei einem Gewicht bis zu 135 kg. Der Jaguar ist eine kraftvolle Katze,

die einem Pferd den Hals brechen kann und zuweilen auch andere Haustiere überfällt. Im Urwald muß er hingegen sehr behutsam zu Werke gehen, denn die meisten Beutetiere sind so wachsam, daß sie ihm sehr oft entkommen. Am häufigsten reißt er Pekaris oder Nabelschweine *(Tayassu)*, die allerdings auch sehr flink sein können, wenn sie die Flucht ergreifen müssen. Tapire, Wasserschweine *(Hydrochoerus hydrochoerus)* oder Hirsche sind für den Jaguar stets eine willkommene Beute. Von den Baumtieren machen ihm die bedächtigen Faultiere am wenigsten Schwierigkeiten, doch wenn er im Geäst Affen oder Vögel jagen will, muß er fast fliegen, es sei denn, er stößt auf ein verletztes Exemplar oder legt einen Hinterhalt. Da Jaguare gute Schwimmer sind, sind selbst Schildkröten, Fische und Amphibien vor ihnen nicht sicher.

Langschwanzkatzen oder Margays *(Leopardus tigrinus)*, eine andere neuweltliche Katzenart, sind reine Waldbewohner und ausgezeichnete Kletterer, die an den mächtigen Baumstämmen sogar mit dem Kopf nach unten hinunterrennen können. Im Gegensatz zu den Jaguaren gehen die kleineren Margays im Kronendach auf Beutejagd.

Unten auf dem Boden tummeln sich ganze Herden wilder Schweine mit hohen, schlanken Beinen und zierlich zugespitzten Hufen: die bereits genannten Pekaris. Man tut gut daran, ihnen aus dem Weg zu gehen, denn die normalerweise friedfertigen Tiere können zu einem gefährlichen Gegner werden, wenn sie bedrängt oder verwundet werden. Und wenn eine Rotte von 100 Tieren geschlossen zum Angriff übergeht, gerät ein Feind leicht in Schwierigkeiten. Pekaris halten sich am liebsten in der Nähe von Flüssen auf, und obgleich sie recht behende sind, verlassen sie oft ihr ganzes Leben lang nicht ihr nur etwa 5 km² großes Revier. Das hat seinen Grund vor allem darin, daß sie nahezu alles fressen, was ihnen ihr Revier zu bieten hat – Früchte, Beeren und Knollen, aber hin und wieder auch eine Schlange oder andere kleine Wirbeltiere.

Die Vogelwelt des Tropenwaldes ist von verwirrender Vielfalt und Schönheit. Immerhin sind fast 3000 Vogelarten in Südamerika beheimatet – eine gewaltige Zahl. Und zu den ersten Gefiederten, die der Besucher vernimmt oder erblickt, gehören wahrscheinlich die großen Aras oder Araras mit ihrer krächzenden Stimme und ihrem herrlich gefärbten Federkleid: etwa der vorwiegend scharlachrote Arakanga *(Ara macao)*, der blau-gelbe Gelbbrustara oder Ararauna *(A. ararauna)* oder einer der Dutzend anderen Arten. Diese Papageien hocken oft stundenlang schwatzend auf den Bäumen, oder sie fliegen mit schrillen Rufen über das Kronendach dahin.

Wie die mächtigen Aras leben auch die winzigen Kolibris ausschließlich in der Neuen Welt. Von den rund 320 Arten entfallen allein 235 auf Südamerika. Es sind hochspezialisierte und sehr aktive Flugkünstler, die gleich fliegenden Edelsteinen in den tropischen Wäldern umherschwirren und -flitzen. Allen gemeinsam ist das in vielen Farben irisierende Federkleid, und etliche Arten zeichnen sich durch ungewöhnliche Schnabelformen oder lang ausgezogene Schwanzfedern und aparte Federhauben und Federwimpel aus. Ihre wohlklingenden Namen können ihre Formenvielfalt und Schönheit nur andeuten: Schwertschnabelkolibri *(Ensifera ensifera)*, Schleppensylphe *(Lesbia sparganura)*, Schmuckelfe *(Iophornis ornata)* usw. Alle Kolibris ernähren sich von Insekten, die sie im Flug erhaschen, und von Nektar, den sie, im Schwirrflug in der Luft stehend, aus den Blüten saugen. Das Protein der Insektenkost ist wesentlich zur Deckung des hohen Energiebedarfs der stets munteren Vogelzwerge. Manche Pflanzen, zumal solche mit langgestreckten orangefarbenen oder roten röhrenförmigen Blütenkelchen, sind ausschließlich auf die Bestäubung durch Kolibris angewiesen.

Folgende Seite: Eine wichtige Rolle bei der Bestäubung der Blütenpflanzen im tropischen Regenwald spielen die Kolibris (Trochilidae), die sich offenbar nicht vom Geruch, sondern von leuchtenden Farben, zumal von Rot und Orange, anlocken lassen. Im Schwirrflug sammeln die Vögelchen Nektar, und dabei übertragen sie die Pollen von einer Blüte zur anderen.

Vor allem, weil sich die Nährstoffe im tropischen Regenwald in einer nur wenige Zentimeter dicken Oberflächenschicht ansammeln, reichen die Wurzeln vieler Bäume nicht sehr tief in den Boden hinab. Aber eine flache Bewurzelung gibt keinen festen Halt; deshalb bilden manche Bäume des Amazonasbeckens Stelzwurzeln aus, die ihnen mehr Standfestigkeit verleihen (oben).

Andere Blüten sind in dieser Hinsicht völlig von Fledermäusen abhängig; da aber Fledermäuse nur in der Nacht fliegen und nicht von Farben angelockt werden, besitzen diese Blüten meist grünliche, weißliche oder purpurne Blütenblätter, die sich nur zwischen Abend- und Morgendämmerung öffnen. In einer einzigen Nacht kann eine nektarsuchende Fledermaus 16 km weit umherfliegen. Im dichten, tiefen Tropenwald, in dem sich kaum ein Lüftchen regt, haben sich nur wenige Pflanzen mit Windbestäubung entwickelt; die einzigartig angepaßten Kolibris und Fledermäuse spielen also im Fortpflanzungsgeschehen der Pflanzen eine entscheidende Rolle.

Ein ruhigeres Leben als die Kolibris führen die Tukane (*Ramphastidae*), die aber kaum weniger prachtvoll gefärbt sind. Sie bilden eine für den amerikanischen Tropenwald besonders charakteristische Vogelfamilie. An ihrem riesigen, aber federleichten bunten Schnabel sind sie sofort zu erkennen. Mit ihm pflücken und zerkleinern sie Früchte, die ihre Hauptnahrung darstellen. Tukane sind ausgesprochene Baumbewohner, die sich in den oberen Etagen des Waldes meist hüpfend und springend fortbewegen. Neben den Papageien zählen sie zu den lautfreudigsten Urwaldvögeln. Der größte Vertreter der vielgestaltigen Familie ist der Riesentukan (*Ramphastus toco*), der fast 60 cm lang wird. Eine eigene Gruppe innerhalb der Tukansippschaft bezeichnet man als Arassaris (besonders die Gattung *Pteroglossus*), die sich durch ihre zierlichere Gestalt und den kürzeren Schnabel von ihren Verwandten unterscheiden.

An den Flußufern können wir zuweilen Schopfhühner oder Hoatzins (*Opisthocomus hoazin*) von einem Strauch oder niederen Baum abstreichen sehen. Der laute Lärm der Spechte, die in Südamerika mit mindestens 54 Arten vertreten sind, schallt durch den Wald. Baumkletterer oder Baumsteiger (*Dendrocolaptidae*) eilen an den Baumstämmen auf und ab und stochern in Rindenspalten nach Insekten, Spinnen und anderen Kleintieren. Drosselgroße Töpfervögel (*Furnarius rufus*) bauen im Geäst unermüdlich ihre kugeligen Lehmnester, die wie altmodische Backöfen aussehen.

Anmutige Falter und gefährliche Ameisen

Nach Artenreichtum, Farbenpracht und Formenfülle ist die Schmetterlingsfauna der neotropischen Region die bedeutendste der Erde. Allein die kosmopolitische Familie *Erycinidae* ist in Südamerika mit mehr Arten vertreten, als die ganze übrige Welt aufzuweisen hat. Zahlreiche Schmetterlinge leben ausschließlich in den tropischen Regenwäldern der Neuen Welt. Viele der prächtigsten Falter, zum Beispiel *Morpho, Agrias* und *Troides,* bewohnen allerdings das hohe Kronendach des Waldes und sind deshalb in ihrer natürlichen Umgebung nur schwer zu entdecken.

Freilich ist es auch nicht der Zweck der bunten Schmetterlingsfarben, das Auge des Menschen zu erfreuen. Sie dient vielmehr der Tarnung, die den Tieren einen gewissen Schutz bietet, wenn sie sich auf den Blüten niederlassen. Zum anderen steht sie im Dienst der Arterkennung, das heißt, daß sich die Angehörigen einer Art an ihrer spezifischen Farbe und Farbverteilung wiedererkennen. Auch die Schmetterlinge haben ihren festen Platz in der Lebensgemeinschaft des Waldes und in der Nahrungskette: Sie fressen und verwerten Pflanzenstoffe und übertragen Pollen von einer Blüte zur anderen und dienen selbst Schmarotzern, Aasfressern, Eidechsen, Vögeln, Fledermäusen und Affen als Nahrung. Welchen Reichtum an Schmetterlingen Südamerika besitzt, bestätigt Henry Walter Bates, ein englischer Forschungsreisender des vorigen Jahrhunderts: »Man gewinnt eine kleine

Die amerikanischen Tropenfalter bestechen durch ihre leuchtenden Farben und ihre Formenvielfalt. Sie leben von pflanzlichen Stoffen und dienen ihrerseits vielen anderen Tieren als Nahrung. Schmetterlinge bewohnen verschiedene Waldetagen, sowohl den schattigen Unterwuchs als auch die Baumkronen und die Lichtungen.

Obere Reihe links: Ein Tagfalter mit transparenten Flügeln aus der Familie Ithomiidae in Costa Rica. Dank ihrer Ungenießbarkeit sind die meisten Vertreter dieser Familie vor Feinden sicher. Mitte: Ein Morphofalter (Morpho) aus Brasilien. Die Morphos halten sich fast ständig in oder über den Baumwipfeln auf, außer wenn sie zum Trinken ans Wasser kommen. Rechts: Kopulierende Zipfelfalter (Thecla). Diese Schmetterlinge legen ihre Eier nicht selten in Blütenknospen ab. Die Raupen leben von der sich entfaltenden Blüte.

Mittlere Reihe links: Ein durchscheinender Callitaera-Schmetterling aus der Familie der Augenfalter (Satyridae). Bei Gefahr flüchten sich die Augenfalter vielfach in dichtes Gesträuch und falten die Flügel über dem Rücken; die dunkel gefärbten Flügelunterseiten sind eine hervorragende Tarnung. Mitte: Morpho peleus-insularis. Die Raupen der Morphofalter leben gesellig in einem Gespinst, das die ihnen als Nahrung dienenden Blätter umhüllt. Rechts: Der wegen seiner auffälligen Flügelzeichnung so genannte »88«- oder »98«-Schmetterling (Callicore). Diese Zeichnung soll Feinde abschrecken oder deren Aufmerksamkeit von wichtigen Körperteilen ablenken. Unten rechts: Eine Ansammlung von Ritterfaltern (Papilio astyalus) in der Nähe der Iguazú-Fälle in Argentinien.

Eine riesige Marschkolonne von Treiberameisen (Eciton) gehört zu den aufregendsten Schauspielen im tropischen Regenwald. Diese nomadischen räuberischen Ameisen wandern 15–30 Tage lang nachts umher, wobei sie ihre Larven mit sich tragen. Unterwegs attackieren und fressen sie alle Insekten und Kleinsäuger, die sie erreichen können. Dann folgt eine Ruheperiode, in der die Königin, wohlgeschützt in einem lebenden Nest aus Soldaten und Arbeiterinnen, jeden Tag Tausende von Eiern legt. Wenn die Larven etwa zwei Wochen alt sind, setzen die Ameisen ihren Wanderzug fort.

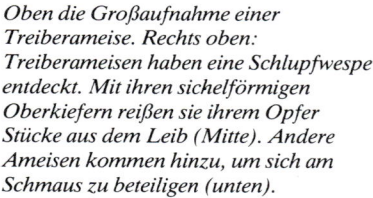

Oben die Großaufnahme einer Treiberameise. Rechts oben: Treiberameisen haben eine Schlupfwespe entdeckt. Mit ihren sichelförmigen Oberkiefern reißen sie ihrem Opfer Stücke aus dem Leib (Mitte). Andere Ameisen kommen hinzu, um sich am Schmaus zu beteiligen (unten).

Vorstellung von der Mannigfaltigkeit der hier lebenden Schmetterlinge, wenn ich erwähne, daß man während eines einstündigen Streifzuges nicht weniger als rund 700 Arten zählen kann.«

Die geschlechtsreifen Schmetterlingsweibchen legen zahlreiche Eier. Die daraus hervorgehenden neuen Schmetterlinge machen eine Entwicklung oder Metamorphose durch, die sich in drei Stufen vollzieht: Larve (Raupe), Puppe (Chrysalis) und Vollinsekt (Imago). Ausgewachsene Schmetterlinge verfügen über scharfe Augen und empfindliche Geruchs- und Tastorgane, die in den Fühlern sitzen. Obwohl die Tiere meist einzeln leben, versammeln sie sich manchmal in großen Schwärmen, die gemeinsam weiterziehen, um der Dürre oder extremer Feuchtigkeit oder Hitze zu entgehen.

Am meisten fasziniert uns indes bei den Schmetterlingen die Farbenpracht. Der Zipfelfalter *Thecla coronata* erstrahlt in hellem Blau. Beim Morphofalter *Morpho didius* schillern die Schwingen in blauen und purpurnen Tönen. Einer der schönsten und begehrtesten Schmetterlinge der Welt ist die Nymphalide *Agrias sardanapalus,* die in allen Regenbogenfarben leuchtet. Den praktischen Nutzen der Farben und Abzeichen demonstriert besonders eindringlich der Caligofalter *(Caligo beltrao)* aus Mittel- und Südbrasilien. Er ist blau, schwarz und gelb gefärbt und trägt auf der Unterseite der Hinterflügel riesige Augenflecken. Wenn er sich bedroht fühlt, öffnet er plötzlich seine Flügel und erschreckt den Feind mit seinem »Eulengesicht«. Der gleichen Methode bedienen sich auch die Pfauenspinner *(Automeris).*

Die Wälder Südamerikas sind förmlich vollgestopft mit Myriaden von Kleinlebewesen, und die Biomasse (das »Lebendgewicht« sämtlicher Organismen) der Wirbellosen übersteigt die der Säugetiere. Zumal die Insekten überraschen durch Formen- und Artenreichtum.

Wirklich gefährliche Insekten sind die Treiberameisen der Gattung *Eciton.* In Marschkolonnen, die sich aus Millionen von Einzeltieren zusammensetzen, wandern sie mit einer Geschwindigkeit von vielleicht 20 m/h durch den Urwald. Andere Tiere ergreifen die Flucht vor ihnen, doch manche können ihrem Schicksal nicht entgehen und werden von den kräftigen Mundwerkzeugen der aggressiven Treiberameisen zerfetzt. Eine willkommene Beute ist diese Ameisenflut für die Ameisenvögel *(Formicariidae),* eine unscheinbare Vogelfamilie, die jedoch in Südamerika mit 226 Arten vertreten ist. Sie folgen scharenweise den Marschkolonnen und picken sowohl Ameisen als auch andere Insekten auf, die von der Kolonne aufgescheucht werden.

Treiberameisen versammeln sich, um ein schützendes Nest für die Königin zu bilden.

Südlich der Tropen

Auf dem Weg nach Paraguay machen wir kurz halt bei den eindrucksvollen Iguazú-Fällen, einer Ansammlung von 278 Katarakten, die umgeben sind von subtropischen Bäumen, deren Namen meist der Sprache der Guaraní-Indianer entnommen sind. Dort flattern die kleinen *Callicore*-Falter, die eine »88« auf ihren Flügeln tragen, in den offenen Tälern umher. Papageienschwärme kreisen im Dunst über den Wasserfällen, Kolibris schießen zwischen den Bäumen dahin, Affen turnen im Geäst, und überall lauern giftige Schlangen. Aus der Tiefe des Waldes ertönt der seltsame, an einen gezupften Kamm erinnernde Gesang des Schwarzstärlings Chopí *(Gnorimopsar chopi).*

Als wir uns auf einer unbefestigten kupferfarbenen Straße den Iguazú-Fällen näherten, lief uns ein schweinchenähnliches Nagetier über den Weg und verschwand im dichten grünen Unterholz – offensichtlich eine Paca *(Cuniculus paca),* die zur Familie der Agutis gehört. Pacas, die etwa 62 cm lang werden, hausen in selbstgegrabenen Höhlen unter Baumwurzeln und leben von Früchten und anderer Pflanzenkost.

Die Ameisenbären

Nicht nur viele Vogelarten haben sich auf die Insektenjagd spezialisiert, sondern auch einige Säugetiere, allen voran die neuweltlichen Ameisenbären, die hauptsächlich in den tropischen Wäldern zu Hause sind. Sie besitzen zu diesem Zweck eine ungewöhnlich lang ausgezogene, fast röhrenförmige Schnauze, die sich nach vorne verjüngt, und haben eine lange, klebrige Zunge. Außerdem sind ihre Vordergliedmaßen mit großen, scharfen Krallen bestückt, die sich zum Aufreißen von Ameisennestern oder Termitenbauen hervorragend eignen. Der tag- und nachtaktive Großameisenbär *(Myrmecophaga tridactyla),* der mit Schwanz ungefähr 2 m mißt, ernährt sich vorzugsweise von Termiten. Der erheblich kleinere Tamandua *(Tamandua tetradactyla)* wandert vor allem in der Nacht umher auf der Suche nach Ameisen, Termiten und Bienen.

In einem höheren Stockwerk des Waldes wohnen die nur eichhörnchengroßen Zwergameisenbären *(Cyclopes didactylus).* Sie verbringen die Nächte in den Baumkronen, wo sie Ameisen und anderen Insekten nachstellen. Mit ihrem Greifschwanz und ihren langen Krallen sind sie

Die von Termiten und Ameisen lebenden Ameisenbären, die drei Gattungen mit nur jeweils einer einzigen Art bilden, sind vorwiegend in tropischen Wäldern anzutreffen. Die Mittel- und Zwergameisenbären gehen vor allem bei Nacht und auf Bäumen auf die Jagd. Das Profil des Großameisenbären (Myrmecophaga tridactyla), oben, läßt den typischen lang ausgezogenen Kopf mit der röhrenförmigen Schnauze erkennen, die zum Ausnehmen von Ameisen- und Termitennestern besonders geeignet ist.

Links tut sich ein Mittelameisenbär (Tamandua tetradactyla) im unteren Amazonasbecken an Termiten gütlich. Die scharfen Krallen werden zum Aufreißen von hartwandigen Ameisen- und Termitenbauen benutzt. Das Fehlen eines Gebisses wird durch einen muskulösen Magen ausgeglichen.

zwar langsame, aber geschickte Kletterer. Tagsüber ruhen sie zusammengerollt in einer Baumhöhle oder Astgabel. Doch Tag und Nacht müssen sie vor Feinden auf der Hut sein, denn hoch oben in den Wipfeln sind sie ständig von Adlern und Eulen bedroht.

Die größeren Ameisenbären brauchen zum Leben Ameisen, Termiten und andere Nahrung in gewaltigen Mengen; der Großameisenbär wiegt immerhin bis zu 45 kg. Doch da die tropischen und subtropischen Ökosysteme so überreich an Insekten sind, wird das natürliche Gleichgewicht durch die Ameisenbärenbestände nicht gestört.

Lebende Fossilien – die Tapire

Als wir in Richtung Westen durch eine weite Feld- und Wiesenlandschaft fuhren, die übersät war mit meterhohen Ameisenhügeln, entdeckten wir die Purpurblüten des Lapacho-Baums *(Tabebuia ipe),* der zum Wahrzeichen Paraguays wurde. Zwei andere wertvolle Baumarten *(Schinopsis lorentzii* und *Sch. santiqueno)* erhielten den Namen Quebracho, weil ihr Holz so hart ist, daß es *quebrar el hacha* (»die Axt zerbrechen«) kann. Trockene, offene Quebracho-Wälder finden sich im Gran Chaco, einer riesigen Wildnis, die sich über große Teile von Paraguay, Bolivien und Argentinien erstreckt.

Die Wälder Paraguays, Kolumbiens, Venezuelas und Brasiliens sind die Heimat des Flachlandtapirs *(Tapirus terrestris).* Im Tertiär, also vor ungefähr 50 Millionen Jahren, bildeten nashornähnliche Grasfresser eine weitverzweigte Tiergruppe, von der sich nur wenige Vertreter bis heute erhalten haben – Einhufer, Nashörner und Tapire. Die urtümlichen Tapire, deren Körperbau sich in all den Jahrmillionen nur wenig verändert hat, gelten als »lebende Fossilien« und kommen in weit auseinanderliegenden Gebieten der Erde vor. Der mittelamerikanische Baird-Tapir *(Tapirus bairdi = Tapirella bairdi)* verkörpert die größte Art; er wird 2,40 m lang und über 300 kg schwer. Der Berg- oder Wolltapir *(Tapirus pinchaque),* der in den Anden Kolumbiens und Ecuadors haust, ist mit einem Gewicht von höchstens 250 kg am kleinsten. Der häufigere Flachlandtapir steht in der Mitte; er wiegt bis zu 280 kg. Die einzige andere Tapirart, der Schabrackentapir *(T. indicus),* lebt auf der anderen Seite der Erde, in Thailand, Malaysia und Sumatra.

Die dunkelbraune Haut der Tapire ist dick, rauh und lederartig und besitzt nur geringen wirtschaftlichen Wert. Die Oberlippe dieser Tiere ist zu einem rüsselförmigen Gebilde verlängert. Tapire ernähren sich von Gras, Wasserpflanzen, Laub, Schößlingen und sogar von kleineren Zweigen, sind nicht sonderlich gesellig und verfügen kaum über Angriffs- oder Verteidigungswaffen. Wenn Jaguare in der Nähe sind, müssen sie sehr wachsam sein; auch zweibeinige Jäger pirschen sich zuweilen an sie heran. Bei einem Angriff können sie zwar versuchen, ihren Gegner umzurennen oder zu beißen, doch im allgemeinen besteht ihre einzige Hoffnung darin, daß sie sich schnell ins dichte Unterholz stürzen.

Araukarien, die »Rätselbäume« der Affen

Südlich des Amazonasurwaldes wachsen die Araukarienbäume, die man als Kiefern bezeichnet, obgleich sie einer anderen Pflanzenfamilie zugehören. Mit ihren spitz zulaufenden schuppenförmigen Blättern, ihrer breiten Krone und ihrer variablen Form sehen sie auch nicht wie Kiefern aus. Ihren Namen haben die Bäume von der chilenischen Provinz Arauco, doch sie kommen auch in vielen anderen Weltgegenden vor, vor allem auf der Südhalbkugel. Vor Jahrmillionen gediehen sie sogar in Nordamerika; im Petrified Forest National Park von Arizona hat sich eine große Ansammlung von Baumstämmen erhalten, die versteinerten und später durch Erosion freigelegt wurden. Das Holz der Parana-Kiefer genannten brasilianischen Art *(Araucaria angustifolia)* ist so begehrt, daß der Baum zunehmend seltener wird. Auf den Vorbergen der Anden stößt man häufig auf *Araucaria araucaria,* die frei steht oder kleine Haine bildet. Manche Exemplare erreichen eine Höhe von 40 m. Die Blattränder sind dermaßen scharf, daß ein Affe vor einem Rätsel steht, wenn er diesen Baum erklettern will; daher stammt die volkstümliche Bezeichnung »Affenrätselbaum«. Als die letzten Überbleibsel einer einst weitverbreiteten Baumfamilie verdienen die Araukarien besonderen Schutz.

Der Südbuchenwald

Die Gattung der Südbuchen *(Nothofagus),* die jedem Botaniker wohlvertraut ist, umfaßt 35 immergrüne laubabwerfende Baumarten, die bis zu 40 m hoch werden und im südlichen Südamerika, auf Neuseeland und in Australien heimisch sind. In Argentinien und Chile heißen die Bäume Coihues.

Im Südbuchenwald kommt man sich beinahe vor wie in einem vielschiffigen Dom, dessen mächtige Säulen, die Stämme der Coihues, von einem schirmartigen Astgewirr überwölbt sind. Das Sonnenlicht, das dieses Laubdach durchdringt, fällt auf üppige Moos- oder Flechtenpolster. Der Lärm der Carpinteros, der argentinischen Spechte, erfüllt den Wald mit seinem hämmernden Stakkato. Doch am auffälligsten ist der laute, temperamentvolle Ruf eines unscheinbaren kleinen Vogels, den man im tiefen Schatten des Waldes nur selten zu sehen bekommt, des Buschschlüpfers Chucao *(Scelorchilus rubecula).*

Im Unterschied zum Tropenwald, in dem oft Hunderte von Baumarten auf einem Hektar wachsen, weisen die großen Südbuchenwälder nur eingesprengte Haine jeweils einer anderen Baumart auf. Das ist der Fall mit einem der reizvollsten Bäume Argentiniens, dem Arrayán *(Myrceugenella apiculata),* der zu den Myrtengewächsen gehört. Die Stämme schimmern in verschiedenen Rot- und Orangetönen.

Erheblich kleiner als der Coihue ist der Notro-Baum *(Embothrium coccineum),* aber in gewisser Hinsicht noch beeindruckender, denn die phantastischen scharlachroten Blütentrauben verwandeln den Baum im Frühling, der hier auf den November fällt, in eine einzige flammende Farbenpracht. So unvergleichlich ist dieser Anblick, daß die Argentinier den Notro zum Emblem ihrer Nationalparks erkoren haben.

Die Faultiere

Wenn man bedenkt, wie viele Räuber und andere Gefahren in den tropischen Wäldern lauern, sollte man meinen, es entspräche der Logik der Evolution, daß alle Tiere in diesem Lebensraum flink und gewandt und daß alle langsamen Säuger schon längst ausgestorben wären. Doch ausgerechnet die Faultiere gelten als eine der individuenreichsten und am weitesten verbreiteten Säugetierfamilien der südamerikanischen Tropenwälder. Auf einem Streifzug durch den Wald wird man allerdings nicht viele von ihnen entdecken; oft halten sich die Tiere so hoch in den Bäumen auf, daß man sie nicht sieht, oder sie verbergen sich hinter der dichten Vegetation. Und gerade das ist ein

Die urtümlichen, bedächtigen Faultiere sind ausgesprochene Baumtiere, die sich auf dem Erdboden nur mühsam fortschleppen können. Das Zweizehenfaultier (Choloepus sp.), oben, benutzt seine langen gekrümmten Krallen, um sich kopfunter an den Zweigen fortzubewegen.

Wie bei seinem zweizehigen Verwandten spielt sich auch das Leben des Dreizehenfaultiers (Bradypus tridactylus), folgende Seite, vielfach im Umkreis eines einzigen Baumes ab.

Wenige Lebensformen des mittel- und südamerikanischen Tropenwaldes sind so auffallend an die verschiedenen Stufen des Waldes angepaßt wie die Neuweltaffen. Die Brüllaffen hausen im hohen Kronendach, die Klammeraffen bevorzugen die mittleren Etagen, und die Kapuziner bewohnen vor allem das untere Stockwerk und den Waldboden. Die Krallenäffchen besiedeln vorwiegend das niedere Gesträuch und die Waldränder, genauso wie die Nachtaffen, doch daraus ergibt sich kaum eine Rivalität, weil die letzteren den tagaktiven Krallenäffchen nur selten ins Gehege kommen.

Obere Reihe, links: Der Uakari oder Rotgesicht-Kurzschwanzaffe (Cacajao rubicundus) ist ein schlankes, behendes Tier, das nur in einem sehr begrenzten Gebiet am oberen Amazonas lebt. Mitte: Das Löwenäffchen (Leontocebus rosalia), so benannt nach seiner goldenen Mähne, ist ein selten gewordenes Krallenäffchen, das von Spinnen, Insekten und Früchten lebt. Obere und untere Reihe rechts: Die Nachtaffen oder Durukulis (Aotes rufipes) schlafen tagsüber paarweise in Baumhöhlen und gehen nachts, unterstützt von ihren großen Augen, auf die Suche nach Früchten, Beeren, Baumschnecken und Insekten.

Untere Reihe, links: Die Schweif- oder Zottelaffen (Pithecia monachus) streifen in abgeschiedenen Gegenden des nördlichen Südamerika im Familienverband umher. Mitte: Der Schnurrbart-Tamarin (Tamarinus imperator) ist ein munteres tagaktives Krallenäffchen, das nachts in Baumhöhlen Zuflucht findet.

Geheimnis ihres Überlebens: die Tarnung. Grün- und Baualgen, die an ihren Haaren leben, gleichen sie dem Hintergrund an. Und auch ihre zeitlupenhaft langsamen Bewegungen, denen sie ihren Namen verdanken, sorgen dafür, daß man die Tiere kaum wahrnimmt. Sie brauchen freilich auch nicht weit zu wandern, um genügend Nahrung zu finden; sie sind rings umgeben von den Blättern und Früchten, die ihre Lieblingsspeise darstellen, zumal vom wohlschmeckenden Laub der häufigen *Cecropia*-Bäume. Indem sich die Faultiere mit ihren Krallen an einem Ast festhaken, bewegen sie sich kopfunter bedächtig weiter und nehmen unterwegs Nahrung auf. In dieser Körperhaltung schlafen sie auch. Und Schlafen ist anscheinend ihre Hauptbeschäfti-
___ Körpertemperatur der Faultiere zum Teil von der Au-
_____ abhängig ist, beschränkt sich ihr Vorkommensgebiet
_____ torialen Lebensraum, in dem die Umweltbedingungen
stets ___ gleich sind.
Die Faultier___ gehören derselben sehr altertümlichen Säugetierordnung an w___ die Ameisenbären und Gürteltiere, den sogenannten »Zahnarmen«, deren Hauptmerkmal die unvollkommen entwickelten oder völlig fehlenden Zähne sind. Wir unterscheiden nach der Zahl der Krallen an den Vordergliedmaßen Zweizehenfaultiere *(Choloepus)* und Dreizehenfaultiere *(Bradypus),* die man mit ihren Eingeborenennamen auch als Unau bzw. Ai bezeichnet. Die ersteren werden etwa 50 cm, die letzteren etwa 70 cm lang.

Die Affen der Neuen Welt

Wir können die Tropen und Subtropen der Neuen Welt nicht verlassen, ohne einen Blick auf die beliebtesten und häufigsten Säugetiere Südamerikas zu werfen – die Affen. Sie sind, im Gegensatz zu vielen afrikanischen und asiatischen Arten, ausschließlich Baumtiere und besitzen fast ausnahmslos lange Schwänze, die oft als Greiforgan ausgebildet sind. Dafür haben die meisten keine echte Greifhand mit opponierbarem Daumen.
Die breiten Ströme sind Barrieren, die eine stärkere Vermischung der Bestände verhindern, so daß sich im Verlauf der Stammesgeschichte eine Fülle von Arten entwickelt hat. Eine weitverzweigte Familie bilden die possierlichen winzigen Krallenäffchen, zu denen die anmutigen Weißpinseläffchen *(Callithrix jacchus)* und Löwenäffchen *(Leontocebus rosalia)* gehören. Die etwas größeren Eichhörnchenaffen, zum Beispiel das Totenkopfäffchen *(Saimiri sciureus),* sind in den mittel- und südamerikanischen Tropenwäldern weit verbreitet. Sie leben von Früchten, Nüssen und Beeren, aber auch von Schmetterlingen, Käfern und Fröschen. Ein ähnliches Leben führen die Kapuzineraffen *(Cebus).* Die Brüllaffen *(Alouatta)* besitzen in ihrem kräftigen Schwanz gleichsam eine fünfte Hand und haben eine machtvolle Stimme, die viele Zoologen für die lauteste im gesamten Tierreich halten. Alexander von Humboldt schätzte, daß sie im Urwald 2,5 km weit trägt. Wenn sich mehrere Brüllaffen zu einem Chor vereinen, hallt der Wald wider von ihrem ohrenbetäubenden orgelnden Geheul.
Bei den Klammeraffen *(Ateles),* die man wegen ihrer grotesk schlanken und langgliedrigen Gestalt auch Spinnenaffen nennt, obwohl dieser Name bereits an eine sehr seltene andere Gattung *(Brachyteles)* vergeben ist, erreicht der überlange Wickelschwanz als Greif- und Kletterorgan seine höchste Vollendung. Die akrobatischen Tiere verlassen nur sehr ungern ihr luftiges Baumrevier; selbst zum Trinken kommen sie nicht auf die Erde, sondern lassen sich, mit dem Schwanzende an einem Ast aufgehängt, kopfunter zum Wasser hinab. Eine ähnliche Lebensweise haben die Wollaffen *(Lagothrix),* die allerdings

Die Wollaffen (Lagothrix) bewohnen die Regenwälder des mittleren und oberen Amazonasbeckens und der Andenhänge. Sie klettern auffallend vorsichtig und bedächtig im Geäst umher.

völlig anders aussehen: Sie sind eher massig und rundlich, tragen ein kurzhaariges wolliges Fell und bewegen sich mit Händen, Füßen und Greifschwanz überaus bedächtig durchs Geäst. Der Graue Wollaffe oder Capparo *(L. lagothricha)* ist mit einer Rumpflänge von 70 cm der größte südamerikanische Affe. Doch trotz ihrer Größe sind die Wollaffen friedfertige Geschöpfe, die stets melancholisch wirken.

Eine Ausnahmeerscheinung in der Affenwelt sind die Nachtaffen der Gattung *Aotes,* denn wie ihr Name sagt und wie ihre großen runden Augen leicht zu erkennen geben, sind sie ausgesprochene Nachttiere. Diese Sonderanpassung unterscheidet sie von allen anderen Affen der Neuen und Alten Welt.

Baumbewohnende Reptilien

Von allen tierischen Bewohnern der südamerikanischen Wälder sind keine so gefürchtet (und so häufig falsch dargestellt worden) wie die Reptilien, zumal die großen Schlangen. In Filmen sieht man oft gestellte Szenen, in denen Menschen dramatische Kämpfe mit Anakondas *(Eunectes murinus)* austragen, die mit einer Rekordlänge von 9,60 m die größten Schlangen der Welt sind. Diese amphibische Riesenschlange, die in den Flüssen und Überschwemmungswäldern des Amazonasgebiets heimisch ist, ernährt sich vorwiegend von Waldsäugetieren, die sie packt, umschlingt und erdrosselt oder ertränkt, wenn sie zum Trinken ans Flußufer kommen.

Schauerliche Geschichten erzählt man auch von der Abgottschlange *(Boa constrictor),* die 4 m lang und 60 kg schwer wird. Doch auch diese legendäre Riesenschlange, die vor allem höhergelegene Wälder bewohnt, hat es nur auf Säugetiere, Leguane und Vögel abgesehen, nicht auf Menschenfleisch; sie wird sogar von den Bauern als Haustier gehalten, um die Mäuse kurzzuhalten. Die etwas kleinere Hundskopfschlange *(Corallus caninus)* ist ein reines Baumtier, das, durch seine smaragdgrüne Grundfarbe hervorragend getarnt, Vögel und Echsen erbeutet.

Der gefährdete tropische Regenwald

Angesichts der Tatsache, daß die menschlichen Siedlungen an den Ufern der Flüsse und Ströme immer größer werden und sich immer weiter ins Land hinein ausdehnen, stellt sich die Frage nach der Zukunft der südamerikanischen Wälder, der größten Urwaldregion der Erde. Der wachsende Bevölkerungsdruck und der ständig steigende Bedarf an Nutzholz, Holzkohle, Straßen und Weideland könnten, so befürchten die Experten, in wenigen Jahren den Untergang des tropischen Regenwaldes zur Folge haben. Sie weisen darauf hin, daß bis heute bereits 40% dieser Wälder abgeholzt wurden. Und dabei sind die ökologischen Beziehungen zwischen Pflanzen und Tieren noch längst nicht auch nur annähernd erforscht. Allein die Flora ist von einem unvorstellbaren Reichtum; man schätzt, daß in den neuweltlichen Tropen rund 90 000 Blütenpflanzenarten, 50 000 Pilzarten und 5000 Farnarten wachsen. Viele davon sind noch nicht einmal beschrieben.

Wo man in Südostasien tropische Wälder gerodet hat, änderte sich die Verteilung der Niederschläge insofern, als stärkere Regenfälle in anormal langen Abständen aufeinander folgten. Das könnte ein unheilvolles Zeichen dafür sein, daß die Regenmenge auf die Dauer abnehmen wird. In den Augen der Fachleute ist der Tropenwald das am meisten gefährdete Ökosystem der Erde.

Bildnachweis

Die Zahlen verweisen auf die Seiten.

1 Hans Reinhard/Bruce Coleman, Inc.; 2–3 Marty Stouffer/Animals Animals; 4–5 Wolfgang Bayer; 8–9 Loren McIntyre; 12 Tom Nebbia; 15 Sonja Bullaty/Angelo Lomeo; 16–17 Sonja Bullaty; 18 Dale und Marion Zimmerman; 21, 24 David Muench; 26–27 Loren McIntyre; 28 Oxford Scientific Films; 29 oben Dinny Slaughter/Photo Researchers, Inc., unten Edward S. Ross; 30 Oxford Scientific Films; 30–31 Tony Morrison; 31 oben Dale und Marion Zimmerman, unten Raymond A. Mendez; 32 Ivan Polunin; 33 Ivan Polunin/Bruce Coleman, Inc.; 34 oben Joseph R. Jehl, Jr., Mitte Jean-Paul Ferrero, unten Heinz Sielmann; 35 Stanley Breeden; 37 Richard D. Estes; 40–41 Hans Reinhard/Bruce Coleman, Inc.; 42 Robert T. Smith/Ardea London; 45 oben Loren McIntyre, unten R. F. Porter/Ardea London; 46 oben Hans Reinhard/Bruce Coleman, Inc., unten Hans Pfletschinger/Peter Arnold; 48 S. Roberts/Ardea London; 49 oben J. A. Bailey/Ardea London, Mitte Brian Benan/Ardea London, unten R. J. C. Blewitt/Ardea London; 50–51 Robert T. Smith/Ardea London; 53 Hans D. Dossenbach; 54 Geoffrey Kinns/Natural Science Photos; 54–55 Hans Reinhard/Bruce Coleman, Ltd.; 56 oben Hans Reinhard/Bruce Coleman, Inc., unten S. Roberts/Ardea London; 58, 59 Hans Silvester/Photo Researchers Inc.; 60 oben Jean-Paul Ferrero/Ardea London, unten Jane Burton/Bruce Coleman, Inc.; 61 von oben nach unten: erstens L. Beames/Ardea London, zweitens Bob Gibbons/Ardea London, drittens J. A. Bailey/Ardea London, viertens John Mason/Ardea London; 62 oben Stephen Dalton/Natural History Photographic Agency, unten Jane Burton/Bruce Coleman, Inc.; 64–65 Hans Reinhard/Bruce Coleman, Ltd.; 66 oben Heinz Sielmann, Mitte James R. Simon/Photo Researchers, Inc., unten Walter Fendrich; 67 Heinz Sielmann; 68 oben Hans Reinhard/Bruce Coleman, Inc., unten J. Burton/Bruce Coleman, Inc.; 71 Arthur Christiansen; 72–73 Douglas Botting; 76–77 Momatiuk/Photo Researchers, Inc., 78 Stan Wayman/Photo Researchers, Inc.; 80–81, 83 C. H. McDougal/Ardea London; 84 oben George Holton/Photo Researchers, Inc., unten Stanley Breeden; 87 oben M. P. L. Fogden, Mitte links Kjell B. Sandved, Mitte rechts William Ferguson, unten Ivan Polunin/Natural History Photographic Agency; 88 John Hobday/Natural Science Photos; 89 George Holton; 90 Kjell B. Sandved; 90–91 Wolfgang Bayer/Bruce Coleman, Inc.; 92 oben Bruce Coleman, Ltd., unten C. B. Frith/Bruce Coleman, Ltd.; 93 Kjell B. Sandved; 94–95 Thase Daniel; 98–99 Tom McHugh/Photo Researchers, Inc.; 100, 101 Stanley Breeden; 102–103 L. H. Smith; 104 oben Stanley Breeden, unten George Holton; 105 oben Stanley Breeden, unten Jean-Paul Ferrero; 107 Douglas Baglin/Natural History Photographic Agency; 108 oben Belinda Wright, Mitte Robin Smith, unten Jean-Paul Ferrero; 109, 110–111 Eric Lindgren/Ardea London; 114–115 Edward S. Ross; 116 George Holton; 117 oben Wolfgang Bayer, unten T. W. Ransom; 118, 120 George Holton; 120–121 K. Spalding/Bruce Coleman, Inc.; 121 Edward S. Ross; 122 von oben nach unten: erstens, zweitens, viertens Kjell B. Sandved, drittens Edward S. Ross; 123 oben Edward S. Ross, unten Kjell B. Sandved; 124 Edward S. Ross; 126 M. Philip Kahl, Jr/Verda International Photos; 126–127 Edward S. Ross; 127 oben Kjell B. Sandved, Mitte und unten Edward S. Ross; 129 oben und Mitte, W. T. Miller, unten Dale und Marion Zimmerman; 130 oben Mark N. Boulton/Photo Researchers, Inc., Mitte Dale und Marion Zimmerman, unten Herbert Clarke; 131 Jane Burton/Bruce Coleman, Inc.; 132–133 Bob Citron West Stock, Inc.; 136–137 Harald Sund; 139 oben Robert P. Carr, unten Thase Daniel; 140 oben Richard S. Diego, unten Sonja Bullaty-Angelo Lomeo; 141–143 Sonja Bullaty-Angelo Lomeo; 145 oben Jack Dermid, Mitte Leonard Lee Rue III., unten Philippa Scott/Natural History Photographic Agency; 146 Maria Zorn; 147 Stephen J. Krasemann; 148–149 Thase Daniel; 150 oben Thase Daniel, Mitte Harry Ellis, unten Jesse Lunger/Photo Researchers, Inc.; 151 Leonard Lee Rue III./Bruce Coleman, Ltd.; 152 G. C. Kelley; 153 Tom Brakefield/Animals Animals; 154–155 Marty Stouffer/Animals Animals; 156 Ylla Momatiuk/Photo Researchers, Inc.; 158–159 Helen Rhode; 159 Stephen J. Krasemann; 160 oben Thase Daniel, unten Jack Dermid; 162–163 Steven C. Wilson Entheos; 166–167 Z. Leszcynski/Animals Animals; 168, 169 Raymond A. Mendez; 170 oben und Mitte Oxford Scientific Films, unten Raymond A. Mendez; 170–171 Dale und Marion Zimmerman; 171 Raymond A. Mendez; 173 Loren McIntyre; 174 Kjell B. Sandved; 175 Karl Weidmann; 176 Edward S. Ross; 176–177 oben Edward S. Ross, unten Raymond A. Mendez; 177 oben Edward S. Ross, Mitte M. P. L. Fogden, unten Francisco Erize; 178, 179 Raymond A. Mendez; 180–181 Loren McIntyre; 181 Paul Crum/Photo Researchers, Inc.; 182 Loren McIntyre; 184 Tony Morrison; 185 François Gohier; 186 obere Reihe links Wolfgang Bayer, Mitte Tony Morrison, rechts Wolfgang Bayer, untere Reihe links Wolfgang Bayer, Mitte Tony Morrison, rechts Wolfgang Bayer; 187 Loren McIntyre; 189 Wolfgang Bayer; 190–191 L. McIntyre; 194–207 P. Singer; 208–211 D. Santoliquido; 212–213 J. Wechter; 214–223 D. Santoliquido.

ANHANG

DIE ENTWICKLUNG DER PFLANZEN

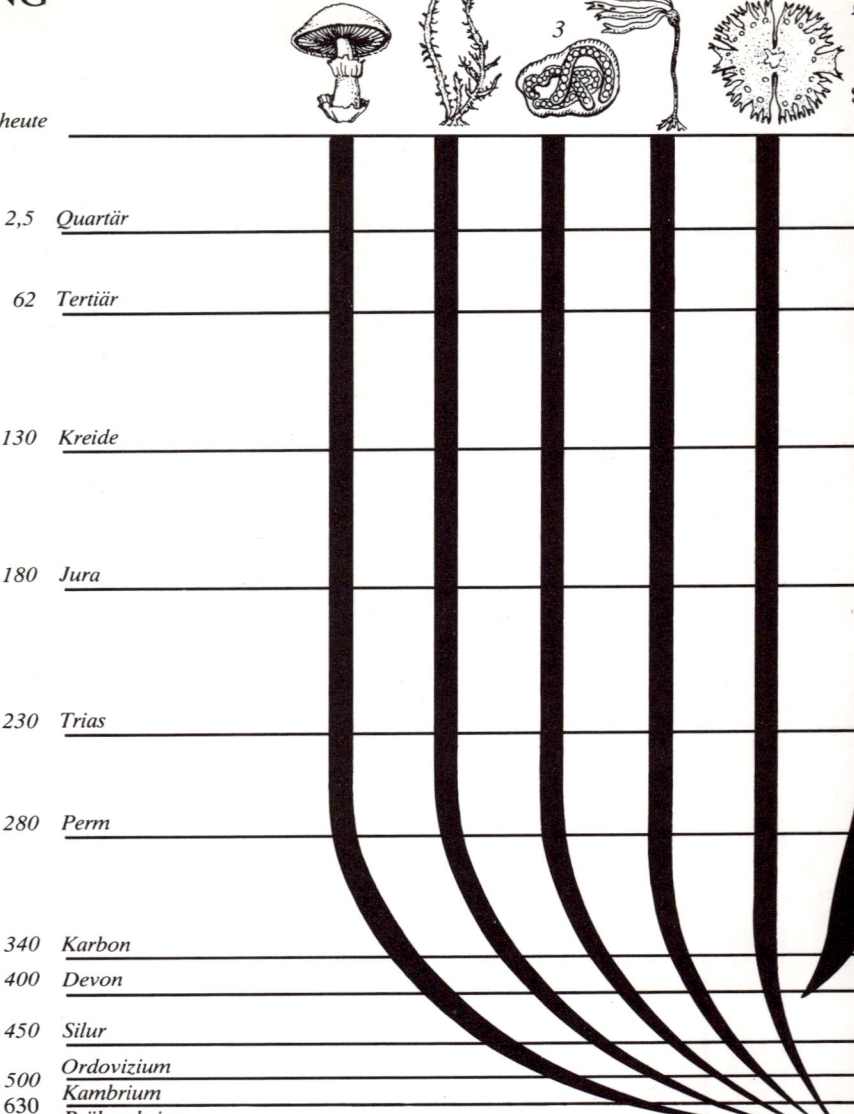

Jahrmillionen vor heute

2,5	Quartär
62	Tertiär
130	Kreide
180	Jura
230	Trias
280	Perm
340	Karbon
400	Devon
450	Silur
500	Ordovizium
	Kambrium
630	Präkambrium

Die stammesgeschichtlichen Zusammenhänge und der Aufstieg und Niedergang der wichtigsten Pflanzengruppen sind in obiger schematischer Darstellung veranschaulicht. Alle Landpflanzen, einschließlich der Bäume, haben sich aus Grünalgen entwickelt, die seit etwa 2,8, vielleicht sogar schon seit 3,1 Milliarden Jahren existieren. Rotalgen und ihre Vorläufer, die Braunalgen, gibt es seit rund 900 Jahrmillionen. Die Pilze und die blaugrünen Algen werden neuerdings meist aus dem Pflanzenreich ausgeschieden und als eigene Reiche – *Fungi* bzw. *Monera* – aufgefaßt. Die Breite der einzelnen »Lebenslinien« in unserer Darstellung deutet die verschiedenen Entwicklungsphasen und die Häufigkeit der jeweiligen Pflanzenformen an. Die Bärlappgewächse beispielsweise entstanden früh, entwickelten sich

schnell und waren über Millionen von
Jahren hinweg dominierend, doch dann
nahm ihre Bedeutung innerhalb der
Erdvegetation erheblich ab. Die einst
sehr verbreiteten Samenfarne sind
inzwischen ausgestorben, waren jedoch
die Vorstufen für die meisten heutigen
Landpflanzen. Die Blütenpflanzen,
heutzutage überall vorherrschend, sind
»Spätentwickler«, die erst vor ungefähr
150 Jahrmillionen auftraten.

1 Pilze
2 Rotalgen
3 Blaugrüne Algen
4 Braunalgen
5 Grünalgen
6 Lebermoose
7 Hornblattgewächse
8 Moose
9 Bärlappgewächse
10 Schachtelhalme
11 Urfarne
12 Farne
13 Palmfarne
14 Kordaitenpflanzen
15 Gingkogewächse
16 Koniferen
17 Samenfarne
18 Blütenpflanzen

BAUPLAN EINES BAUMES

Kambiumschicht

Innere Rinde

Kernholz

Ein Baum besteht aus Zellen, Fasern und Kanälen, in denen Stoffe, die für das Leben des Baumes unerläßlich sind, befördert werden. Jeder Teil des Baumes – Blätter, Stamm und Wurzeln – erfüllt eine besondere Aufgabe. Die Struktur eines Blattes ist in dem stark vergrößerten Schnittbild rechts unten dargestellt. Die Nahrungserzeugung durch Photosynthese findet im Blatt statt, das Sonnenlicht, Kohlendioxid und Nährstoffe durch seine durchscheinenden Oberflächenzellen aufnimmt und Nahrung in Zellen mit Blattgrün- oder Chlorophyllkörnern (Chloroplasten) herstellt. Zu den Nebenprodukten, die ausgeschieden werden, gehören Sauerstoff und Wasserdampf. Die Weiterbeförderung von Nahrung, Wasser und Gasen erfolgt durch Zellen und Adern sowie Spaltöffnungen *(Stomata)*.

Jedes Jahr setzt der wachsende Baum unmittelbar unter der äußeren Rinde eine neue Schicht an. Im Querschnitt zeigen sich diese Schichten als Ringe, die in regenreichen Jahren dicker und in trockenen Jahren dünner erscheinen. Nährstoffe und Wasser werden in der inneren Rinde und in den als Splintholz bezeichneten weichen Schichten von den Blättern nach unten und von den Wurzeln nach oben befördert. Mit dem Dickenwachstum des Baumes bringt die Kambiumschicht, die dicht unter der inneren Rinde sitzt, neue Rinde und neues Splintholz hervor, und es entsteht festes Kernholz, das dem Baum Halt verleiht.
Die Wurzelspitzen tasten das Erdreich ab, wachsen weiter, wo sich ihnen die Möglichkeit dazu bietet, verteilen sich tausendfach und erfüllen drei Hauptaufgaben: Sie sammeln Wasser, entziehen dem Boden Nährsalze und

bilden ein dichtes Geflecht, das den Baum fest im Boden verankert. Wasser und Nährsalze werden in die Wurzelgefäße aufgenommen. Die meisten Waldbäume gehen mit Pilzen, die an ihren Wurzeln sitzen bzw. in sie eindringen, eine Symbiose ein, die man als Pilzwurzel oder Mykorrhiza bezeichnet. Die Pilzwurzeln ernähren sich zwar ebenfalls von den Kohlenhydraten des Baumes, eröffnen aber den Wurzeln vermehrten Zugang zu den Nährstoffen des Bodens. Die Form der Bewurzelung hängt weitgehend von der Beschaffenheit des Bodens ab, den die Wurzeln durchdringen müssen.

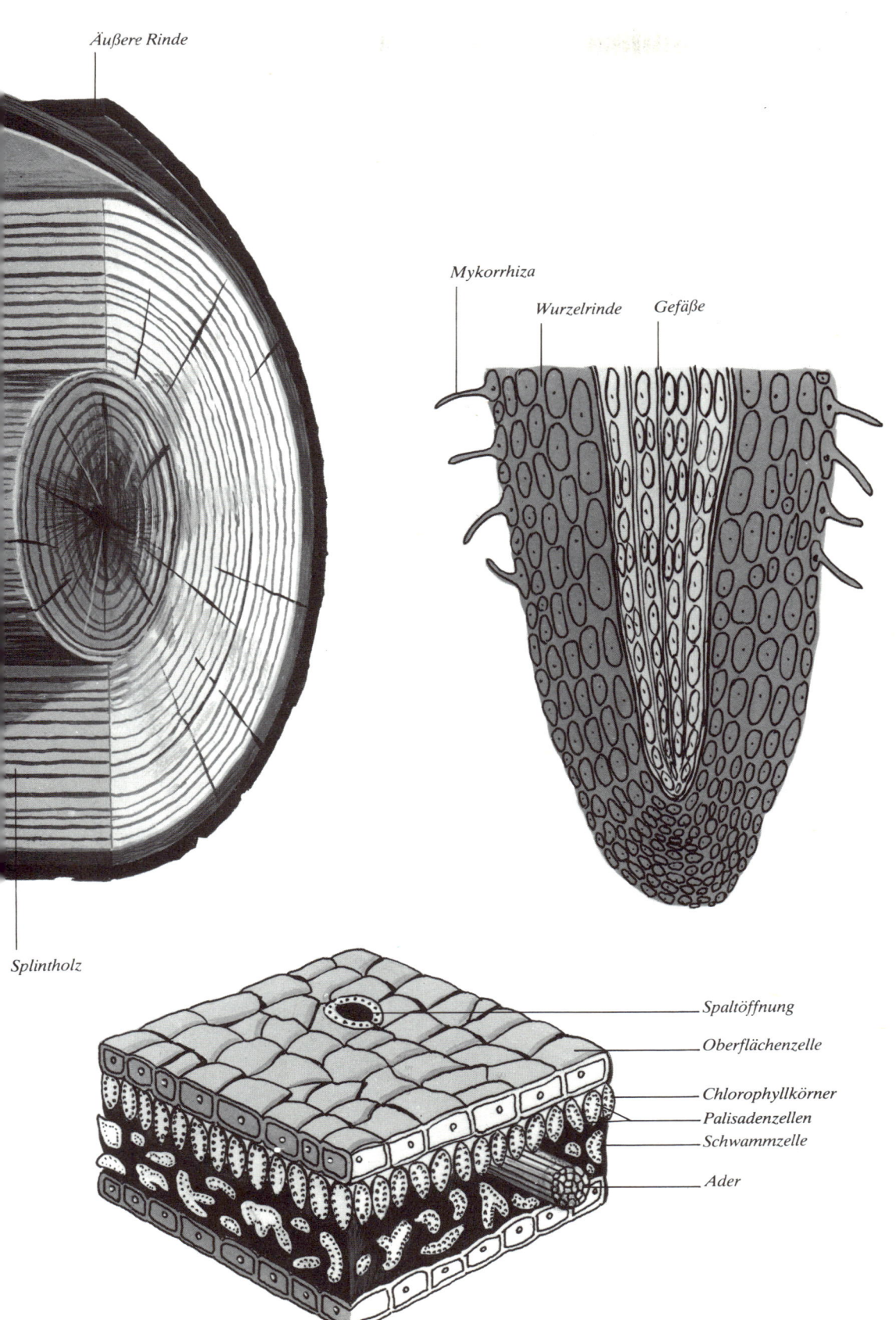

Äußere Rinde

Mykorrhiza

Wurzelrinde

Gefäße

Splintholz

Spaltöffnung

Oberflächenzelle

Chlorophyllkörner

Palisadenzellen

Schwammzelle

Ader

Eibengewächse – *Taxaceae*

Die Eibengewächse bilden eine weitverbreitete Baumfamilie mit vergleichsweise spärlich benadelten Bäumen und Sträuchern. Sie kommen häufig auf der Nordhalbkugel vor, aber auch in Australien, Neuseeland, auf den Inseln des Südpazifiks, in Afrika und Südamerika.

Die eigentlichen Eiben *(Taxus)* haben ihre Heimat nur in der nördlichen Hemisphäre. Sie sind sehr langlebig; bei einzelnen Bäumen hat man ein Alter von mehr als 1000 Jahren nachgewiesen. Die Nadeln sind spitz und abgeflacht. Manche Bäume mit ausladenden Ästen werden 30 m hoch und gedeihen noch in Höhen von 3300 m über dem Meer. Einige Arten haben sich an ein strenges Winterklima angepaßt. Eiben tragen keine Zapfen, sondern kleine pflaumenähnliche Früchte.

Eibe (Taxus baccata)

Araukarien – *Araucariaceae*

Diese riesigen Bäume, die zu den altertümlichsten Nadelbäumen gehören, waren einst in vielen Teilen der Welt sehr häufig (versteinerte Überreste haben sich erhalten), doch heute wachsen sie wild nur noch auf der ganzen Südhalbkugel. Am bekanntesten ist die ungewöhnlich regelmäßig wachsende »Zimmertanne« (Norfolk-Araukarie), die als dekorative Garten- und Zimmerpflanze geschätzt wird. Die ausladenden Araukarien bilden eine großartige Kulisse für die Seen und Vulkane der Andenvorberge in Südamerika. Die abgerundeten Kronen der ausgewachsenen Bäume können über 50 m hoch emporragen. Die weiblichen Zapfen, die oft so groß sind wie ein Menschenkopf, enthalten bis zu 180 eßbare Samen.

Chilenische Araukarie (Araucaria araucana)

Zypressengewächse – *Cupressaceae*

Die anmutigen und wohlriechenden Zypressen *(Cupressus)*, in milden Klimagebieten ein vertrauter Anblick, tragen rundliche Zapfen und haben ein sehr zähes Holz, das selbst den ständigen Angriffen des Spritzwassers am Meeresstrand widersteht. Manche sind hochwüchsig und bilden eine schmale Kegelform aus, andere wachsen mehr in die Breite.

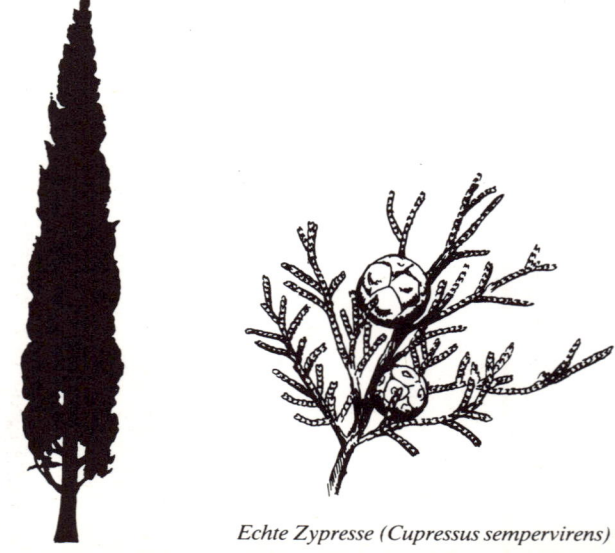

Echte Zypresse (Cupressus sempervirens)

Der zu den Zypressengewächsen gehörende Wacholder *(Juniperus)* variiert von kleinen »Bodendeckern« bis zu großen Bäumen, deren Rinde wie eine Alligatorhaut aussieht. Die Früchte gleichen eher Beeren als Zapfen, und die Blätter sind nadel- oder schuppenförmig. Der Baum strömt einen starken Duft aus.

Wacholder (Juniperus communis)

Sumpfzypressengewächse – *Taxodiaceae*
Die Riesenmammutbäume *(Sequoia gigantea = Sequoiadendrum giganteum)* der Westhänge der Sierra Nevada in Kalifornien sind, was ihre Gesamtmasse betrifft, die größten Organismen der Erde. Die relativ seltenen Bäume beschränken sich auf eine bis zu 2600 m hohe, entlegene Gebirgsregion von 12 km Breite und 160 km Länge, wo sie strengen Schutz genießen.
Die Küstenmammutbäume *(Sequoia sempervirens)* wachsen in einem schmalen Tieflandstreifen an der Westküste der USA. In dieser stabilen, sehr feuchten Umwelt erreichen die Bäume eine Höhe von mehr als 100 m und zählen somit zu den höchsten Bäumen der Welt. Die schattigen Bestände mit ihrem Unterwuchs aus blühenden Rhododendronsträuchern bieten zahlreichen Tieren Schutz.

Küstenmammutbaum (Sequoia sempervirens)

Kieferngewächse – *Pinaceae*
Diese Baumfamilie, zu der die Kiefern, Tannen, Fichten, Lärchen und Zedern gehören, ist die am weitesten verbreitete Nadelholzgruppe und herrscht in weiten Teilen Europas, Asiens und Nordamerikas vor. Zwergwüchsige Kieferngewächse bilden die Taigawälder, die den langen Wintern und den niedrigen Temperaturen trotzen. Andere Arten zählen hingegen zu den größten, höchsten und ältesten Pflanzen und überdauern sogar in der glühendheißen Wüste.
Die echten Kiefern *(Pinus)* bevorzugen die gemäßigten Zonen, wo sie sehr feuchte und sehr trockene Gebiete gleichermaßen besiedeln. Überall bieten sie zahlreichen Lebewesen Unterschlupf und Nahrung. Die Grannenkiefern *(P. aristata)* Kaliforniens gelten als die ältesten lebenden Bäume.

Goldkiefer (Pinus ponderosa)

199

Die Fichten *(Picea)* mit ihren festen, spitzen Nadeln und hängenden Zapfen dringen weit höher in die Arktis vor als die Kiefern und Tannen. An den nördlichen Küsten, wo Rauhfußhühner, Eichhörnchen und zahllose andere Tiere von ihnen abhängig sind, werden sie sehr groß, aber sie bedecken auch als langsam wachsende Formen weite Strecken der kalten Taiga, wo der Wurzelgrund vielfach gefroren ist.

Gemeine Fichte, Rottanne (Picea abies)

Die Lärchen *(Larix)* sind, wie einige wenige andere Gattungen, laubabwerfend; ihre Nadeln verfärben sich im Herbst leuchtend gelb, bevor sie abfallen. Manche Lärchen in Nordamerika, Europa und Asien erreichen gewaltige Abmessungen.

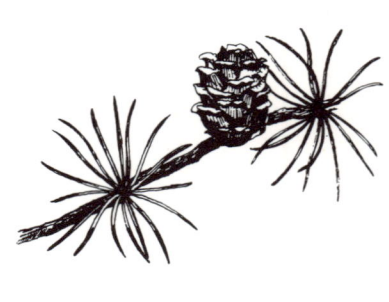

Japanlärche (Larix leptolepis)

Die Zedern *(Cedrus)* sind Nachkommen jener Bäume, die einst einen fast ununterbrochenen Waldgürtel in den Hochlagen vom westlichen Mittelmeerraum bis zum Himalaja bildeten. Heute wachsen sie nur noch in abgelegenen Gebieten: Deodarzedernwälder erstrecken sich vom äußersten Ostende des Himalajas bis Nepal, und die berühmten Zedern des Libanon sind durch Holzeinschlag zu einem kümmerlichen Restbestand zusammengeschmolzen.

Deodar- oder Himalajazeder (Cedrus deodara)

Die Zapfen der Hemlockstanne *(Tsuga)* sind zwar klein, aber manchmal bedecken sie den Boden in solchen Massen, daß ein hellbrauner Teppich entsteht. An feuchten und schattigen Standorten in Asien und Nordamerika können die Hemlockstannen sehr groß werden. Man erkennt sie leicht an ihrer überhängenden Spitze.

Hemlockstanne (Tsuga canadensis)

Weidengewächse – *Salicaceae*
Diese Baumfamilie, welche die Weiden, Pappeln und Espen umfaßt, ist nahezu weltweit verbreitet. Besonders häufig trifft man sie an Flüssen und in anderen Feuchtgebieten an. Die meisten Pappeln *(Populus)* haben eine weißliche oder graue Rinde und schwache Äste und Zweige, die bei einem heftigen Sturm abbrechen können.

Dreieckblättrige Pappel (Populus deltoides)

Die Weiden *(Salix)* festigen mit ihren weit ausgebreiteten Wurzeln den Boden an den Wasserläufen und beugen somit der Erosion vor. Die dichtbelaubten Sträucher und kleinen Bäume sind ein wichtiger Nahrungslieferant für die amerikanischen Elche.
Weiden und Pappeln werden gern von Bibern gefällt und zum Dammbau verwendet. Pappeln wachsen rasch und haben ein sehr weiches Holz. Die Zitterpappel oder Espe ist ein häufiger Baum, der auch in höheren Lagen und in kalten Breiten überdauert. Seine Rinde bewahrt in strengen Wintern oftmals die größeren Tiere vor dem Verhungern.

Silberweide (Salix alba)

Walnußgewächse – *Juglandaceae*
Die Angehörigen der Walnußfamilie
sind stattliche und langsam wachsende
Bäume mit unscheinbaren Blüten. Die
Wal-, Pekan- und Hickorynüsse, die sie
hervorbringen, sind eine willkommene
Nahrung für zahlreiche Waldtiere.
Walnußbäume *(Juglans)* gedeihen
überall in den Wäldern der Alten und
Neuen Welt, wo einzelne Exemplare
eine Höhe von 50 m und einen
Stammdurchmesser von 2 m erreichen.
Die Nüsse haben zwar eine harte Schale,
aber Eichhörnchen und andere
Säugetiere können sie mühelos
aufbrechen.

Echte Walnuß (Juglans regia)

Birkengewächse – *Betulaceae*
Die Birkengewächse haben einfache
Blätter und winzige, unauffällige Blüten.
Sie gedeihen vorwiegend in der
gemäßigten Zone der Nordhalbkugel,
und manche behaupten sich sogar in der
Tundra.
Die Gattung der Erlen *(Alnus)* umfaßt
35 Baum- und Straucharten, darunter
die europäische Schwarzerle
(A. glutinosa), die von Europa bis
Sibirien und Nordafrika sowohl in
Tallagen als auch in Höhen von mehr als
1000 m ausgedehnte Wälder bildet.

Schwarz- oder Roterle (Alnus glutinosa)

Verschiedene Birken *(Betula)* sind
bekannt wegen ihrer schönen, hellen
und manchmal papierähnlichen Rinde.
Viele der 60 Arten wachsen in Asien,
mehrere auch in Nordamerika. In
Europa sind die Hänge- oder Weißbirke
(B. pendula) und die Moor- oder
Schwarzbirke *(B. pubescens)* weit
verbreitet. Reiche Birkenbestände
finden sich oft an Wasserläufen, die sich
durch die gemäßigten Wälder winden.

Amerikanische Papierbirke (Betula papyrifera)

Hainbuchen *(Carpinus)*, insgesamt 26 Arten, sind langsamwüchsige Laubbäume, die vor allem in Asien heimisch sind. Die europäische Art, die Hain-, Hag- oder Weißbuche *(C. betulus)*, kommt als schöner, eindrucksvoller Waldbaum von Westeuropa bis Kleinasien vor.

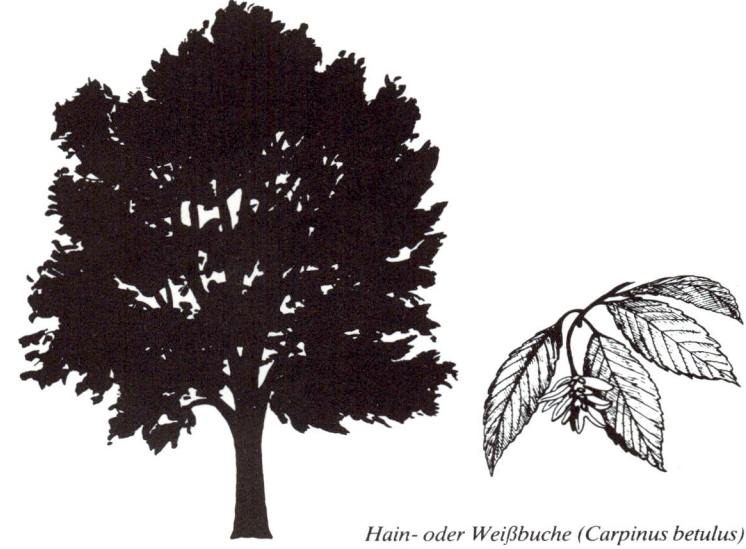

Hain- oder Weißbuche (Carpinus betulus)

Buchengewächse – *Fagaceae*
Die Vertreter der Buchenfamilie, Buchen, Eichen und Kastanien, die entweder immergrün oder laubabwerfend sind, bilden ausgedehnte Wälder in der nördlichen und südlichen Hemisphäre. Die Bäume erzeugen für viele Waldtiere alljährlich reichlich Nahrung in Form von Bucheckern, Kastanien und Eicheln.
In der nördlichen gemäßigten Zone spenden die eigentlichen Buchen *(Fagus)* dichten Schatten. Typisch sind auch die zahlreichen Oberflächenwurzeln. Da der Boden durch das abgefallene Laub sauer wird, können sich unter den Buchen nur wenige andere Pflanzen halten; deshalb lichten sich die Wälder, wenn die Bäume heranwachsen.

Rotbuche (Fagus sylvatica)

Die zähen Eichen *(Quercus)* haben sich über Europa, Nordamerika und Asien ausgebreitet und sind von den Tropen bis zu den kalten und vereisten Regionen anzutreffen. Die männlichen Blüten, die Kätzchen, erscheinen zeitig im Frühling. Während des Sommers entwickeln sich dann die Eicheln aus den weiblichen Blüten. Auch bei den Eichen sind die abgeworfenen Blätter so säurehaltig, daß sich nur sehr wenig Unterwuchs entfalten kann.

Weißeiche (Quercus alba)

Ulmengewächse – *Ulmaceae*
Ulmenbäume gedeihen im warm-
gemäßigten und tropischen Klima. In
Wäldern können sie 50 m hoch werden;
kleinere Arten, etwa die Zürgelbäume
(Celtis), siedeln sich vielfach an Flüssen
an.
Einige Vertreter der Gattung *Ulmus*
sind beliebte Schattenspender und
werden deshalb in großer Zahl
angepflanzt. Das »Ulmensterben« ist
eine gefürchtete Baumkrankheit, die
durch Schlauchpilze hervorgerufen wird;
sie hat schon oft ganze Bestände
dahingerafft.

Weißulme (Ulmus americana)

Magnoliengewächse – *Magnoliaceae*
Zu den primitivsten Blütenpflanzen
gehören die Magnolien, die einstmals
auf der gesamten Nordhalbkugel
vorkamen. Doch dann richteten die
eiszeitlichen Vergletscherungen großen
Schaden an, so daß sich heute nur noch
isolierte Bestände in Nordamerika,
Asien und in den Tropen erhalten
haben.
Die großen, weißen oder rosigen
Magnolienblüten sitzen an der Basis der
meist spiralig angeordneten Staub- und
Fruchtblätter und bilden einen starken
Kontrast zu den dunkelgrünen
lederigen Blättern (es sind übrigens die
größten Blätter und Blüten in den
gemäßigten Wäldern).

Immergrüne Magnolie (Magnolia grandiflora)

Silberbaumgewächse – *Proteaceae*
Eine große Blütenpracht entfalten die
Bäume dieser Familie, die in Südafrika,
Südamerika und Australien in Gebieten
mit langer Trockenzeit wachsen. Vögel
und Insekten lassen sich von den
nektarreichen Blüten anlocken. *Banksia*
und *Macadamia* sind wichtige
Gattungen dieser Familie.
Die *Embothrium*-Bäume Südamerikas
und Australiens sind berühmt für ihre
herrlichen leuchtendroten Blüten, deren
dichte Trauben den Baum gleichsam in
ein Flammenmeer tauchen – daher der
volkstümliche Name »Feuerbusch«.

Australische Silbereiche (Grevillea robusta)

Lorbeergewächse – *Lauraceae*

Mehr als 2000 Baum- und Straucharten umfaßt diese tropische Familie, die so mannigfaltig ist, daß noch nicht alle Arten bestimmt sind. Kampfer-, Zimt- und Sassafrasbäume sind bekannte Vertreter der wohlriechenden Lorbeergewächse.

Die immergrünen Lorbeerbäume *(Laurus),* die im Mittelmeerraum und auf den Kanarischen Inseln wachsen, können bis zu 15 m hoch werden und tragen unscheinbare Blüten. Sie sind als Arznei- und Gewürzpflanzen sehr geschätzt.

Lorbeerbaum (Laurus nobilis)

Hamamelisgewächse – *Hamamelidaceae*

Die allenfalls mittelhohen Bäume dieser Familie gedeihen in Nordamerika, Asien, Madagaskar, Südafrika und Australien. In Europa haben sie die Eiszeit nicht überdauert.

Die eigentlichen Zaubernußbäume *(Hamamelis)* sind insofern ungewöhnliche Erscheinungen, als sie im Herbst oder gar mitten im Winter blühen. Die Samen, die zu ihrer Entwicklung ein Jahr brauchen, werden durch Kontraktion regelrecht aus ihren Kapseln herausgeschossen. In Asien können manche blühenden Hamamelisbäume mit sehr zart wirkenden Blütenblättern sogar Temperaturen unter dem Gefrierpunkt ohne Schaden ertragen – eine Seltenheit bei den Laubbäumen der gemäßigten Breiten.

Virginische Zaubernuß (Hamamelis virginiana)

Mimosengewächse – *Mimosoideae*

Neben den farbenprächtigen eigentlichen Mimosen *(Mimosa)* stellen die Akazien *(Acacia)* mit mehr als 750 Arten die wichtigste Gattung dieser Unterfamilie. Die Früchte reifen in Hülsen heran, und an den Wurzeln bilden sich vielfach Knötchen, die stickstoffspeichernde Bakterien enthalten und somit zur Anreicherung des Bodens mit Stickstoff beitragen. Die weitverbreiteten und häufigen Dornbäume der Trockengebiete gehören größtenteils zur Gattung *Acacia.* Ihre Blätter sind oft klein und gefiedert, spenden den Tieren in Dürrezeiten aber dennoch etwas Schatten und Feuchtigkeit. Die Samen und Hülsen dienen ihnen als Nahrung. Vor allem australische Akazienarten zeigen eine atemberaubende Blütenpracht.

Kassia-Akazie (Acacia farnesiana)

Stechpalmengewächse – *Aquifoliaceae*

Im allgemeinen sind bei den Bäumen dieser Familie die Geschlechter getrennt; jeder Baum trägt entweder männliche oder weibliche Blüten. Gelegentlich kommen jedoch auch Zwitterblüten vor.

Die eigentlichen Stechpalmen *(Ilex)* umfassen ungefähr 175 Arten, die meist immergrün sind und stachlige Blätter haben. Einige Arten bringen rote Beeren hervor. Stechpalmen gedeihen sowohl in den Tropen als auch in gemäßigten Breiten, und manche Bäume werden 40 m hoch. Man trifft sie im Himalaja ebenso wie in Brasilien an.

Stechpalme (Ilex aquifolium)

Ahorngewächse – *Aceraceae*

Die Ahornfamilie besteht aus zwei Gattungen, von denen nur eine wichtig ist. Obwohl die Blätter zart und empfindlich sind, haben sich zahlreiche versteinerte Abdrücke von ihnen erhalten, die darauf schließen lassen, daß Ahornbäume seit Jahrmillionen weit verbreitet sind.

Die rund 200 asiatischen, europäischen und nordamerikanischen Arten der Gattung *Acer* blühen im Frühling, bevor die Blätter erscheinen, und nehmen im Herbst eine wunderbare Färbung an. Mehrere Arten erzeugen einen süßen Saft. Die Ahorne haben sich an vielfältige Lebensräume angepaßt, an Flußufer, Berghänge und sogar an Cañonwände.

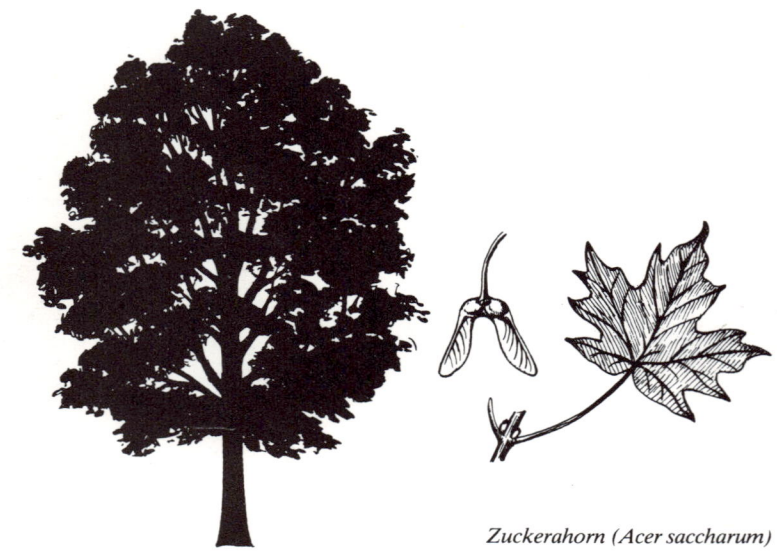

Zuckerahorn (Acer saccharum)

Myrtengewächse – *Myrtaceae*

Diese Familie setzt sich aus rund 3000 Baum- und Straucharten zusammen, die zum Teil sehr klein bleiben, zum Teil aber auch Riesenformen ausbilden wie die Eukalyptusbäume, die weit über 100 m hoch werden können. Die tropischen und subtropischen Myrtengewächse haben sehr eindrucksvolle Blüten, die zahllose fadenförmige Staubblätter enthalten. Die meisten australischen Waldbäume gehören zur Gattung *Eucalyptus*, deren rund 600 Arten vielfach sehr schöne Blätter und eine buntgemusterte Rinde besitzen. Viele Wildtiere sind auf die Eukalyptusbäume angewiesen, allen voran die hochspezialisierten Koalas. Ihre Nahrung besteht ausschließlich aus dem Laub einiger weniger Eukalyptusarten.

Red-River-Gummibaum (Eucalyptus camaldulensis)

Ölbaumgewächse – *Oleaceae*

Dank ihrem harten Holz, das äußeren Beschädigungen und der Verrottung trotzt, werden manche Öl- oder Olivenbäume mehr als 1000 Jahre alt. Die kleinen, unansehnlichen Blüten von *Olea* brauchen zwölf Monate, um sich in Früchte, die bekannten Oliven, zu verwandeln.

Ölbaum (Olea europaea)

Die Blüten der Eschen *(Fraxinus)*, die ebenfalls zu dieser Familie gehören, erscheinen gewöhnlich vor den Blättern. Aus ihnen gehen die geflügelten Samen hervor, die vom Wind fortgetragen werden. Wie beim Ahorn sind auch bei der Esche die Blätter gegenständig angeordnet.

Gemeine Esche (Fraxinus excelsior)

Palmengewächse – *Palmaceae (Palmae)*

Die Palmen sind zwar nicht auf die Tropen beschränkt, aber die meisten wachsen gleichwohl dort, und zwar an Meeresküsten, in Wüstenoasen oder in Bergtälern. Für Vögel, etwa die Papageien, und für Säugetiere wie manche Hörnchenarten, sind sie von lebenswichtiger Bedeutung, denn sie bieten diesen Tieren Nahrung, Unterschlupf und Nistgelegenheiten. Von den etwa 3500 Palmenarten der Erde ist uns die Kokospalme *(Cocos nucifera)* am vertrautesten, die überall in den Tropen und Subtropen am Meer und in einem schmalen Küstenstreifen wächst. Diese Palmen erreichen eine Höhe von 30 m und tragen bis zu 36 biegsame, anmutige Blattwedel.

Kokospalme (Cocos nucifera)

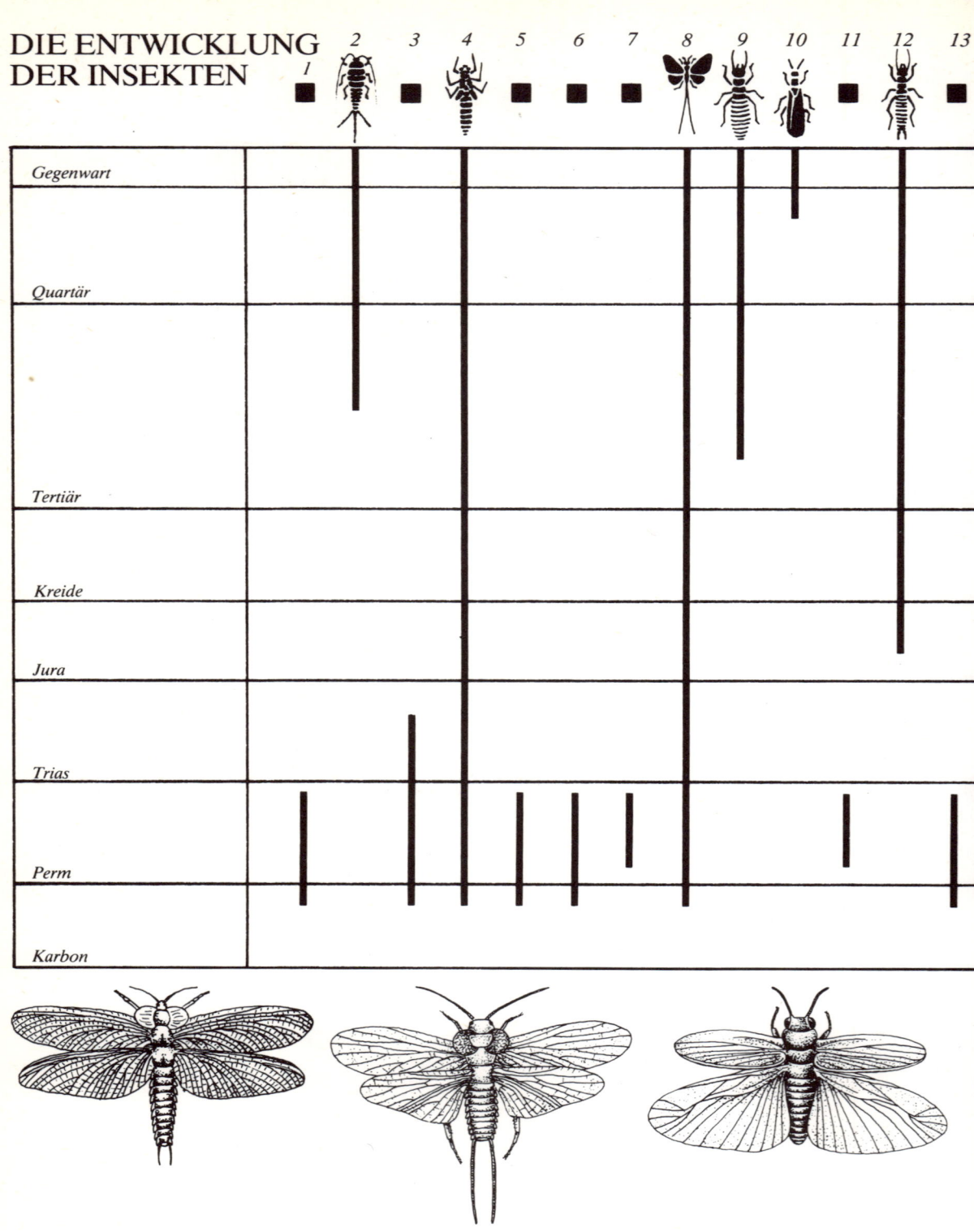

DIE ENTWICKLUNG
DER INSEKTEN

| | 1 | 2 | 3 | 4 | 5 | 6 | 7 | 8 | 9 | 10 | 11 | 12 | 13 |

Gegenwart

Quartär

Tertiär

Kreide

Jura

Trias

Perm

Karbon

Palaeodictyoptera:
Lithomantis carbonaria

Paraplecoptera:
Lemmatophora typa

Protelytroptera:
Protelytron permianum

208

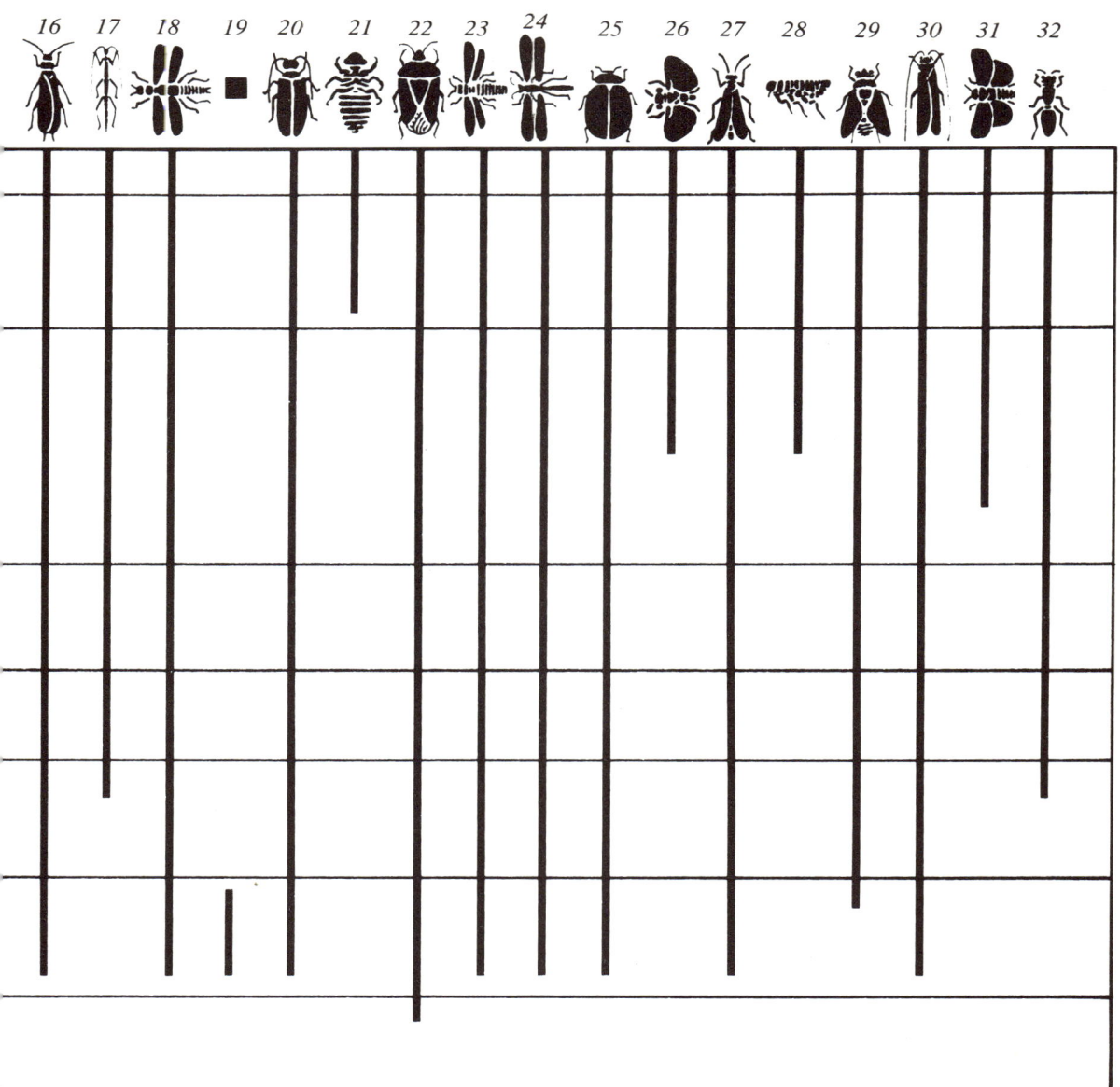

Die ältesten Fossilien, die als Insekten oder Kerbtiere bestimmt werden konnten, stammen aus der mittleren Devonzeit vor etwa 370 Millionen Jahren. Viele versteinerte Insekten sind in den amerikanischen Bundesstaaten Illinois, Pennsylvanien und Colorado entdeckt worden. Reiche Funde erbrachten auch der Kalkstein im Herzen von Kansas, der mittelfranzösische Schiefer und der Bernstein der Ostseeküste. Die frühen Insekten, wie beispielsweise die links abgebildeten, ähneln den primitiven ungeflügelten Springschwänzen der Unterklasse *Apterygota* (Urinsekten). Die zweite Unterklasse, *Pterygota,* umfaßt die Höheren Insekten, in deren Thoraxbildung die Entwicklung von Flügeln angelegt ist. Fossilien dieser Gruppe finden sich im Karbon, etwa 45 Jahrmillionen später. Obwohl viele dieser altertümlichen Insekten inzwischen ausgestorben sind, gab es schon damals die typischen Schaben ebenso wie die unmittelbaren Vorfahren unserer heutigen Libellen. In der Jurazeit lebten bereits viele Insektengruppen, deren Grundform sich im wesentlichen bis heute erhalten hat.

1 Monura
2 Thysanura
3 Meganisoptera
4 Odonata
5 Megasecoptera
6 Palaeodictyoptera
7 Archodonata
8 Ephemeroptera
9 Isoptera
10 Zoraptera
11 Protelytroptera
12 Dermaptera
13 Protoblattodea
14 Paraplecoptera
15 Protorthoptera
16 Plecoptera
17 Orthoptera
18 Embioptera
19 Miomoptera
20 Psocoptera
21 Mallophaga
22 Hemiptera
23 Thysanoptera
24 Neuroptera
25 Coleoptera
26 Strepsiptera
27 Mecoptera
28 Siphonaptera
29 Diptera
30 Trichoptera
31 Lepidoptera
32 Hymenoptera
■ Ausgestorbene Insektenformen

KÖRPERBAU EINES INSEKTS

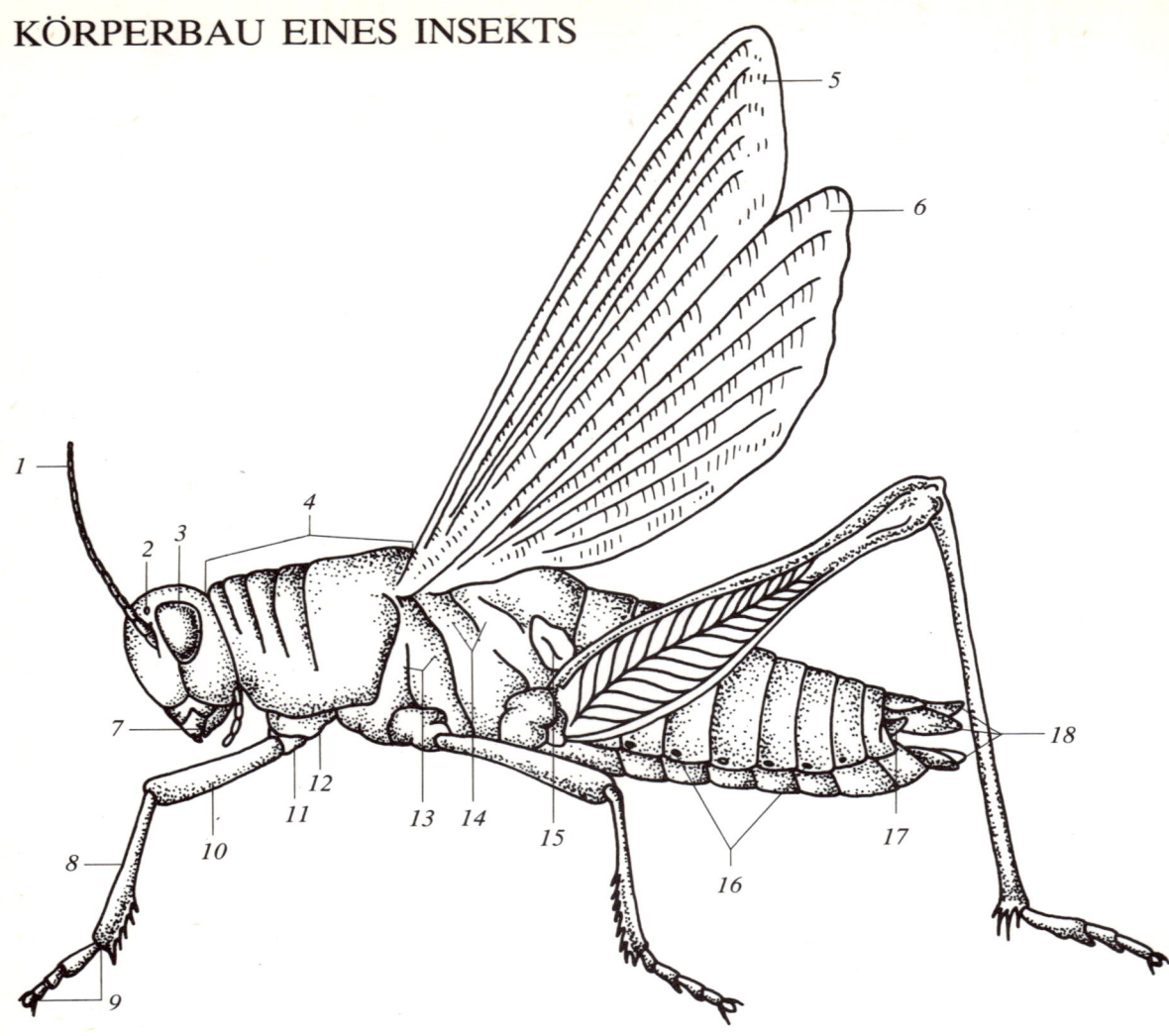

Ordnung Orthoptera (Geradflügler)
Heuschrecke

1 Fühler (Antenne)
2 Punktauge (Ocelle)
3 Facettenauge
4 Vorderbrust (Prothorax)
5 Vorderflügel
6 Hinterflügel
7 Ober- und Unterkiefer (Mandibeln und Maxillen)
8 Schiene (Tibia)
9 Fuß (Tarsus)
10 Schenkel (Femur)
11 Schenkelring (Trochanter)
12 Hüfte oder Basalglied (Coxa)
13 Mittelbrust (Mesothorax)
14 Hinterbrust (Metathorax)
15 Trommelfell (Tympanum)
16 Tracheenöffnungen (Stigmen)
17 Schwanzborste oder Raif (Cercus)
18 Geschlechtsorgane

Die Klasse *Insecta* umfaßt über 700000 Arten, mehr als jede andere Tiergruppe, die heute auf unserer Erde lebt. Insekten pflanzen sich in der Regel geschlechtlich fort, und mit Ausnahme der kleinen Unterklasse der Urinsekten *(Apterygota)* durchlaufen sie alle eine Jugendentwicklung, die man als Verwandlung oder Metamorphose bezeichnet und die entweder unvollkommen oder vollkommen sein kann. Die vollkommene Verwandlung verläuft in vier Phasen: 1. Ei 2. Larvenstadium, in dem das Insekt Nahrung aufnimmt und wächst 3. Verpuppung, ein inaktives Übergangsstadium 4. erwachsenes Vollinsekt oder Imago. Die Verwandlung gilt als unvollkommen, wenn das Puppenstadium entfällt. Die Insekten besitzen ein Außenskelett in Form eines schützenden Chitinpanzers. Der Körper setzt sich im allgemeinen aus 20 Segmenten zusammen, die im Laufe von Jahrmillionen zu drei deutlich erkennbaren Körperteilen verschmolzen sind: Kopf, Brust *(Thorax)* und Hinterleib *(Abdomen)*. Der Kopf besteht aus sechs miteinander verwachsenen Segmenten; die ersten drei tragen die Ocellen oder Punktaugen, die Facettenaugen und die Fühler oder Antennen, die als Tast-, Geschmacks- und Geruchsorgan dienen. Die drei anderen Segmente umfassen die Mundwerkzeuge, also die Mandibeln oder seitwärts beweglichen Oberkiefer und die Maxillen, mit denen die Nahrung vorgeschmeckt und aufgenommen wird. An den drei Brustsegmenten (Vorder-, Mittel- und Hinterbrust) sitzen drei gegliederte Beinpaare, die sich aus fünf Teilen zusammensetzen: Hüfte *(Coxa)*, Schenkelring *(Trochanter)*, Schenkel *(Femur)*, Schiene *(Tibia)* und Fuß *(Tarsus)*. Bei den geflügelten Insekten sind zwei Flügelpaare an den beiden letzten Brustsegmenten angewachsen. Der aus elf Segmenten bestehende Hinterleib birgt die Verdauungs- und Fortpflanzungsorgane. Die Weibchen vieler Arten besitzen am Hinterleibsende eine Legeröhre, die man als *Ovipositor* bezeichnet. Bei manchen primitiveren Insekten sitzen am Ende des Hinterleibs kleine Schwanzborsten oder *Cerci* als zusätzliches Sinnesorgan. Die Insekten haben ein offenes Blutgefäß- und Atmungssystem. Die Luft gelangt durch kleine Tracheenöffnungen an den Seiten der Brust und des Hinterleibs in den Körper. Manche Insektenarten, etwa die Heuschrecken, verfügen über ein Gehörorgan oder *Tympanum*, das auf den Vorderbeinen, der Brust oder dem Hinterleib sitzt.

BAUMSCHÄDLINGE

Waldbäume können durch Wind, Feuer, Frost, Pilze und Bakterien geschädigt werden, außerdem durch Insekten, die sich von bestimmten Teilen des Baumes ernähren oder sich in das Holz einbohren. Manchmal fallen ganze Bestände einer Insekteninvasion zum Opfer. Solche Epidemien enden normalerweise von selbst. Doch seit der Mensch Insekten von einem Kontinent zum anderen verschleppt hat, befallen diese Schädlinge Baumarten, die von Natur aus nicht gegen sie gefeit sind. Dadurch kann die ausgeglichene Entwicklung ganzer Ökosysteme gestört werden.

Blattläuse

Die Blattläuse, kleine geflügelte oder ungeflügelte Insekten der Familie *Aphididae*, ernähren sich von Pflanzensäften. Sie befallen Bäume und Sträucher und übertragen gefährliche Virus-, Bakterien- und Pilzkrankheiten. Viele Blattläuse werden durch andere Insekten und durch insektenfressende Vögel, etwa Grasmücken und Fliegenschnäpper, vernichtet.

 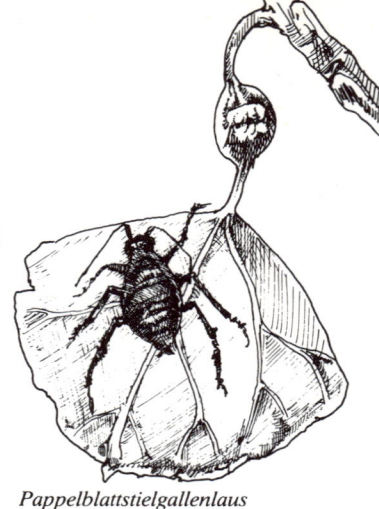

Galle der Ulmenbeutelgallenlaus (Schizoneura lanuginosa)

Pappelblattstielgallenlaus (Pemphigus bursarius) mit Galle

Käfer

Fast alle Nadel- und Laubwälder können von bestimmten Borkenkäfern befallen werden, von denen es mehr als 500 Arten gibt. Die Weibchen bohren sich in die Rinde der Bäume und Sträucher ein und nagen Gänge mit seitlichen Vertiefungen, in die sie jeweils ein Ei ablegen. Da sich die Gänge teils im Splintholz und teils in der Rinde befinden, wird die Kambiumschicht zerstört und der Baum getötet. Borkenkäfer übertragen außerdem Krankheitserreger auf gesunde Bäume. So wird zum Beispiel das Ulmensterben durch Pilzsporen verursacht, die der Große Ulmensplintkäfer *(Scolytus scolytus)* einschleppt.

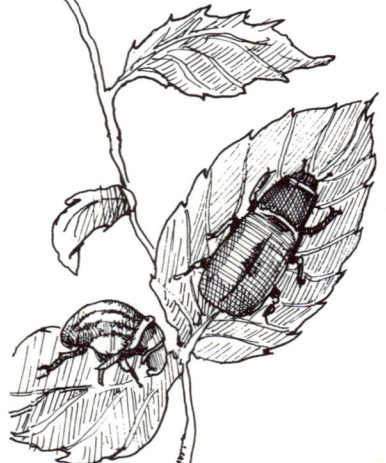 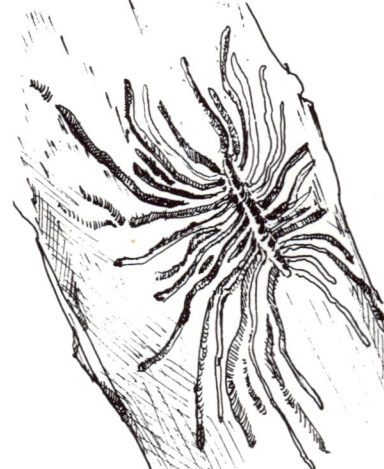

Ulmensplintkäfer (Scolytus); links amerikanische, rechts europäische Art

Fraßbild eines Borkenkäfers

Zu den Holzbohrern gehören auch viele Rüsselkäfer, von denen sich Tausende von Arten als Ernte- und Waldschädlinge betätigen. Das Weibchen des Eichelbohrers beispielsweise bohrt mit seinen rüsselförmigen Mundwerkzeugen Eicheln an, um in ihnen die Eier abzulegen. Die Blattroller, die ebenfalls zu den Rüsselkäfern gehören, gelten zwar allgemein nicht als gefährliche Schädlinge, obwohl auch sie Pflanzen schädigen. Das Weibchen rollt ein Blatt zusammen und legt seine Eier hinein. Die Larven ernähren sich später von dem absterbenden Blatt.

Eichelbohrer (Curculio)

Eichenblattroller (Attelabus nitens)

Schmetterlinge

Viele Schmetterlingsarten schädigen Bäume und Sträucher. Die Raupen des Fichtentriebwicklers *(Archips fumiferana)* leben zum Beispiel von den Nadeln der Fichten, Kiefern und anderer Koniferen und führen nicht selten den Tod des befallenen Baumes herbei. Man schätzt, daß sich auf der ganzen Welt rund 25 000 Wickler-und Blattminiererarten von Laub ernähren.

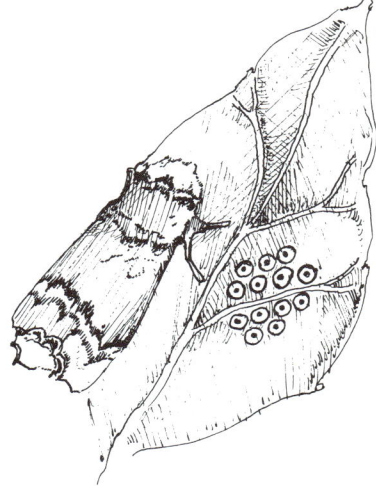

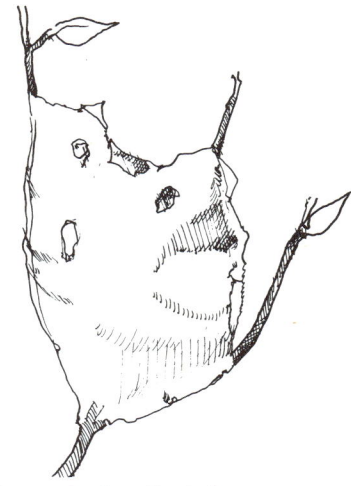

Mondvogel oder Mondfleckspinner (Phalera bucephala) mit Gelege

Raupen des Amerikanischen Ringelspinners (Malacosoma americana) in ihrem zeltförmigen Gespinst

Blattwespen

Die Blattwespen der Familie *Tenthredinidae* werden manchmal auch Sägewespen genannt, weil am Legeapparat des Weibchens zwei winzige »Sägen« sitzen, die sich gegeneinander bewegen, wenn das Tier zur Eiablage ein Blatt oder einen Stengel aufschneidet. Die Larven der Blattwespen ernähren sich vom Laub der verschiedensten Bäume und Sträucher.

Birkenblattwespenlarve (Climbex femorata)

Birnenblattwespenlarve (Eriocampa limacina)

Schildläuse

Die Schildläuse *(Coccidae)* sind winzige, hochspezialisierte Insekten. Ihre riesigen Kolonien verkrusten oft förmlich die Zweige, Blätter und auch Früchte. Ein starker Befall durch ausgewachsene Schildläuse kann Äste und sogar ganze Bäume zum Absterben bringen. Etwa 90 Vogelarten leben von diesen Insekten. Bestimmte Pilze hemmen die Massenvermehrung der Schildläuse.

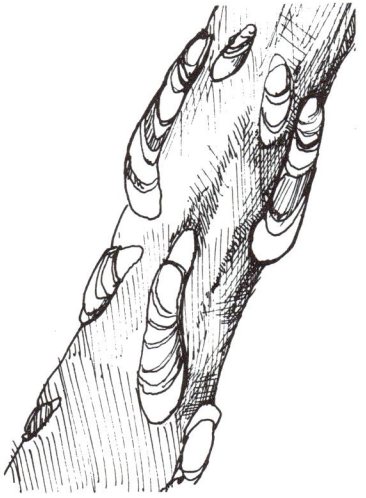

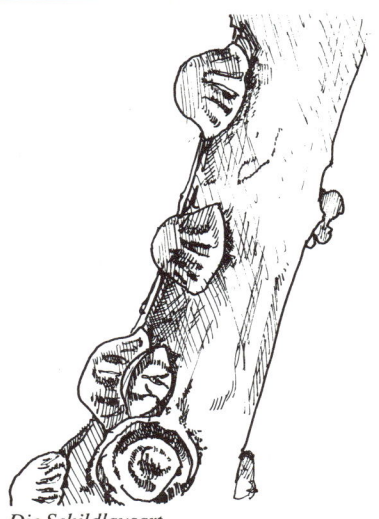

Kommaschildlaus (Lepidosaphes ulmi)

Die Schildlausart Parthenolecanium corni

Beintastler – *Protura*

Die erst seit 1907 bekannten Beintastler, die 118 Arten umfassen, sind winzige weichhäutige, weißliche Insekten von 0,5–2 mm Länge. Sie haben einen kegelförmigen Kopf, aber weder Fühler noch Augen, und an den ersten drei Hinterleibssegmenten ist je ein Paar rudimentäre Gliedmaßen zu erkennen. Sie besitzen stechende und saugende Mundwerkzeuge. Die Metamorphose ist einfach und durch einen Vorgang gekennzeichnet, der bei Insekten sehr selten, jedoch bei primitiven Gliederfüßern wie etwa den Tausendfüßern häufig ist: Bei den drei Häutungen während des Larvenstadiums erhöht sich die Zahl der Hinterleibssegmente von 9 auf 12.

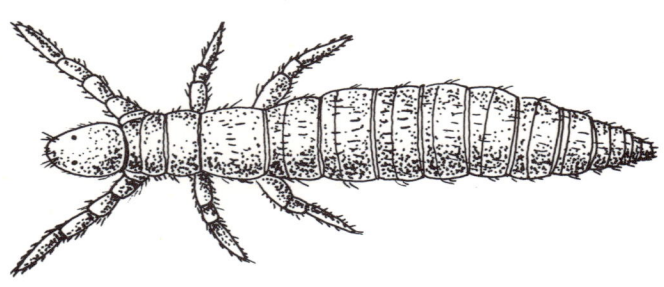

Beintastler (Acerentulus barberi barberi)

Borstenschwänze – *Thysanura*

Diese meist schlicht gefärbten ungeflügelten Urinsekten, die selten länger als 10 mm werden, verdanken ihren Trivialnamen den drei schmalen Fortsätzen am Hinterleib, die wie Schwänze aussehen. Einige der 370 bekannten Arten sind häufig in Wohnungen anzutreffen; das gilt vor allem für die Silberfischchen und die Ofenfischchen, die eine Vorliebe für die Stärke in Bucheinbänden, Leinenstoffen und Tapetenkleister entwickeln. Die Borstenschwänze sind lichtscheu und wärmeliebend. Wie die Springschwänze und Beintastler machen sie keine echte Metamorphose durch.

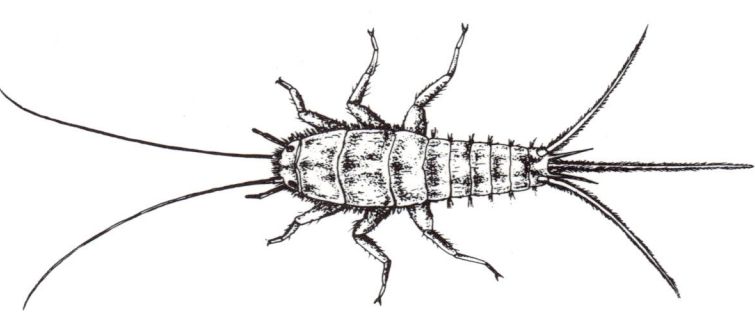

Ofenfischchen (Thermobia domestica)

Doppelschwänze – *Diplura*

Diese Insektenordnung enthält ungefähr 400 kleine ungeflügelte und augenlose Arten, die unter Baumrinde und Steinen sowie im Boden, in Abfällen und in morschem Holz leben. Sie gleichen in vieler Hinsicht den Borstenschwänzen, haben aber keine Schuppen und nur zwei Hinterleibsfortsätze. Sie besitzen eingesenkte Mundwerkzeuge und sind im allgemeinen unpigmentiert. Die Verwandlung ist einfach; die Larve ähnelt bereits sehr dem Vollinsekt.

Doppelschwanz (Campodea folsomi)

Springschwänze – *Collembola*

Mit mehr als 2000 Arten bilden diese winzigen Tiere die größte Ordnung der Urinsekten. Sie kommen in großer Zahl in feuchten Lebensräumen überall auf der Erde vor, sogar in den Polarregionen. Sie besitzen zwar keine Flügel, können aber mit Hilfe ihres gabelförmigen Hinterleibsfortsatzes, der wie eine straff gespannte Feder wirkt, ein Vielfaches ihrer Körperlänge überspringen. Die Brustsegmente sind zwar teilweise verschmolzen, aber noch deutlich zu erkennen. Die Mundwerkzeuge lassen sich in der Regel zurückziehen. Eine eigentliche Metamorphose findet nicht statt. Die Larven unterscheiden sich nur durch ihre geringere Größe und sexuelle Inaktivität von den Vollinsekten.

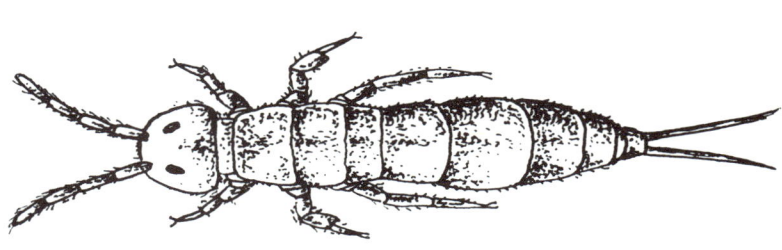

Springschwanz (Isotoma palustris)

Eintagsfliegen – *Ephemeroptera*

Die erwachsenen Eintagsfliegen sind tatsächlich so ephemer, wie es der wissenschaftliche Name andeutet: Sie leben nur ein paar Tage und manchmal nicht einmal einen Tag lang. In dieser Zeit findet der »Hochzeitsflug« statt, bei dem sich die meisten der ca. 2000 Arten zu großen Schwärmen vereinen. Die Weibchen legen dann ihre Eier im Süßwasser ab. Damit ist der Lebenszyklus der Vollinsekten beendet. Die Larven verfügen über fiedrige Kiemen und ernähren sich im Wasser von Pflanzenstoffen, bis sie nach 1 bis 4 Jahren in einem fast fertigen Zustand (Subimago), der typisch für diese Insektenordnung ist, an Land steigen. Nach einer weiteren Häutung entsteht das geschlechtsreife Tier (Imago).

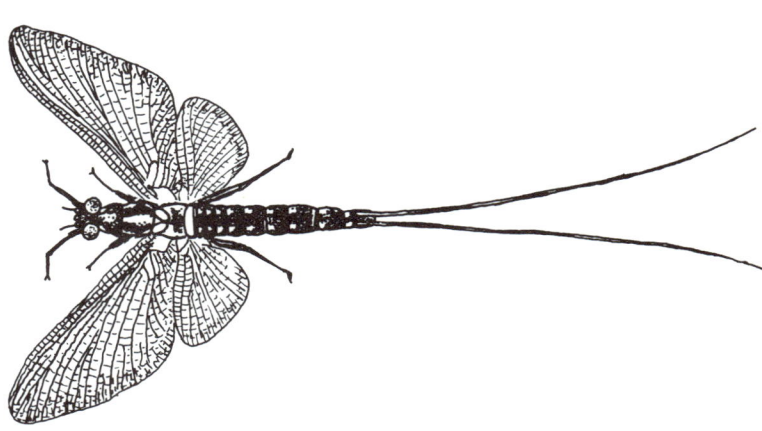

Eintagsfliege (Hexagenia bilineata)

Libellen oder Wasserjungfern – *Odonata*

Mit ihrem frei beweglichen Kopf und ihren großen Facettenaugen führen diese flinken Insekten, von denen 4870 Arten beschrieben sind, ein räuberisches Leben, sowohl als geflügelte Vollinsekten wie auch als wasserbewohnende Larven. Die beiden langen häutigen Flügelpaare werden in Ruhestellung entweder ausgebreitet getragen (Großlibellen) oder über dem langgestreckten schlanken Hinterleib zusammengelegt (Kleinlibellen). Die Metamorphose ist einfach und unvollkommen. Die im Wasser lebenden Larven atmen durch Kiemen und schwimmen mit Hilfe ihrer »rudernden" äußeren Kiemen oder durch Ausstoßung von Wasser aus dem After.

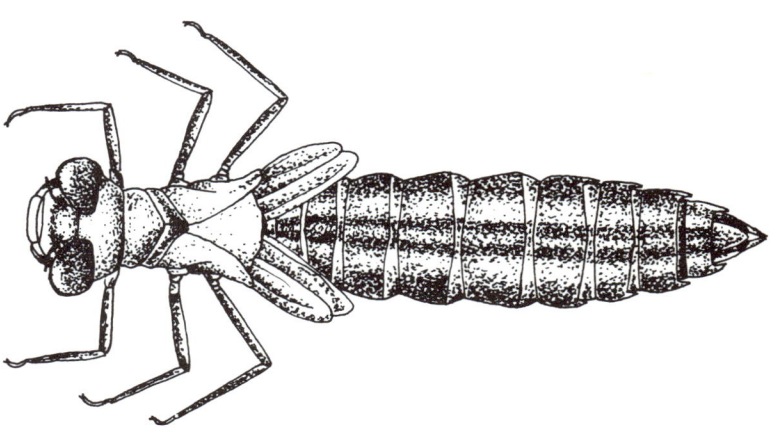

Teufelsnadel (Aeschna verticalis), Larve

Geradflügler – *Orthoptera*

Diese Ordnung, die neben den Schaben auch die verschiedenen Grillen und Fang-, Gespenst- und Heuschrecken umfaßt, stellt die meisten »Musikanten« im Insektenbereich, die ihre Töne durch Aneinanderreiben der Beine oder Flügel erzeugen. Fast alle 22 500 Arten sind geflügelt. Das hintere Flügelpaar wird wie ein Fächer unter den lederartigen Vorderflügeln zusammengefaltet. Alle Geradflügler besitzen kauende Mundwerkzeuge.

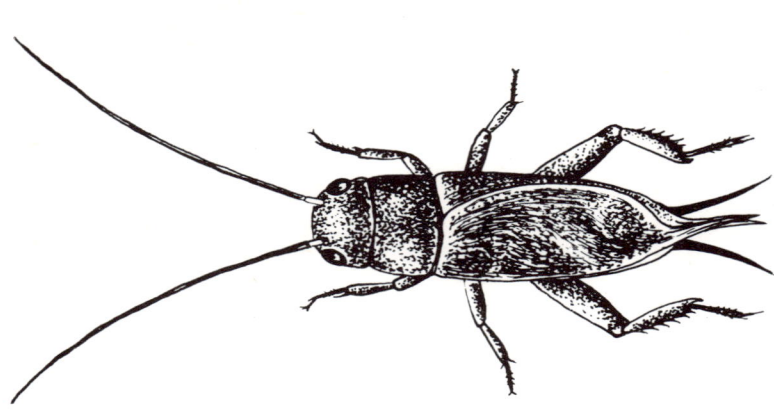

Feldgrille (Liogryllus campestris)

Abgesehen von einigen räuberischen Arten, sind die meisten Geradflügler Pflanzenfresser. Unter diesen fallen besonders bestimmte Wanderheuschrecken auf, deren riesige Schwärme die Vegetation ganzer Landstriche mit unglaublicher Geschwindigkeit und Gründlichkeit kahlfressen können. Mit Ausnahme der Polargebiete sind die Geradflügler weltweit verbreitet. Ihre Verwandlung ist unvollkommen. Im allgemeinen gleichen die Larven den Vollinsekten, nur die fertigen Geschlechtsorgane und die Flügel fehlen ihnen.

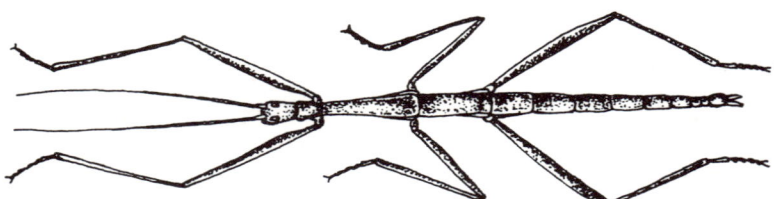

Stabheuschrecke (Carailsius morosus)

Termiten – *Isoptera*

Die rund 2100 bekannten Arten dieser kleinen, vorwiegend tropischen Insekten bilden große Kolonien, die sich durch eine starke Differenzierung der Einzeltiere und eine komplizierte soziale Organisation auszeichnen. Die in der Regel weißen und weichhäutigen Tiere haben entweder vier schmale, gleich lange Flügel, die nach dem Hochzeitsflug abgeworfen werden, oder sie sind flügellos. Die zugleich nützlichen und sehr schädlichen Termiten ernähren sich vorwiegend von Holz; die normalerweise unverdauliche Zellulose wird durch winzige Protozoen aufgeschlossen, die im Verdauungstrakt der Tiere leben. Termiten besitzen kauende Mundwerkzeuge. Ihre Metamorphose ist unvollkommen. Die Larven verwandeln sich in Arbeiter, Soldaten oder Geschlechtstiere.

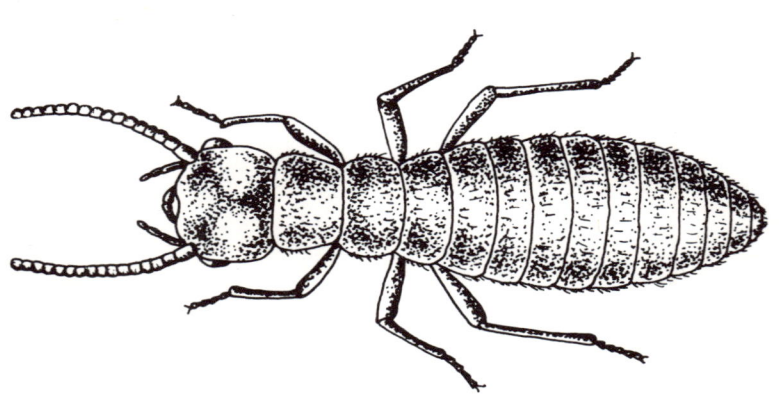

Arbeitstermite (Prorhinotermes simplex)

Ohrwürmer – *Dermaptera*
Ohrwürmer sind mittelgroße, abgeflachte, lederhäutige Insekten, von denen etwa 1100 Arten beschrieben worden sind. Die meist nächtlich lebenden Tiere ernähren sich hauptsächlich von pflanzlichen Stoffen. Die großen, zangenförmigen Fortsätze am Hinterleib dienen vor allem der Verteidigung. Die Mundwerkzeuge sind kauend. Bei manchen Arten sind die Flügel rückgebildet oder fehlen ganz. Die Verwandlung ist unvollkommen. Die Weibchen einiger Arten schützen ihr Gelege in einer Nisthöhle und betreuen die Larven, die gleich nach dem Schlüpfen recht aktiv sind. Solche Brutfürsorge ist eine Seltenheit in der Welt der Insekten.

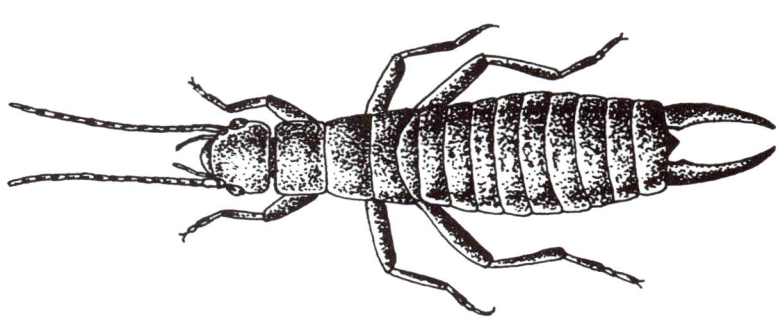

Waldohrwurm (Chelidurella acanthopygia)

Spinnfüßer oder Embien – *Embioptera (Embiodea)*
Nur knapp 100 Arten dieser zierlichen Insekten sind bekannt, die in Abfällen, auf oder unter Rinde und Steinen oder zwischen Moosen und Flechten in selbstgefertigten Gespinströhren leben. Im Gegensatz zu den echten »spinnenden« Insekten, die ihre Seide in entsprechend gebauten Speicheldrüsen erzeugen, scheiden die Embien die klebrige Flüssigkeit aus Drüsen an den Vorderbeinen aus. Die Tiere sind winzig (im Durchschnitt 2 mm), und nur die Männchen tragen Flügel auf dem schlanken Körper, die ihnen die Fortbewegung in den Wohnröhren erleichtern. Die Verwandlung ist unvollkommen. Die Embien leben überwiegend in den Tropen, aber einige Arten kommen auch in gemäßigten Breiten vor.

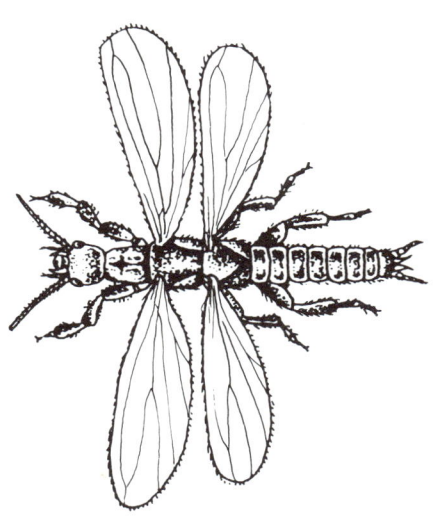

Spinnfüßer (Oligotoma saundersii)

Stein- oder Uferfliegen – *Plecoptera*
Wie die Eintagsfliegen stellen auch die 1550 Arten dieser Ordnung im Larvenstadium eine wichtige Nahrungsquelle für Süßwasserfische dar. Das Vorhandensein von Larven, die in klarem Süßwasser unter Steinen hausen, ist ein zuverlässiges Indiz für die Reinheit des Wassers. Die Eier werden in lockeren Paketen im Wasser abgelegt. Die länglichen, abgeplatteten Larven haben Kiemen an der Unterseite der Brust. Die Vollinsekten sind klein bis mittelgroß, weichhäutig und ebenfalls ziemlich flach und langgestreckt. Die Hinterflügel werden fächerartig unter die langen häutigen Vorderflügel gefaltet. Die meisten Arten sind schlechte Flieger und bleiben stets in der Nähe ihres heimatlichen Gewässers. Die Verwandlung ist unvollkommen.

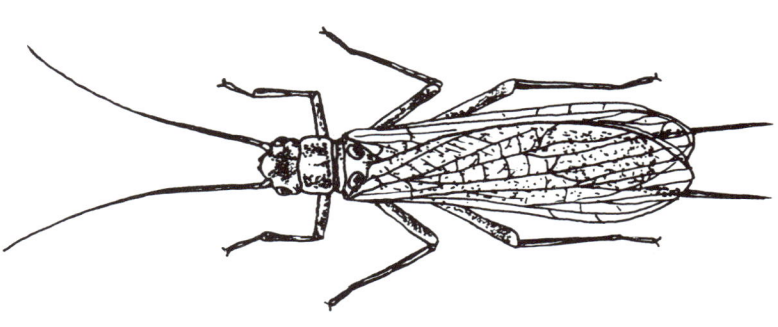

Steinfliege (Isoperla confusa)

Staubläuse – *Psocoptera*

Diese winzigen Insekten (1–10 mm) haben einen vergleichsweise großen Kopf und einen weichen Körper. In derselben Art können geflügelte und flügellose Individuen auftreten. Falls Flügel vorhanden sind, werden sie dachartig über dem Hinterleib getragen. Staubläuse besitzen kauende Mundwerkzeuge. Die mehr als 1700 Arten spielen als Schädlinge keine große Rolle, obwohl sie menschliche Behausungen befallen können und sich dort von Getreideprodukten, Schimmel und ähnlichen Substanzen ernähren. Einige Arten werden als Bücherläuse bezeichnet, weil sie eine Vorliebe für den Leim und das Papier alter Bücher haben. Die Verwandlung ist unvollkommen.

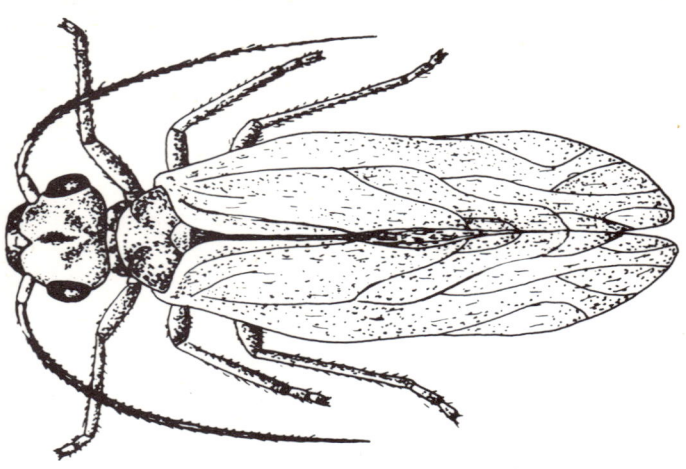

Staublaus (Caecilius manteri)

Bodenläuse – *Zoroptera*

Die 22 bekannten Arten dieser winzigen, weniger als 3 mm langen Tiere bilden eine kleine Ordnung geselliger, termitenähnlicher Insekten. Sie leben zwischen Pflanzenresten, unter Baumrinde oder in Termitennestern und ernähren sich von toten Insekten und Pilzsporen. Ihre Verwandlung ist unvollkommen. Die Jugendformen leben mit den erwachsenen Tieren zusammen, und manche entwickeln Flügel, die später abgestoßen werden.

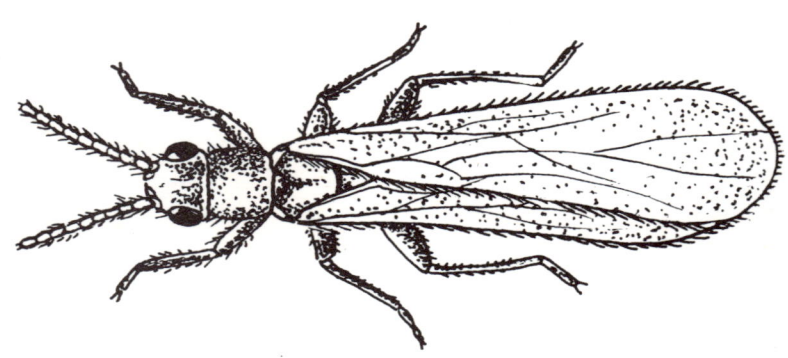

Bodenlaus (Zorotypus brasiliensis)

**Kieferläuse, Federlinge,
Haarlinge – *Mallophaga***

Zwar leben einige der 2700 Arten dieser winzigen, flachen und ungeflügelten Insekten als Außenschmarotzer (Ektoparasiten) auf Säugetieren, aber die meisten befallen Vögel. Die meist wirtsspezifischen Schmarotzer werden nur durch unmittelbaren körperlichen Kontakt, zum Beispiel im Nest, von einem Vogel auf den anderen übertragen. Die für den Menschen ungefährlichen Tierchen sind eine ernsthafte Bedrohung für die Haustiere, zumal für das Geflügel. Ihre Verwandlung ist unvollkommen und dauert nur wenige Wochen. Abgesehen von der Größe, ähneln die Larven sehr den Vollinsekten und ernähren sich auch auf dieselbe Weise von Federn, Haaren und sonstigen Hautbildungen.

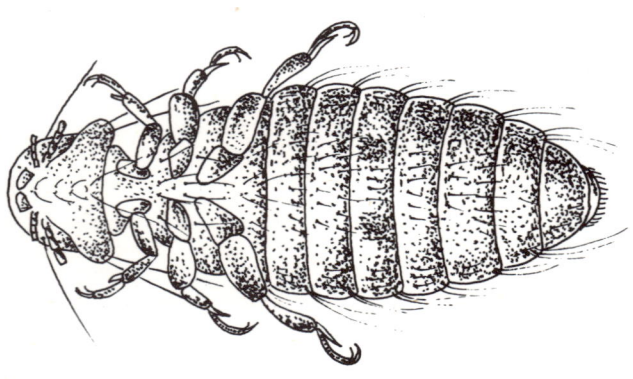

Hühnerlaus (Menopon gallinae)

Echte Läuse – *Anoplura*

Die 250 Lausarten schmarotzen ausnahmslos an Säugetieren. Mehrere Arten befallen Haustiere, einige auch den Menschen. Die höchstens 4 mm langen Insekten werden von ihrem Wirt im besten Fall nur als lästig empfunden; im schlimmsten Fall übertragen sie gefährliche Krankheiten. Dank ihrem stark abgeflachten, flügellosen Körper lassen sie sich nur schwer erwischen und entfernen. Ihre stechend-saugenden Mundwerkzeuge sind zum Blutabzapfen eingerichtet. Die Verwandlung ist unvollkommen. Larven und Vollinsekten ernähren sich vom selben Wirt.

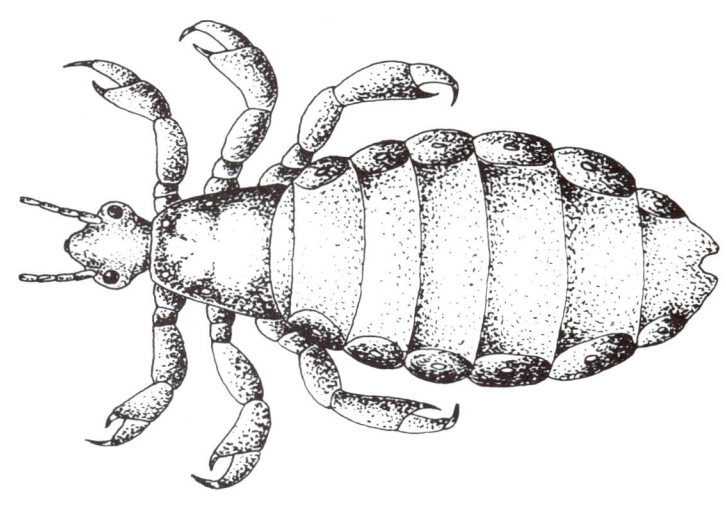

Kleiderlaus (Pediculus humanus)

Fransenflügler, Blasenfüße oder Thripse – *Thysanoptera*

Diese Ordnung umfaßt etwa 4500 Arten schlanker, winziger Insekten (0,5–5,5 mm), die hell bis sehr dunkel gefärbt sind. Sie gelten vielfach als sehr vermehrungsfreudige Pflanzenschädlinge und verursachen in der Landwirtschaft beträchtliche Schäden. Die Flügel fehlen oft. Sofern vorhanden, bilden sie zwei lange, schmale und ringsum behaarte Paare. Die Mundwerkzeuge sind saugend und stechend. Die Metamorphose steht in der Mitte zwischen unvollkommener und vollkommener Verwandlung: Auf zwei Larvenstadien folgen zwei oder drei Vorpuppen- bzw. Puppenstadien. Manche Arten verpuppen sich in Kokons.

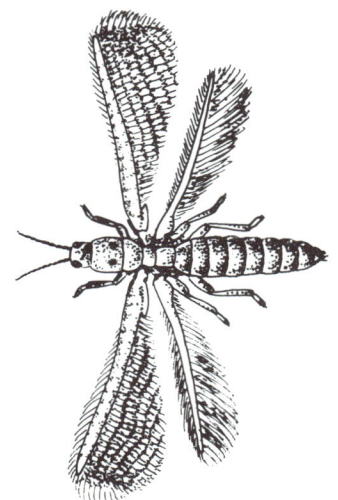

Fransenflügler (Taeniothrips simplex)

Wanzen – *Hemiptera*

Diese Ordnung enthält rund 23 000 bekannte Arten sehr unterschiedlicher Größe. Ihre Merkmale sind stechend-saugende Mundwerkzeuge und Vorderflügel, die vorne lederartig und am Ende häutig sind und die zum Schutz der dünnen Hinterflügel flach auf dem Rücken zusammengelegt werden. Der Schnabel, der die scharfen Mundwerkzeuge umschließt, sitzt vor den Augen. Die von Pflanzensäften lebenden Arten gelten in der Landwirtschaft als gefährliche Schadinsekten. Viele Wanzen leben im Wasser, besitzen jedoch keine Kiemen. Sie speichern ihren Luftvorrat zwischen den feinen Körperhaaren. Die Verwandlung ist unvollkommen.

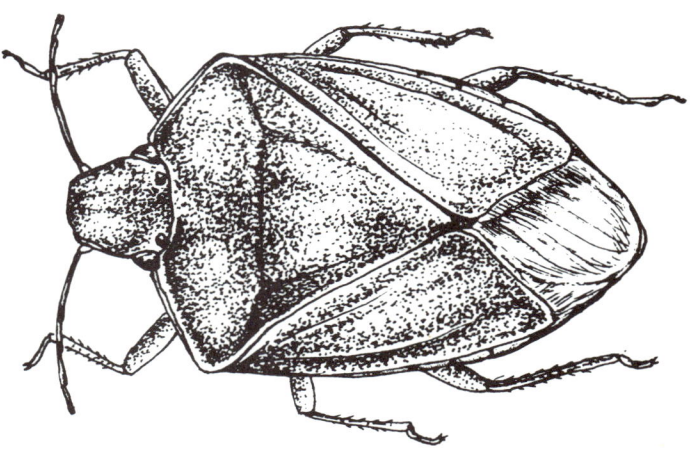

Stinkwanze (Thyanta custator)

Pflanzensauger oder Gleichflügler – *Homoptera*

Die vielgestaltige Ordnung, von der ungefähr 32 000 Arten bekannt sind, umfaßt alle Insekten, deren Schnabel hinter den Augen angeordnet ist: Zirpen, Zikaden, Blattläuse und Blattflöhe. Die Flügel, sofern vorhanden, sind gleichartig häutig und werden dachförmig auf dem Rücken getragen. Viele Vertreter dieser Gruppe sind allerdings flügellos.

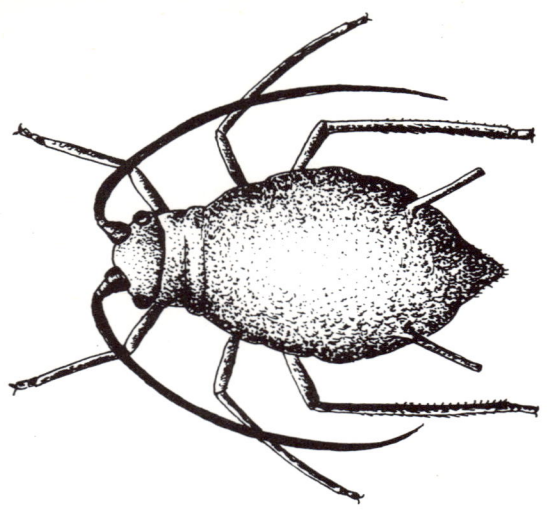

Birnenblattlaus (Myzus persicae)

Allen Gleichflüglern ist gemeinsam, daß sie sich von Pflanzenstoffen ernähren. Das gilt sowohl für die Vollinsekten als auch für die Larven. Obwohl einige Arten wertvolle Ausscheidungen erzeugen, werden die meisten als Schädlinge eingestuft. Sie vermehren sich massenhaft, entziehen den Pflanzen lebenswichtige Nährstoffe und übertragen zum Teil Pflanzenkrankheiten. Die Verwandlung ist unvollkommen.

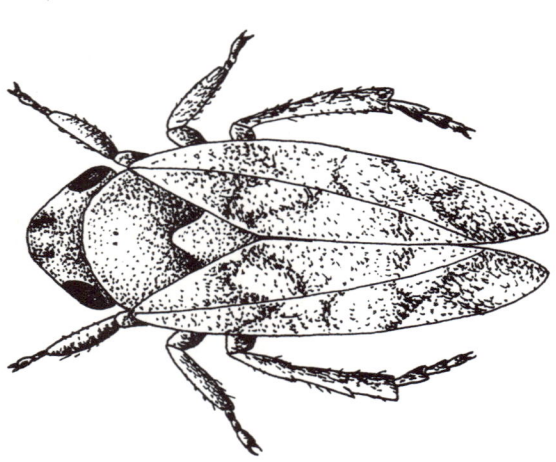

Wiesenschaumzikade (Philaenus spumarius)

Käfer – *Coleoptera*

Etwa 20 Prozent aller rezenten Pflanzen- und Tierarten der Erde entfallen auf die Käfer, und die geschätzten 290 000 *Coleoptera*-Arten machen etwa 40 Prozent aller bekannten Insektenarten aus. Die Käfer, deren Größe zwischen weniger als 1 mm und mehr als 15 cm schwankt, besitzen kauende Mundwerkzeuge und harte Deckflügel (Elytren) zum Schutz der häutigen Hinterflügel. Die Verwandlung ist vollkommen und zeigt eine hohe Spezialisierung. Die Larven sind variabel in der Form, der Körperfestigkeit und der Zahl und Anordnung der Körperfortsätze. Auch in der Ernährungsweise sind sie wie die fertigen Käfer sehr anpassungsfähig. Sie können sich als Räuber, Pflanzenfresser, Aas- oder Kotvertilger oder als Schmarotzer betätigen.

Marienkäfer (Hippodamia convergens)

Fächerflügler – *Strepsiptera*

Diese kleine Ordnung, die nur rund 400 Arten umfaßt, setzt sich größtenteils aus winzigen Insekten zusammen, die als Innenparasiten (Entoparasiten) an anderen Insekten schmarotzen. Die Männchen haben zu kolbenförmigen Gebilden (Schwingkölbchen oder Haltern) verkümmerte Vorderflügel und breite, fächerähnliche Hinterflügel. Die Weibchen sind flügellos, haben in der Regel auch keine Beine und verbringen ihr ganzes Leben in ihrem Wirtstier. Die Verwandlung ist vollkommen, doch treten zwei Larvenstadien auf (Hypermetamorphose). Im ersten, aktiven Stadium verlassen die frisch geschlüpften Larven ihren ersten Wirt und suchen sich einen neuen. Dann häuten sie sich und verwandeln sich in beinlose, madenförmige Wesen, die in einem neuen Wirtstier schmarotzen.

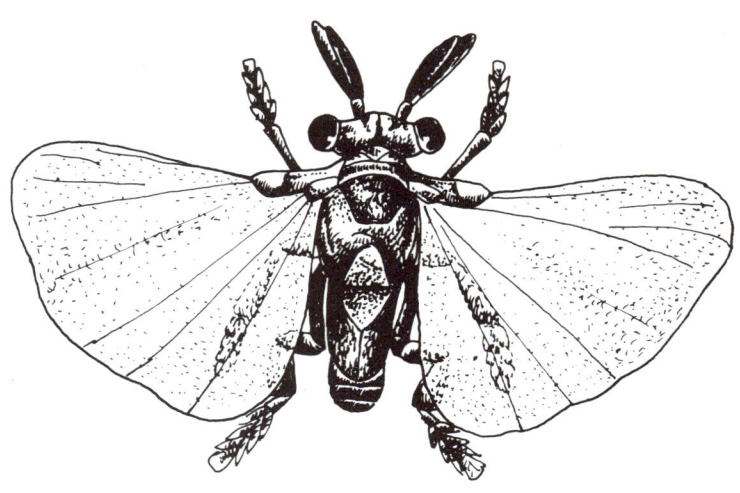

Fächerflügler (Neostylops shannoni)

Schnabelhafte oder Skorpionsfliegen – *Mecoptera*

Diese kleine, aber altertümliche Insektenordnung verdankt ihren zweiten volkstümlichen Namen dem eigenartigen Genitalapparat des Männchens, der an einen Skorpionsstachel erinnert. Etwa 400 Arten sind bekannt, die zwischen 2 und 25 mm groß werden und durchweg harmlos und von geringer wirtschaftlicher Bedeutung sind. Ein weiteres Kennzeichen dieser schlanken, weichhäutigen Insekten ist der schnabelförmig verlängerte Kopf. Die Metamorphose ist vollkommen. Die Larven sind wie die Vollinsekten Räuber oder Aasfresser. Die Skorpionsfliegen baumeln oft, sich nur mit den langen Hinterbeinen festhaltend, an einem Zweig und warten so auf Beute.

Gemeine Skorpionsfliege (Panorpa communis)

Netzflügler – *Neuroptera*

Die rund 4670 Arten dieser Ordnung sind gekennzeichnet durch ihre vier großen Flügel und ihren meist sehr unruhigen Flug. Sie bewohnen alle möglichen Lebensräume, von der Wüste bis zum Gebirgsbach, und sind von sehr unterschiedlicher Größe. Ihre Verwandlung ist vollkommen. Die Larven leben räuberisch von anderen Insekten und erweisen sich als nützlich, wenn ihre Beute aus Schadinsekten besteht.

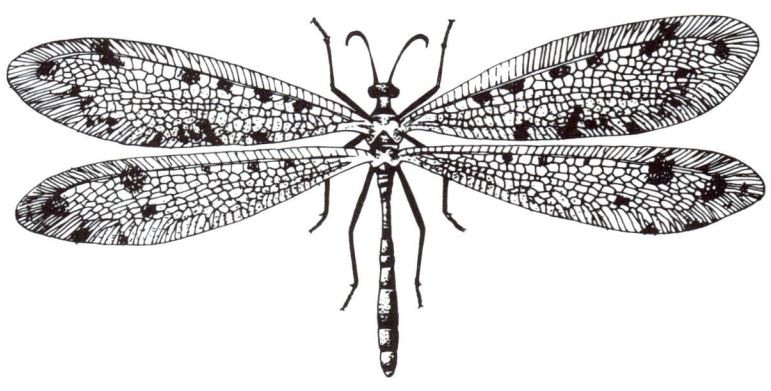

Ameisenlöwe (Dendroleon obsoletum)

221

Köcherfliegen – *Trichoptera*

Von den vier Insektenordnungen, die in ihren frühen Entwicklungsstadien im Wasser leben, stellen die Köcherfliegen die einzige dar, die eine vollkommene Verwandlung durchläuft. Etwa 4500 Arten sind bekannt. Die kleinen bis mittelgroßen Vollinsekten werden 1,5–25 mm lang, haben einen schlanken, lang ausgezogenen Körper und tragen in Ruhestellung ihre Flügel dachförmig über dem Leib. Die wasserlebenden Larven hausen in Gehäusen (»Köchern«), die sie aus Pflanzenteilen, Steinchen usw. anfertigen. Manche spinnen im Wasser Netze zum Fang kleiner Gliederfüßer. Die fertig entwickelten Puppen steigen zur Wasseroberfläche auf, und das Vollinsekt schlüpft an Land. Köcherfliegen sind eine wichtige Nahrung der Süßwasserfische.

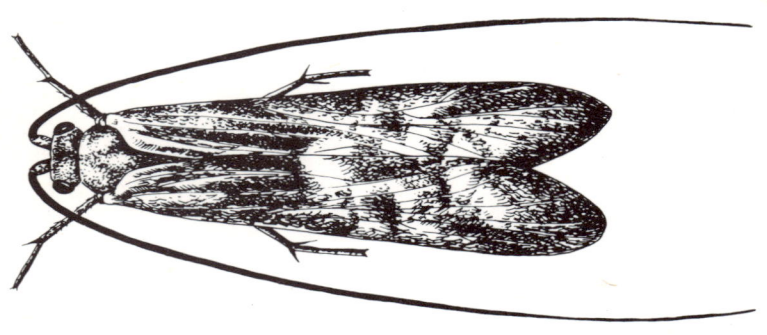

Köcherfliege (Macronemum zebriatum)

Schmetterlinge – *Lepidoptera*

Mehr als 112 000 Arten dieser großen Ordnung sind bekannt, zu der viele der schönsten Insekten der Erde gehören. Die Vollinsekten, also die Falter, besitzen vier häutige Flügel, die mit winzigen Schuppen überzogen sind, und durchweg saugende Mundwerkzeuge mit einem aufrollbaren »Rüssel«.

Monarchfalter (Danaus plexippus)

Die Tagfalter halten ihre Flügel im Ruhezustand meist hochgeklappt über dem Rücken. Die Nachtfalter ruhen im allgemeinen mit dachartig aufgestellten oder seitlich abgespreizten Flügeln. Die Verwandlung ist vollkommen. Die pflanzenfressende Raupe verpuppt sich und wird zu einem geflügelten Nektarsauger. Die Raupen können unter den Pflanzen große Schäden anrichten, während die Falter als Blütenbestäuber sehr nützlich sind.

Mondfalter (Actias luna)

Zweiflügler – *Diptera*

Diese große, vielgestaltige und weltweit verbreitete Ordnung enthält mehr als 90000 bekannte Arten. Ihr Hauptmerkmal ist das Vorhandensein von nur einem Flügelpaar. Die Hinterflügel sind zu langstieligen Schwingkölbchen umgewandelt, die als »Balancierstangen« dienen. Die meisten Zweiflügler leben von flüssiger Nahrung. Manche, zum Beispiel die Moskitos und Kriebelmücken, sind Blutsauger und, wie viele andere blutsaugende Insekten, oft gefährliche Krankheitsüberträger. Andere wiederum sind ausgesprochen nützlich, denn sie bestäuben Blüten und vernichten Schadinsekten. Die Verwandlung ist vollkommen. Viele der wurmähnlichen Larven verpuppen sich in tönnchenförmigen Gebilden.

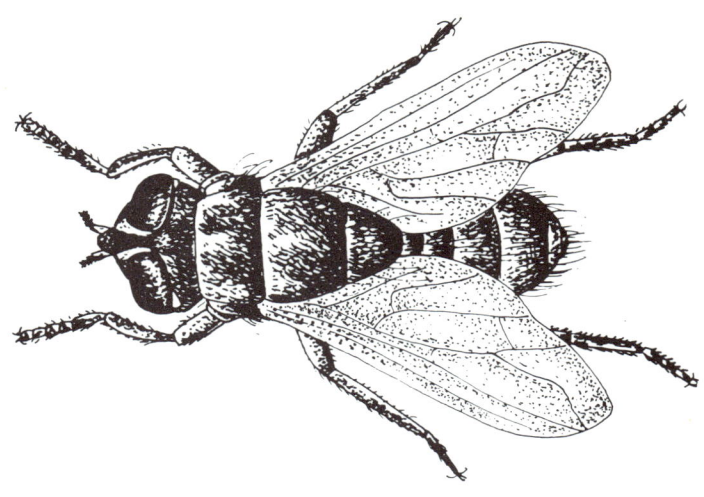

Stubenfliege (Musca domestica)

Flöhe – *Siphonaptera (Aphinaptera)*

Erwachsene Flöhe leben als blutsaugende Außenparasiten an Vögeln und Säugetieren. Alle 1100 Arten sind flügellos und seitlich abgeplattet und besitzen lange Sprungbeine. Ihre stechend-saugenden Mundwerkzeuge sind sehr leistungsfähig. Die Verwandlung ist vollkommen. Die winzigen weißlichen, fußlosen Larven leben im oder beim Nest des Wirtstiers und ernähren sich von organischen Abfällen, bevor sie sich im selbstgesponnenen Kokon verpuppen.

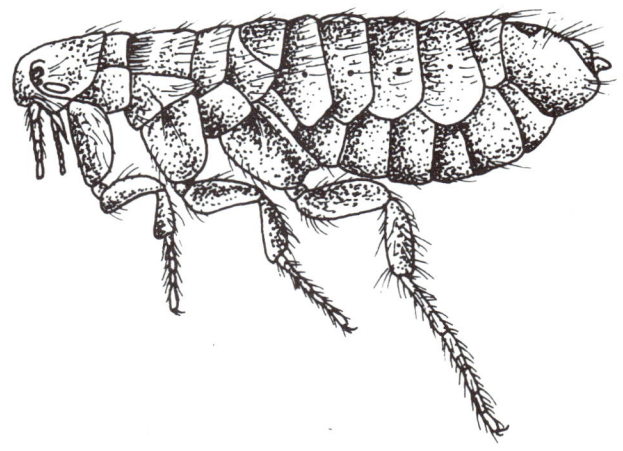

Nagetierfloh (Orchopeas leucopus)

Hautflügler – *Hymenoptera*

Diese riesige und äußerst mannigfaltige Ordnung, die aus weit über 105000 Arten besteht und von großer wirtschaftlicher Bedeutung ist, umfaßt die am höchsten entwickelten Insekten: Wespen, Bienen, Ameisen usw. Die geflügelten Arten besitzen zwei häutige Flügelpaare. Die Hinterflügel sind kleiner und mit dem vorderen Flügelpaar durch eine Reihe von winzigen Häkchen verbunden, so daß beide Paare beim Fliegen eine Einheit bilden. Die Metamorphose ist vollständig. Viele Arten betreiben eine komplizierte Brutfürsorge. Bemerkenswert ist die Staatenbildung bei verschiedenen Hautflüglern.

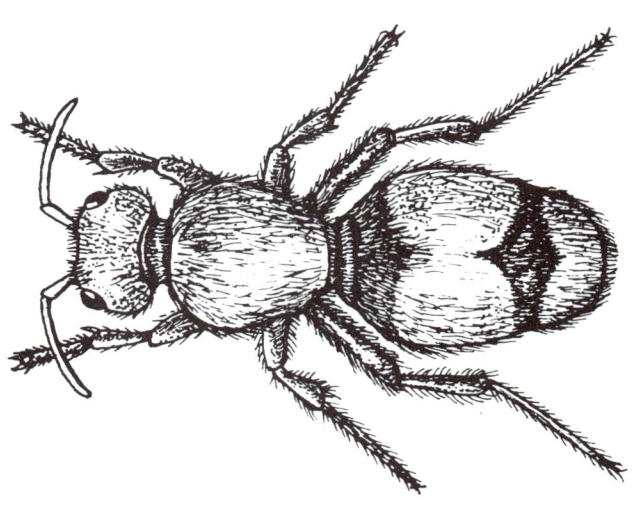

Ameisenwespe (Dasymutilla occidentalis)

Herrentiere, Primates. Systematische Übersicht

Von Dr. Theodor Haltenorth

F. = Familie, U.F. = Unterfamilie, G. = Gattung, A. = Art. Die Zahlen bedeuten vor dem Schrägstrich Kopfrumpflänge, hinter dem Schrägstrich Schwanzlänge

Ordnung Herrentiere, Primates

Unterordnung Spaltnasenaffen, Strepsirhini

Zwischenordnung Lemurenaffen, Lemuriformes

F. Katzenmakis, Cheirogaleidae

U.F. Eigentliche K., Cheirogaleinae
G. Echte K., *Cheirogaleus* –
A. Großer K., *C. major;* O-Madagaskar; 25–27/23–25 – A. Mittlerer K., *C. medius;* W- u. S-Madagaskar; 19–24/17–22 –
G. Büschelohr-K., *Allocebus* –
A. Kleiner oder Büschelohr-K., *A. trichotis;* NO-Madagaskar; bedroht; 13–15/15–17 – G. Zwergmakis, *Microcebus* – A. Rattenmaki, *M. coquereli;* W-Madagaskar; bedroht; 23–25/28–32 –
A. Mausmaki, *M. murinus;* Madagaskar; 10–15/12–17 – A. Rotbrauner Zwergmaki, *M. rufus;* N-Madagaskar; 9–12/10–15

U. F. Gabelkatzenmakis, Phanerinae
G. Eigentliche G., *Phaner* – A. G., *P. furcifer;* W- u. N-Madagaskar; 22–28/30–37

F. Lemuren, Lemuridae

G. Makis, *Lemur* – A. Mohrenmaki, *L. macaco;* NW-Madagaskar; z. T. bedroht; 35–40/45–50 –
A. Braunmaki, *L. fulvus;* N-, W- u. O-Madagaskar; 35–40/45–50 – A. Mongozmaki, *L. mongoz;* NW-Madagaskar; 40–45/40–45 –
A. Kronenmaki, *L. coronatus;* N-Madagaskar; 35–40/45–50 –
A. Rotbauchmaki, *L. rubriventer;* NO- u. O-Madagaskar; 35–40/45–50 – A. Katta, *L. catta;* S- u. SW-Madagaskar; rd. 45/rd. 55 –

G. Halbmakis, *Hapalemur* –
A. Kleiner H., *H. griseus;* N-, O- u. mittl. W-Madagaskar; bedroht; 32–36/32–36 – A. Großer H., *H. simus;* mittl. O-Madagaskar; bedroht; rd. 45/rd. 45 – G. Varis, *Varecia* – A. Vari, *V. variegata;* O-Madagaskar; rd. 60/rd. 60

F. Wieselmakis, Lepilemuridae

G. Eigentliche W., *Lepilemur* –
A. Großer W., *L. mustelinus;* nördl. W-Madagaskar; z. T. bedroht; 25–35/20–30 – A. Kleiner W., *L. ruficaudatus;* südl. W-Madagaskar; 25–35/20–30 – A. Insel-W., *L. dorsalis;* westl. N-Madagaskar; 25–35/20–30 – A. Edwards W., *L. edwardsi;* nördl. O-Madagaskar; 25–35/20–30 –
A. Trockenbusch-W., *L. leucopus;* O-Madagaskar; 25–35/20–30 –
A. Hellhals-W., *L. microdon;* S-Madagaskar; 25–35/20–30 –
A. Nördl. W., *L. septentrionalis;* nördl. N-Madagaskar; 25–35/20–30

F. Indrimakis, Indriidae

G. Avahis, *Avahi* – A. Vliesmaki, *A. laniger;* O- u. nördl. W-Madagaskar; bedroht; 30–45/33–40 –
G. Larvensifakas, *Propithecus* –
A. Larvenmaki, *P. verreauxi;* W- u. S-Madagaskar; bedroht; 46–54/48–56 – A. Diademmaki, *P. diadema;* N- u. O-Madagaskar; 50–53/45–48 – G. Indris, *Indri* –
A. Indri, *I. indri;* nördl. O-Madagaskar; bedroht; 61–71/3–6

Zwischenordnung Galagoaffen, Lorisiformes

F. Ohrenmakis, Galagidae

G. Galagos, *Galago* – A. Riesengalago, *G. crassicaudatus;* mittl. mit SO-Afrika; 27–47/33–52 –

A. Steppen-G., *G. senegalensis;* Afrika zw. 20° nördl. u. 25° südl. Breite, außer Urwald; 14–21/20–30 – A. Urwald-G., *G. demidovii;* W-Afrika; 11–16/14–22 –
A. Buschwald-G., *G. alleni;* W-Afrika; 20–28/22–28 –
G. Kielnagelgalagos, *Euoticus* –
A. Heller K., *E. elegantulus;* W-Afrika; 17–24/26–32 –
A. Dunkler K., *E. inustus;* Zentral-Afrika; 16–20/19–26

F. Faulmakis, Lorisidae

G. Pottos, *Perodicticus* – A. Potto, *P. potto;* W-Afrika; 30–40/5–10 –
G. Bärenmakis, *Arctocebus* –
A. Bärenmaki, *A. calabarensis;* W-Afrika; 25–40/1–2 –
G. Schlankloris, *Loris* –
A. Schlanklori, *L. tardigradus;* Vorderindien u. Ceylon; 19–26/0 – G. Plumploris, *Nycticebus* – A. Plumplori, *N. coucang;* Hinterindien, Sumatra, Java, Borneo; 26–38/1–2

Zwischenordnung Fingertieraffen, Daubentoniformes

F. Fingertiere, Daubentoniidae

G. Aye-Ayes, *Daubentonia* –
A. Fingertier, *D. madagascariensis;* fast ausgerottet, nur noch Insel Nosy Mangabé, NO-Madagaskar; 36–44/50–60

Unterordnung Schlichtnasenaffen, Haplorhini

Zwischenordnung Gespenstaffen, Tarsiformes

F. Koboldmakis, Tarsiidae

G. Eigentliche K., *Tarsius* –
A. Philippinen-K., *T. syrichta;* östl. Philippinen; 8–16/13–28 – A. Ce-

lebes-K., *T. spectrum;* Celebes, anliegende u. Kangean-Inseln; 8–16/13–28 – A. Sunda-K., *T. bancanus;* SO-Sumatra, Banka, Biliton, Borneo; 8–16/13–28

Zwischenordnung Breitnasenaffen, Platyrrhini

F. Krallenaffen, Callithricidae

G. Zwergseidenäffchen, *Cebuella* – A. Z., *C. pygmaea;* Amazonas-Quellflüsse ab Andenosthang u. Amazonas bis ca. Manaus; 13–15/20–21 – G. Pinseläffchen, *Callithrix* – A. Weiß-P., *C. jaculus;* O-Brasilien; 16–24/24–39 – A. Silberäffchen, *C. argentata;* Mato Grosso; 16–24/24–39 – A. Weißschulter-P., *C. humeralifer;* Gebiet zw. Unterlauf des Purus u. Tapajos, Brasilien; 16–24/24–39 – G. Tamarins, *Sanguineus* – A. Braunrücken-T., *S. nigricollis;* nördl. O-Peru; 16–31/27–43 – A. Weißlippen-T., *S. fuscicollis;* Andenosthang v. Ekuador u. Peru mit westl. Brasilien; 16–31/28–42 – A. Schnurrbart-T., *S. mystax;* O-Peru mit W-Brasilien; 16–31/27–42 – A. Rotbauch-T., *S. labiatus;* Acre, W-Brasilien; 17–31/27–43 – A. Kaiserschnurrbart-T., *S. imperator;* O-Peru mit W-Brasilien; 16–31/27–43 – A. Rothand-T., *S. midas;* NO-Brasilien; 16–31/27–42 – A. Fleckgesicht-T., *S. inustus;* Provinz Amazonas, W-Brasilien; 22–29/24–42 – A. Manteläffchen, *S. bicolor;* Roraima-Gebiet, N-Brasilien; 22–29/24–42 – A. Pincheäffchen, *S. oedipus;* Karibikküstengebiete N-Kolumbiens u. Panama; bedroht; 22–25/36–38 – A. Weißfußäffchen, *S. leucopus;* Gebiet zw. Magdalena- u. Caucofluß, N-Kolumbien; 21–29/24–42 – G. Löwenäffchen, *Leontopithecus* – A. L., *L. rosalia;* Rio Grande do Sul, Brasilien; stark bedroht; 23–37/30–36

F. Springtamarins, Callimiconidae

G. S., *Callimicio* – A. S., *C. goeldi;* SO-Peru, N-Bolivien, SW Brasilien; 19–22/25–33

F. Greifschwanzaffen, Cebidae

U. F. Totenkopfäffchen, Saimiriinae
G. T., *Saimiri* – A. T., *S. sciurea,*

nördl. S-Amerika, östl. Anden, östl. bis rd. 50° L; 23–37/37–47 – A. Gelbes T., *S. oerstedi;* Panama bis Nikaragua; 23–37/37–47

U. F. Nachtaffen, Aotinae
G. N., *Aotes* – A. N., *A. trivirgatus;* Costa Rica, Panama u. große Teile S-Amerikas, östl. Anden, südl. bis Paraguay; 24–48/22–42

U. F. Springaffen, Callicebinae
G. S., *Callicebus* – A. S., *C. cupreus;* verstreut: NO-Kolumbien, mittl. Brasilien v. Anden bis Belem, Sao Paulo u. Parana; 29–38/34–48 – A. Gigot-S., *C. gigot;* O-Minas Gerais, O-Brasilien u. O-Bolivien; 29–39/33–48 – A. Witwenaffe, *C. torquatus;* W- u. N-Brasilien mit Guayanas; 31–48/42–49

U. F. Brüllaffen, Alouattinae
G. B., *Alouatta* – A. Mantel-B., *A. villosa;* südlichstes Mexiko bis W-Kolumbien u. NW-Ekuador; 39–72/49–75 – A. Brauner B., *A. fusca;* Küstengebiet O-Brasilien; 39–72/49–75 – A. Roter B., *A. seniculus;* nördl. S-Amerika, westl. Anden, südl. bis N-Bolivien u. Amazonas-Mündung; 39–72/49–75 – A. Rothand-B., *A. belzebul;* Para u. Zentral-Brasilien; 39–72/49–75 – A. Schwarzer B., *A. caraya;* Matto Grosso; 33–72/49–75

U. F. Schlaffschwänze, Pitheciinae
G. Schweifaffen, *Pithecia* – A. Weißkopfaffe, *P. pithecia;* M- u. N-Brasilien mit Guayanas; 30–48/26–55 – A. Zottelaffe, *P. monachus;* SW- u. NO-Brasilien mit Guayanas; 30–48/26–55 – G. Satansaffen, *Chiropotes* – A. S., *C. satanas;* O-Venezuela; Guayanas, Prov. Amapa u. Para, NW-Brasilien; 40–46/35–38 – A. Weißnasenaffe, *C. albinasa;* Zentralbrasilien; bedroht; 40–46/35–38 – G. Kurzschwanzaffen, *Cacajao* – A. Scharlachgesicht, *C. calvus;* mittl. W-Brasilien; bedroht; 33–49/15–19 – A. Roter Uakari, *C. rubicundus;* Prov. Aire u. SW-Amazonas, Brasilien; stark bedroht; 36–49/15–19 – A. Schwarzkopf-U., *C. melanocephalus;* Zentralbrasilien; bedroht; 36–49/15–19

U. F. Kapuzineraffen, Cebinae
G. K., *Cebus* – A. Gehaubter K., *C. apella;* große Teile d. nördl. S-Amerikas östl. Anden, südl. bis

Rio Grande do Sul; 32–57/29–56 – A. Weißschulter-K., *C. albifrons;* Amazonasbecken, W-Ekuador, NW-Kolumbien; 32–57/29–56 – A. Brauner K., *C. nigrivittatus;* N-Venezuela u. Guayanas; 32–57/29–56 – A. Gemeiner K., *C. capucinus;* NW-Kolumbien, Panama bis Nikaragua; 32–57/29–56

U. F. Klammeraffen, Atelinae
G. K., *Ateles* – A. Schwarzer K., *A. paniscus;* NO- bis SW-Brasilien mit N-Bolivien; 35–55/61–92 – A. Braunkopf-K., *A. fuscipes;* W-Kolumbien u. W-Ekuador; 40–65/63–90 – A. Goldstirn-K., *A. belzebuth;* O-Kolumbien u. W-Venezuela sowie N-Para, NO-Brasilien; 40–65/63–90 – A. Geoffroy-K., *A. geoffroyi;* Panama bis SO-Mexiko; 40–66/63–92 – G. Spinnenaffen, *Brachyteles* – A. S., *B. arachnoides;* SO-Brasilien (Minas Gerais bis Parana); stark bedroht; 46–63/65–80 – G. Wollaffen, *Lagothrix* – A. Grauer, W., *L. lagotricha;* westl. Amazonasbecken u. Orinokobecken; 39–58/56–73 – A. Gelbschwanz-W., *L. flavicauda;* SO-Peru; stark bedroht; 40–55/55–70

Zwischenordnung Schmalnasenaffen, Catarrhini

F. Hundsaffen, Cercopithecidae

U. F. Bodenaffen, Papiinae
G. Makaken, *Macaca* – A. Bartaffe oder Wanderu, *M. silenus;* westl. Vorderindien südl. dem 16° südl. Breite; stark bedroht; 26–61/26–39 – A. Berberaffe oder Magot, *M. sylvanus;* Gibraltar, Marokko, Algerien; bedroht; 55–75/0 – A. Bärenmakak, *M. arctoides;* M- u. S-China mit Hainan, Hinterindien südwärts bis Singapur; 46–64/1–10 – A. Ceylon-Hutaffe, *M. sinica;* Ceylon; 44–54/46–62 – A. Hutaffe, *M. radiata;* östl. Vorderindien südl. Godavari-Fluß; 35–60/48–69 – A. Mohrenmakak, *M. maura;* Celebes; 44–66/4–7 – A. Formosamakak, *M. cyclopis;* Formosa; 37–40/33–46 – A. Rhesusaffe, *M. mulatta;* N-Vorderindien, Tibet, China, Hainan, Hinterindien bis S-Thailand; 47–64/19–31 – A. Japan- oder Rotgesichtmakak, *M. fuscata;* Japanische Inseln außer Hokkaido; 47–61/7–13 – A. Schweinsaffe, *M. nemestrina;* westl. Hinter-

indien v. Burma bis Singapur, Sumatra, Borneo; 46–60/14–25 – A. Javaneraffe, *M. fascicularis;* Thailand, Malaiische Halbinsel, Sundainseln bis Timor u. Philippinen außer Celebes; 35–55/40–56 – A. Assamrhesus, *M. assamensis;* Himalaja u. S-Tibet, N-Hinterindien mit Vietnam; 51–68/20–38 – G. Celebesmakaken, *Cynopithecus* – A. Schopfmakak, *C. niger;* W-Celebes; 52–80/1–2 – G. Paviane, *Papio* – A. Steppenpavian, *P. cynocephalus;* Afrika südl. Sahara außer Urwald; 50–110/35–75 – A. Mantelpavian, *P. hamadryas;* NO-Afrika, SW-Arabien; 50–95/37–60 – A. Drill, *P. leucophaeus;* W-Afrika mit Fernando-Poo; 45–90/6–12 – A. Mandrill, *P. sphinx;* W-Afrika; 55–95/7–10 – A. Blutbrustpavian, *P. gelada;* Mittel-Äthiopien; 50–75/40–55 – G. Mangaben, *Cercocebus* – A. Halsband- oder Rotkopfmangabe, *C. torquatus;* W-Afrika; 46–67/40–79 – A. Kappen- oder Haubenmangabe, *C. galeritus;* W- u. Zentral-Afrika u. am Tanafluß (Kenia); 44–65/45–79 – A. Mantel- oder Grauwangenmangabe, *C. albigena;* W- u. Zentral-Afrika; 44–73/73–100 – A. Schopfmangabe, *C. aterrimus;* Kongobecken, südl. Kongofluß; 60–65/80–85

U. F. Meerkatzen, Cercopithecinae
G. Zwergmeerkatzen, *Miopithecus* – A. Z., *M. talapoin;* W-Afrika; 25–40/26–53 – G. Sumpfmeerkatzen, *Allenopithecus* – A. S., *A. nigroviridis;* mittl. Zentralafrika; 40–50/45–55 – G. Husarenaffen, *Erythrocebus* – A. H., *E. patas;* Sahelgürtel südl. Sahara ostw. bis Atbara u. Nil; 50–75/50–74 – G. Eigentliche Meerkatzen, *Cercopithecus* – A. Helle Weißnase, *C. petaurista;* Guinea-Bissau bis O-Ghana; 40–48/57–68 – A. Blaumaulmeerkatze, *C. cephus;* Kamerun bis Kongo-Unterlauf; 44–58/66–99 – A. Kongo-Weißnase, *C. ascanius;* Zentralafrika; 34–63/54–92 – A. Rotbauchmeerkatze, *C. erythrogaster;* SW-Nigeria; rd. 45/rd. 60 – A. Rotnasenmeerkatze, *C. erythrotis;* Fernando-Poo u. angrenzendes Festland; 40–55/46–77 – A. Dunkle Weißnasenmeerkatze, *C. nictitans;* W- u. Zentralafrika mit Fernando-Poo, sowie Elfenbeinküste;

43–70/56–100 – A. Diademmeerkatze, *C. mitis;* Zentralafrika sowie W-Äthiopien u. N-Angola; 44–67/55–109 – A. Weißkehlmeerkatze, *C. albogularis;* O-Afrika v. S-Somalia bis östl. Kapprovinz; 45–62/62–94 – A. Brazzameerkatze, *C. neglectus;* Zentralafrika v. O-Kamerun bis W-Kenia; 40–60/53–85 – A. Vollbartmeerkatze, *C. l'hoesti;* NW-Kamerun, Fernando-Poo, NO-Zaire; 45–70/46–76 – A. Eulenkopfmeerkatze, *C. hamlyni;* NO-Zaire; rd. 55/rd. 57 – A. Dianameerkatze, *C. diana;* Sierra Leone bis O-Ghana sowie Zentral-Zaire; 40–57/52–82 – A. Monameerkatze, *C. mona;* Ober-, Niederguinea u. Kongowald; 40–60/54–80 – A. Kronenmeerkatze, *C. pogonias;* W-Kamerun bis Kongomündung u. Zentral-Zaire, Fernando-Poo; 38–66/50–87 – A. Grünmeerkatze, *C. aethiops;* Afrika südl. Sahara, außer Regenwald u. westl. S-Afrika; 40–83/50–114

U. F. Stummelaffen, Colobiinae
G. Eigentliche Stummelaffen, *Colobus* – A. Weißbart-S., *C. polykomos;* W-, Zentral- u. mittl. u. westl. O-Afrika; 50–67/63–90 – A. Guereza, *C. guereza;* O-Nigeria u. Kamerun bis S-Äthiopien u. Kilimandscharo; 48–70/67–90 – A. Grüner S., *C. verus;* Guinea bis Benin; 43–50/57–64 – A. Roter S., *C. badius;* Senegambien bis SO-Kenia u. SW-Tansania, Sansibar, Fernando Poo; 46–70/42–80 – G. Schlankaffen, *Presbytes* – A. Hulman, *P. entellus;* Vorderindien u. Ceylon; 41–79/49–109 – A. Weißbart-S., *P. senex;* Travancore (SW-Vorderindien) u. Ceylon; 41–70/49–109 – A. Nilgiri-S., *P. johni;* Travancore, bedroht; 41–70/49–109 – A. Sunda- oder Mützen-S., *P. aygula;* Thailand, Malaya, Sumatra, Java, Borneo; 41–79/49–109 – A. Roter S., *P. melalophos;* Malaiische Halbinsel, Sumatra, Borneo, Bangka; 43–59/68–84 – A. Maronen-S., *P. rubicundus;* Borneo u. Karimata-Inseln; 41–79/49–109 – A. Hauben-S., *P. cristatus;* südl. Hinterindien mit westl. China u. Hainan sowie Sumatra, Java, Bali; 49–57/68–84 – A. Phayres S., *P. phayrei;* nördl. Hinterindien, O-Bengalen, Assam bis Tonkin u. Isthmus von Kra; 52–62/59–80 –

A. Brillen-S., *P. obscurus;* Tenasserim bis Singapur, Langkawi-Inseln, Penang u. Perhentin Basar; 41–79/49–109 – A. Mentawi-S., *P. potenziani;* Mentawi-Inseln, westl. Sumatra; 41–79/49–109 – A. Tonkin-S., *P. francoisi;* Tonkin u. Kwangsi; 41–79/49–109 – G. Kleideraffe, *Pygathrix* – A. K., *P. nemaeus;* Hainan, Vietnam, Laos, O-Thailand; bedroht; 55–82/60–77 – G. Stumpfnasenaffen, *Rhinopithecus* – A. S., *R. roxellana;* W-China; 50–83/51–104 – A. Tonkin-S., *R. avunculus;* N-Vietnam; 50–83/51–104 – A. Pageh-S., *R. concolor;* Mentawi-Inseln westl. Sumatra; bedroht; 46–55/10–19 – G. Nasenaffen, *Nasalis* – A. N., *N. larvatus;* Borneo; 55–72/57–75

F. Gibbons, Hylobatidae

G. G., *Hylobates* – A. Weißhandgibbon, *H. lar;* v. N-Thailand u. S-Burma über Malaiische Halbinsel bis Sumatra, Java u. Borneo; 44–63/0 – A. Kappengibbon, *H. pileatus;* SO-Thailand; bedroht; 47–60/0 – A. Weißbrauengibbon oder Hulock, *H. hoolock;* Assam, N-Burma, Yünnan; 44–63/0 – A. Schwarz- oder Schopfgibbon, *H. concolor;* Vietnam, Laos, O-Thailand, O-Kambodscha, Hainan; 44–63/0 – G. Siamangs, *Symphalangus* – A. Zwergsiamang, *S. klossi;* Mentawi-Inseln westl. Sumatra; bedroht; 40–50/0 – A. Siamang, *S. syndactylus;* Malaiische Halbinsel u. Sumatra; 47–63/0

F. Menschenaffen, Pongidae

G. Orang Utans, *Pongo* – A. O.U., *P. pygmaeus,* Sumatra u. Borneo; bedroht; 70–97/0 – G. Gorillas, *Gorilla* – A. G., *Gorilla gorilla;* Länder um Golf von Guinea sowie O-Zaire mit W-Uganda u. -Ruanda; bedroht; 140–185/0 – G. Schimpansen, *Pan* – A. Großschimpanse, *P. troglodytes;* W- u. Zentralafrika sowie W-Tansania; z. T. bedroht; 64–94/0 – A. Zwergschimpanse, *P. paniscus;* Zaire südl. großem Kongoflußbogen; bedroht; 55–60/0

F. Menschen, Hominidae

G. M., *Homo* – A. Mensch, *H. sapiens;* Kosmopolit; 120–220/0

Register

Eine Zahl mit Sternchen (*) bedeutet, daß sich das Stichwort in einer Bildunterschrift auf der betreffenden Seite findet